重庆南开两江中学　科普教育系列

慧逐

Animate
案例教学动画制作

Animate
ANLI JIAOXUE
DONGHUA ZHIZUO

李南兰／总主编
田　震　黄　亮／主编
徐子奥　严　璐／编著

重庆出版集团　重庆出版社

图书在版编目（CIP）数据

Animate案例教学动画制作 / 李南兰总主编；田震，黄亮主编. — 重庆：重庆出版社, 2022.12
（慧逐）
ISBN 978-7-229-17244-2

Ⅰ.①A… Ⅱ.①李… ②田… ③黄… Ⅲ.①动画制作软件－中学－教学参考资料 Ⅳ.①G634.673

中国版本图书馆CIP数据核字(2022)第242185号

慧逐
HUIZHU

Animate案例教学动画制作
Animate ANLI JIAOXUE DONGHUA ZHIZUO

李南兰 / 总主编　田　震　黄　亮 / 主编　徐子奥　严　璐 / 编著

责任编辑：张　跃
责任校对：何建云
装帧设计：肖　琴

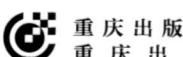
重庆出版集团
重庆出版社 出版

重庆市南岸区南滨路162号1幢　邮政编码：400061　http://www.cqph.com
重庆高迪彩色印刷有限公司　印刷
重庆出版集团图书发行有限公司　发行
E-mail: fxchu@cqph.com　邮购电话：023-61520646
全国新华书店经销

开本：889mm×1194mm　1/16　印张：12.5　字数：190千
2023年4月第1版　2023年4月第1次印刷
ISBN 978-7-229-17244-2
定价：68.00元（全两册）

如有印装问题，请向本集团图书发行有限公司调换：023-61520678

版权所有　侵权必究

前言

　　本书从教学与自学的科学性、实用性、合理性出发，以学生的优秀作品范例为出发点，讲解 Animate 软件各项知识要点，每节课程中提供了知识点的具体完成步骤，还预留了一些工具使用的技巧和诀窍，以"提示"和"注意"的形式加深对知识点的理解，这样既增长了工具使用知识，还提高了学习兴趣。

　　全书共分为 11 章。第一章介绍 Animate 基本操作，了解 Animate 的启动与工作界面，掌握文件的打开、关闭、保存等基本操作，以及标尺、辅助线、网格工具等辅助工具的使用方法。第二章讲解"时间轴"面板中图层、帧、播放头创建、选择、编辑与管理等内容与方法。第三章讲解绘图工具，通过绘制范例美丽小山村，学习各种工具的使用方法。第四章紧接上一章对美丽小山村的图形绘制，本章将学习图形的编辑操作，掌握简单操作对象的方法。第五章将学习元件的创建与编辑，通过对沙漠风景的绘制，学习创建元件的方法及元件的应用。第六章通过范例小女孩牵着小狗散步的动画，讲解制作 Animate 动画的方法，包括逐帧动画、传统补间动画和引导图层动画的制作过程。第七章着重讲解 Animate 动画的补间动画制作过程，掌握动画预设、调整动画路径和动画缓动、淡入 / 化入的动画、引导动画、3D 旋转动画等。第八章通过范例西游记孙悟空变变变动画，讲解形状补间动画和遮罩动画的制作过程。第九章讲解利用骨骼工具制作骨骼运动动画过程，掌握向元件添加骨骼和向形状添加骨骼的方法。第十章讲解在动画中按钮的创建与应用，掌握本章制作交互式动画的方法。第十一章讲解在动画中加入声音，并进行声音的编辑、优化和输出，掌握在动画中添加声音的方法。

目录 CONTENTS

第一章　轻松掌握 Animate 基本操作 ··· 1
第一节　Animate 软件的启动与退出 ········· 2
第二节　Animate 启动后的开始页 ········· 3
第三节　使用 Animate 软件创建一个新文档 ········· 4
第四节　初识 Animate 工作区 ········· 6
第五节　"库"面板的操作 ········· 11
第六节　"属性"面板 ········· 13
第七节　"工具"面板 ········· 14
第八节　"历史记录"面板 ········· 15
第九节　预览、保存和发布动画 ········· 17
习题 ········· 19

第二章　"时间轴"面板的应用 ··· 20
习题 ········· 27

第三章　绘图工具 ··· 28
第一节　认识图形 ········· 29
第二节　线条与图形绘图工具 ········· 32
第三节　图形选择工具 ········· 44
第四节　图形颜色填充 ········· 47
习题 ········· 49

第四章　图形的编辑操作 ··· 50
第一节　查看图形的辅助工具 ········· 51

第二节	组织图形对象	52
第三节	图形的变形	55
第四节	调整图形颜色	58
习题		63

第五章　元件的创建与编辑操作　65

第一节	元件	66
第二节	创建元件	66
第三节	创建实例	76
第四节	添加 3D 效果	81
习题		87

第六章　制作简单动画　88

第一节	创建新文件	89
第二节	创建逐帧动画	89
第三节	创建传统补间动画	96
第四节	引导图层动画的制作	102
第五节	编辑传统补间动画	107
习题		110

第七章　制作补间动画　111

第一节	创建新文件	112
第二节	素材导入与人物绘制	112
第三节	创建补间动画	113
第四节	使用动画编辑器编辑曲线	124
第五节	3D 旋转动画效果	130
习题		135

第八章　制作形状补间动画和遮罩动画 …………………………………… 136

第一节　认识形状补间动画 ………………………………………… 137
第二节　创建新文件 ………………………………………………… 138
第三节　制作形状补间动画 ………………………………………… 138
第四节　认识遮罩层动画 …………………………………………… 144
第五节　制作遮罩动画 ……………………………………………… 144
习题 ………………………………………………………………… 149

第九章　创建骨骼动画 ……………………………………………………… 150

第一节　认识骨骼动画 ……………………………………………… 151
第二节　骨骼动画工具 ……………………………………………… 153
第三节　骨骼动画的创建 …………………………………………… 154
习题 ………………………………………………………………… 164

第十章　Animate 按钮的创建与应用 ……………………………………… 165

第一节　认识按钮元件 ……………………………………………… 166
第二节　按钮的制作方法 …………………………………………… 167
习题 ………………………………………………………………… 179

第十一章　在动画中导入和处理声音 ……………………………………… 180

第一节　声音类型 …………………………………………………… 181
第二节　将声音导入到库 …………………………………………… 182
第三节　将声音插入到时间轴 ……………………………………… 182
第四节　编辑声音 …………………………………………………… 184
第五节　时间轴中制作音话同步的动画 …………………………… 189
习题 ………………………………………………………………… 192

第一章　轻松掌握 Animate 基本操作

▶【本章重点】

　　Animate 是网上最流行的多媒体软件，已经得到整个网络界的认可，占据了网络广告的主体地位，学好 Animate 也成为衡量动画设计师的重要标准，从最简单的动画到复杂的交互式应用，它几乎可以帮助用户完成任何作品。本章着重介绍 Animate 软件的启动与退出以及工作界面，并详细讲解文件的新建、打开、关闭、保存等操作，以及 Animate 辅助工具的使用。

▶【学习目的】

　　了解 Animate 的启动与工作界面，掌握 Animate 文件的打开、关闭、保存等基本操作，以及标尺、辅助线、网格工具等辅助工具的使用方法。

▶【本章案例介绍】

【范例】

　　本章范例动画是新春贺卡，通过动画新春贺卡作品认识 Animate 的工作界面，认识 Animate "菜单栏"、"编辑栏"、"时间轴"面板、"工具"面板、"属性"面板、"库"面板、"舞台"，如图 1-1 所示。

图 1-1

第一节 Animate 软件的启动与退出

在制作 Flash 动画之前，首先要打开 Animate 软件，其步骤非常简单，下面介绍怎样启动 Animate 软件。

一、启动 Animate 软件

在"开始"菜单中选择"所有程序"，在打开的菜单中选择"Adobe Animate CC 2017"图标（图1-2），启动 Animate 软件。

在桌面上双击 Adobe Animate CC 2017 的快捷图标或双击 Animate 相关联的文档。

提示：在"开始"菜单中"Adobe Animate CC 2017"图标上单击鼠标右键，在打开的菜单中选择"发送到（N）| 桌面快捷方式"命令，即可在桌面上创建 Adobe Animate CC 2017 的快捷图标，用户启动 Adobe Animate CC 2017，只需双击桌面 Adobe Animate CC 2017（图1-3）的快捷图标即可。

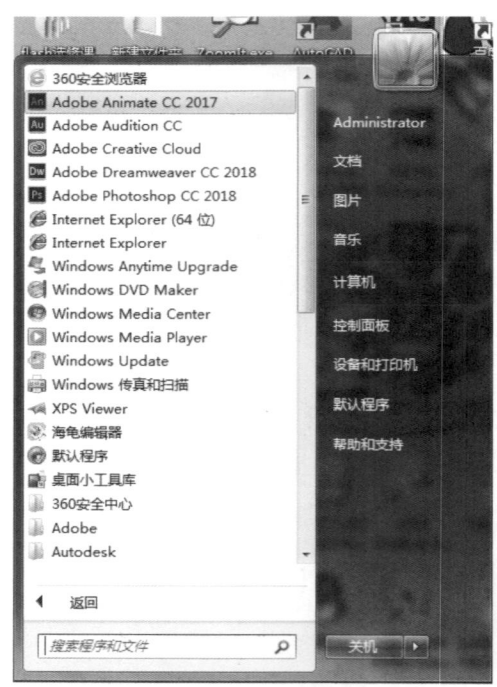

图 1-2　"开始"菜单中图标　　图 1-3

二、退出 Animate 软件

如果要退出 Animate，可在工作界面的菜单栏中选择"文件 | 退出"或 Ctrl+Q 快捷键命令（图1-4），即可退出 Animate。

用户还可以在工作界面左上角的图标上单击鼠标右键，在打开的菜单中选择"关闭"命令或快捷键 Alt+F4（图 1-5），单击工作界面右上角的"关闭"按钮（图 1-6）操作退出 Animate 软件。

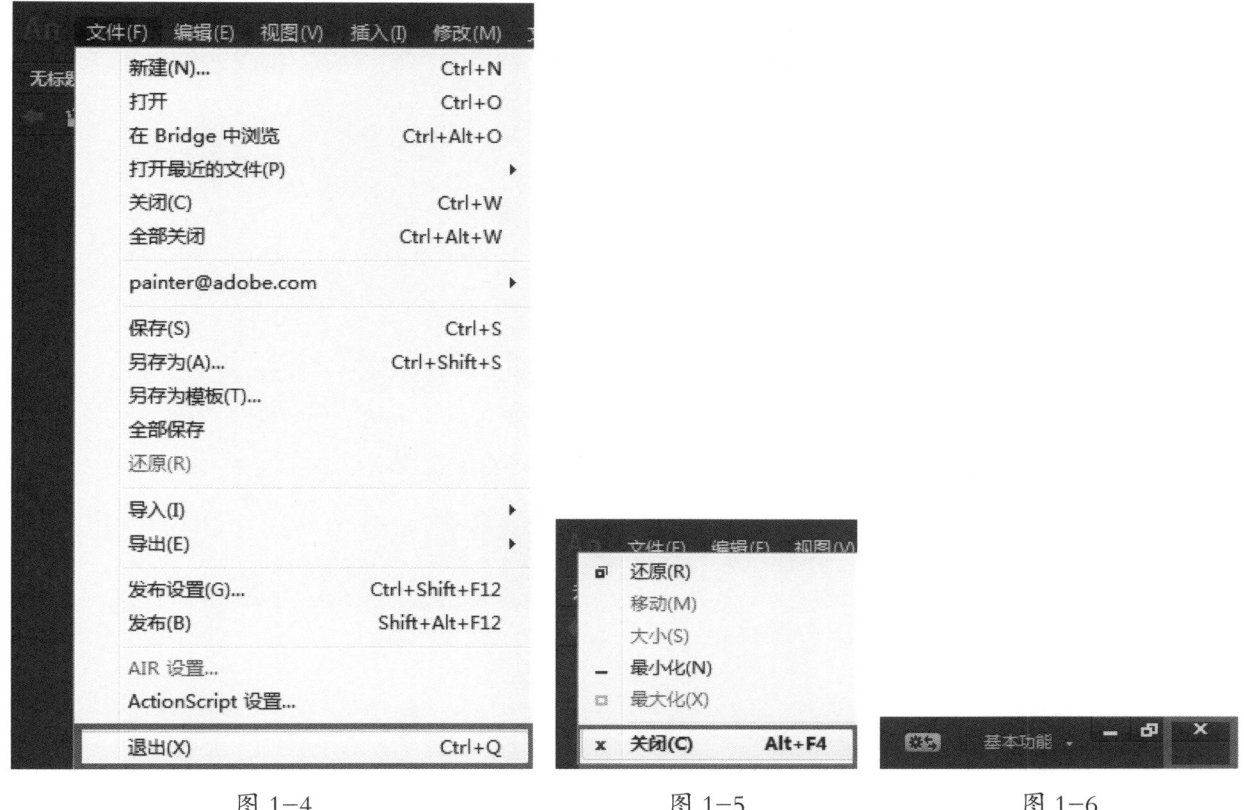

图 1-4　　　　　　　　　　图 1-5　　　　　　　图 1-6

■■■ 第二节　Animate 启动后的开始页 ■■■

第一次启动 Animate 时，您将会看到一个开始界面（图 1-7），界面中有创建文件模板、教程学习中心及其他资源的链接，分别为"打开最近的项目""模板""新建""简介""学习"，它们的作用分别如下：

1. 打开最近的项目：点击"打开"选项，在"打开"窗口中选择一个 Animate 项目文件，点击右下角"打开"，系统即可自动跳转到打开选择的 Animate 文档中。

2. 模板：点击"模板"选项，在"从模板新建"窗口中任意点击一个模板选项，即可创建一个 Animate 内自带的模板动画。

3. 新建：新建一个"ActionScript 3.0"或"ActionScript 2.0"等其他 Animate 文档。（建议新建文件选择 ActionScript 3.0）

4. 简介：在连接互联网的情况下，用户可以了解 Animate 的新增功能、快速入门、开发人员和设计人员。

5. 学习：在连接互联网的情况下，用户选择一个选项，都会出现相应选项的介绍，便于了解。

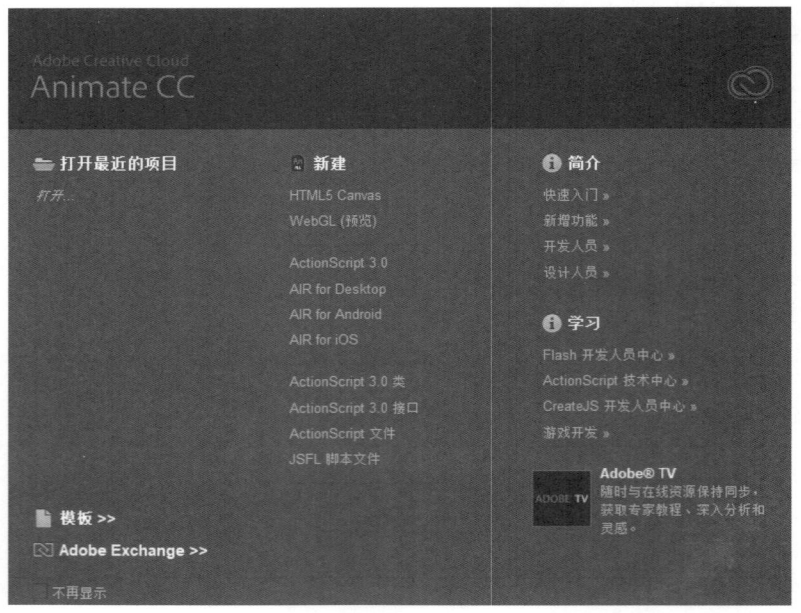

图 1-7　开始界面

■■■ 第三节　使用 Animate 软件创建一个新文档 ■■■

创建一个新的 Animate 文档是制作动画的第一步。

一、在 Animate 的菜单栏中，选择"文件｜新建"或 Ctrl+N 快捷键命令，打开"新建文档"窗口。（图 1-8）

二、在"新建文档"窗口中，在"常规"选项卡中选择 ActionScript 3.0，设置"宽（W）"为 1920 像素，"高（H）"为 1080，"帧频（F）"

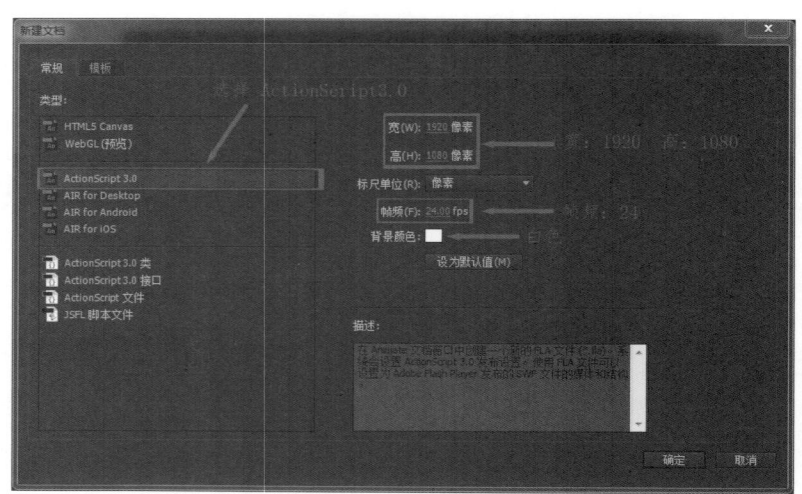

图 1-8

为 24.00fps，"背景颜色"为白色，然后点击右下角"确定"按钮创建一个新的 Animate 文档（图 1-8）。

提示1：类型选择ActionScript 3.0，是因为我们可以直接使用"Ctrl+Enter"快捷键命令导出swf格式文件进行预览和调试，如果选择HTML5 Canvas，进行预览和调试的时候会打开浏览器进行这些操作，相对来说就没有ActionScript 3.0方便适用，最关键的是使用ActionScript 3.0脚本语言方便控制动画的各种切换、暂停、播放。

提示2：宽高设置为1920×1080，是根据现在办公电脑、家用电脑使用的是宽屏显示器，显示分辨率为1920×1080，显示比例为16：9，所以在新建Animate文档时宽高设置为1920×1080。

三、理解文档类型

Animate是一个动画和多媒体制作工具，可为多种平台和播放技术创建媒体。知道动画最终将在哪里播放，决定了您该如何对新文件文档类型做出选择。

四、播放环境

播放或运行环境是用于播放最终发布文件所使用的技术。您的动画既可以在浏览器的Flash Player中播放，也可以在支持HTML5和JavaScript的浏览器中播放。或者它们可以在移动设备上作为应用程序播放。您应首先确认播放或运行环境，以便可以选择适当的文档类型。

无论播放环境和文档类型如何，所有文档类型都保存为FLA或XFL（Animate）文件。区别是每个文档类型被配置为导出不同的最终发布文件。

1. 选择"HTML5 Canvas"以创建在使用HTML5和Java脚本的浏览器中播放的动画素材资源。您可以通过在Animate CC中或者最终发布的文件中插入Java脚本的方式来添加交互性。

2. 对纯动画素材选择Web GL方式，以充分利用图形硬件加速支持。

3. 选择ActionScript 3.0可创建在浏览器的Flash Player中播放的动画和交互。ActionScript 3.0是Animate脚本语言的最新版本，类似于JavaScript。ActionScript 3.0文档可以不包含Action Script代码。它只是意味着您的播放目标是Flash Player。

4. 选择AIR可创建在Windows或Mac桌面上作为应用程序播放的动画，而无需使用浏览器。您可以使用ActionScript 3.0在AIR文档中添加交互性。

5. 选择AIR for Android或AIR for iOS以发布Android或Apple移动设备的应用程序。您可以使用ActionScript 3.0为移动应用程序添加交互性。

注意：并非所有文档类型都支持所有特性。例如，WebGL文档不支持文本，HTML5 Canvas文档不支持3D旋转或翻译工具。不支持的工具显示为灰色。

注意：最新版本的Animate仅支持ActionScript 3.0。如果您需要ActionScript 1.0或2.0，则必须使用Flash Professional CS 6或更低版本。

第四节 初识 Animate 工作区

　　Animate 软件的工作区较之以前 Flash 软件的几个版本没有太大变化，也是由多个窗口面板构成。用户可以选择由哪些面板构成工作区或者选择已经设置好的工作区，还可以在任何时候增加或删除面板。

一、了解工作区

　　1.新建工作区，选择"窗口 | 工作区"，在打开式菜单中有很多工作区可供选择，一般默认使用"基本功能"工作区（图1-9）。在菜单的下面，提供了"新建工作区""删除工作区""重置'基本功能'（R）"3个选项（图1-9），"新建工作区"用于创建适合自己使用的工作区，"删除工作区"用于删除创建错误的工作区，"重置'基本功能'"用于恢复工作区的默认设置。

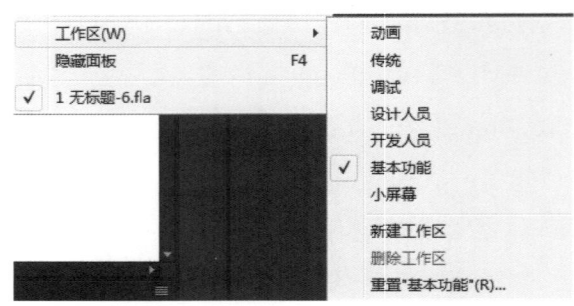

图 1-9

　　2.保存工作区，如果在使用 Animate 软件过程中，工作区面板的排列方式适合自身的工作风格，就可以将它保存为自定义工作区。在"工作区"菜单中选择"新建工作区"（图1-9），在打开的"新建工作区"窗口中输入一个名称（图1-10），然后点击"确定"保存。这样就把当前工作区面板的排列方式添加到"工作区"下拉菜单的选项中，以便随时访问。

图 1-10

　　3.默认情况下，Animate 会显示"菜单栏"、"编辑栏"、"时间轴"面板、"工具"面板、"属性"面板、"库"面板、"舞台"以及其他面板（图1-11）。在 Animate 工作区中可以打开、关闭、分组和取消面板分组，还可以在工作区移动面板调整位置，以适应每个人不同风格的需求。

图 1-11

二、"舞台"面板

工作区面板中间的大白色矩形区域称为"舞台"（图 1-11）。与学校礼堂的舞台一样是演员排练表演的场所，Animate 中的"舞台"是用户创作时观看作品的场所，也是用户进行编辑、修改动画元素的场所。舞台区域的大小是最终导出影片的大小，如果动画对象出现在舞台之外，那么最终导出的影片不会显示超出舞台区域的部分。

（一）改变"属性"面板中属性控制舞台大小和舞台的颜色

在制作过程中，也可以通过修改"属性"面板中"大小"的宽度、高度数值和"舞台"的颜色（图1-12），来设置"舞台"面板的尺寸和颜色。

图 1-12

（二）控制舞台显示比例

根据不同的需求，在工作时也可放大或者缩小舞台显示比例，点击舞台区右上角的下拉按钮，在打开式菜单中选择"舞台窗口显示"的比例（图1-15），若是图形在舞台区显示比例太大（图1-13），我们可以选择调节显示比例参数（图 1-14）。

图 1-13　显示比例 200%　　　　　　　图 1-14　显示比例 100%

在下拉菜单中主要项目的含义如下：

1. 符合窗口大小：显示整个舞台区，舞台区将不可移动。可以通过缩放舞台区的大小来缩放舞台显示比例。

2. 显示帧：显示整个舞台区，可以移动舞台显示，不可通过缩放舞台区的大小来缩放舞台显示比例。

3. 显示全部：显示舞台中的全部内容，显示部分可能大于舞台也可能小于舞台。

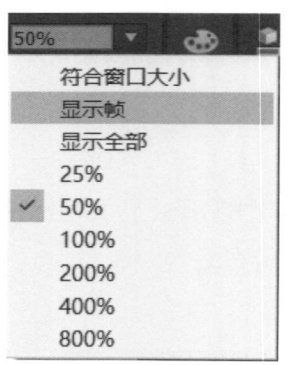

图 1-15　显示比例下拉列表

三、标尺、辅助线和网格的使用

（一）标尺的使用

Animate 中的标尺类似直尺，它可以用来精确测量图像的位置和大小。标尺被打开后，如果用户在工作区内移动一个元件，那么元件的尺寸位置就会反映到标尺上。

在菜单栏中选择"视图 | 标尺"命令（图 1-16）可以打开或隐藏标尺（图 1-17）。

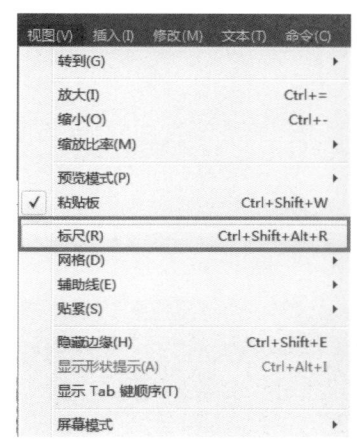 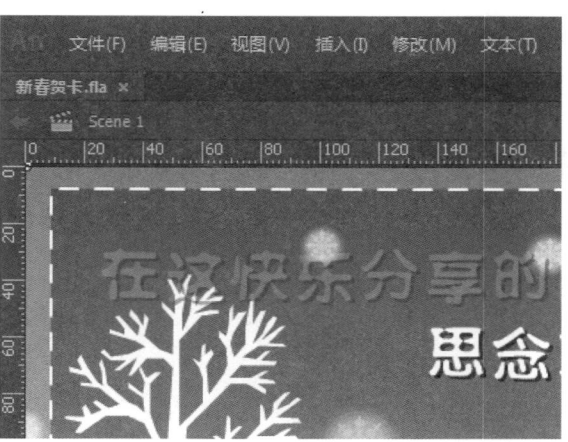

图 1-16　　　　　　　　　　　图 1-17

提示：可以按 Ctrl+Shift+Alt+R 快捷键命令来显示或隐藏标尺。

（二）辅助线的使用

从标尺处点击鼠标开始向舞台中拖动，会拖出一条默认颜色为绿色的直线，这条直线就是辅助线。用户使用辅助线不但可以对舞台进行位置规划，还可以使用标尺和辅助线来精确定位和对齐文档的对象。在菜单栏中选择"视图｜贴紧｜贴紧至辅助线"命令（图 1-18），再进行操作时即可通过辅助线进行定位。

将鼠标指针放在左侧的标尺上，按住鼠标的左键，将鼠标拖到舞台的适当位置后松开，这时舞台上将会出现一条纵向的辅助线，使用同样的方法选择上侧的标尺，就能拖出一条横向的辅助线（图 1-19）。

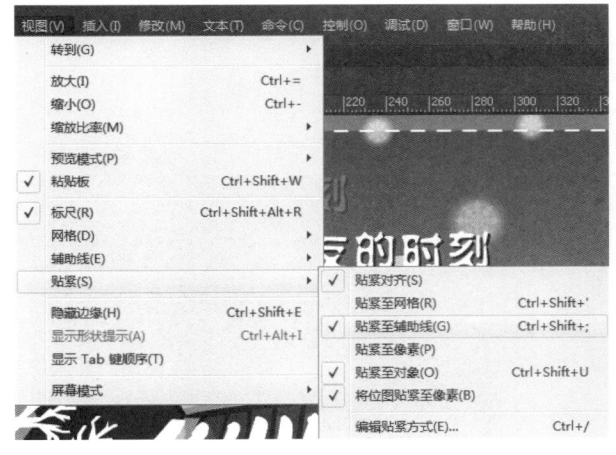 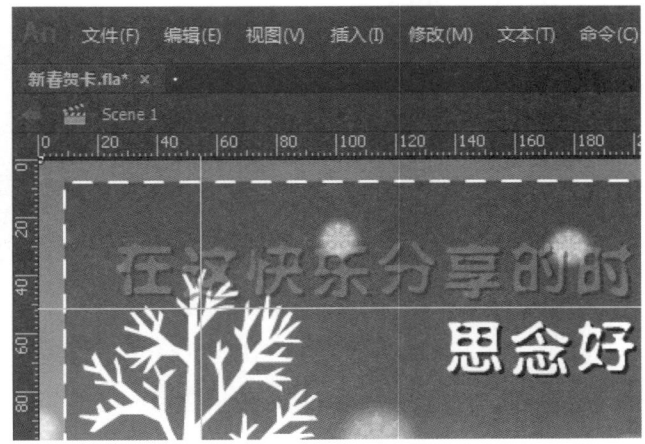

图 1-18　　　　　　　　　　　图 1-19

提示：辅助线是通过从标尺中拖出而建立的，所以要确保标尺是打开的。

辅助线的默认颜色为绿色,如何改变辅助线颜色?在菜单栏中选择"视图|辅助线|编辑辅助线"(图1-20),在辅助线编辑窗口"颜色"设置颜色(图1-21)。

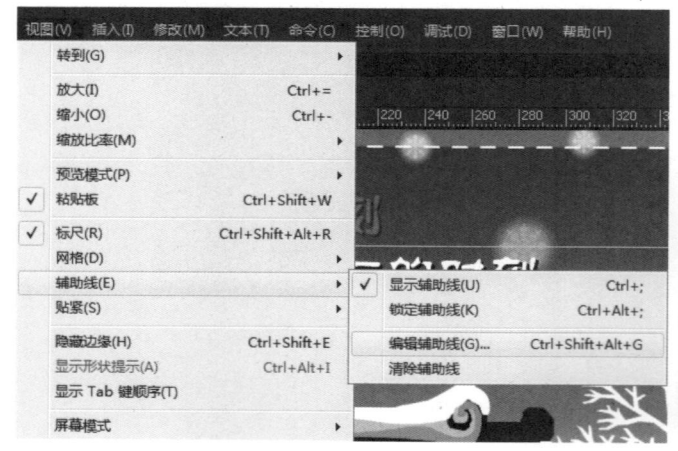

图 1-20

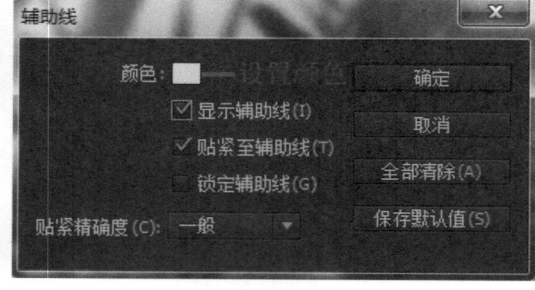

图 1-21

(三)网格的使用

网格的作用是对齐、分布、定位,在 Animate 设计绘画时我们经常会需要画一些整齐对称的图案,使用网格就能够快速地画出整齐对称的图案。

网格在默认的情况下是不显示的,在菜单栏中选择"视图|网格|显示网格"命令即可开启网格(图1-22)。网格是开启状态时,若是想将网格关闭,则在菜单栏中再次点击"视图|网格|显示网格"命令将会关闭网格。

网格能够方便用户的绘图,通过设置网格的参数,可以使网格更能符合用户的绘图需要,在菜单栏中选择"视图|网格|编辑网格"命令(图1-22),在打开的网格编辑窗口中(图1-23),可以修改网格的宽度、高度、颜色等参数。

图 1-22

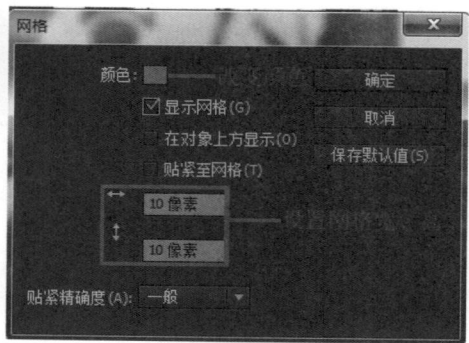

图 1-23

第五节 "库"面板的操作

一、"库"是 Animate 中所有可以重复使用元件的储存仓库，与学校的礼堂后台一样的功能，是演员上舞台前候场的场所，由于 Animate 编辑位图和音视频文件的功能不强，往往会从外部导入这些文件，导入的文件都储存在"库"中。

本章案例将讲解从外部导入 jpg 文件进入 Animate 库的方式。

1. 在菜单栏选择"文件｜导入｜导入到库"命令（图 1-24），在"导入到库"窗口中，选择路径"第四章"/"资源"/"素材"文件夹中的竹.jpg 文件，单击"打开"按钮，Animate 将导入所选的 jpg 图片文件并将其存放在"库"面板中。

2. 选择"窗口｜库"命令或者点击"属性"面板旁边的"库"（图 1-25）。在"库"面板中可以查看导入的 jpg 图片文件。

图 1-24　　　　　　　　　　　图 1-25

注意：当导入文件到 Animate 中时，可以选择导入到"舞台"或导入到"库"中。不过，导入到"舞台"上的图片文件也会被添加到"库"中，也可以在"舞台"上调用"库"面板中的图片文件。

练习：将第四章素材文件夹中的梅花、娃娃、财神、年年有余、舞狮1、舞狮2、舞狮3 AI 素材文件，导入到库。

二、隐藏与显示库面板，在制作过程中为了使操作的工作区显得整洁，有时需要隐藏"库"面板。

点击"库"按钮进入"库"面板（图1-26），在菜单栏中选择"窗口｜库"命令（图1-27），就能隐藏"库"面板。如果要显示"库"面板，再次选择菜单栏中"窗口｜库"命令，就能显示"库"面板。

图 1-26

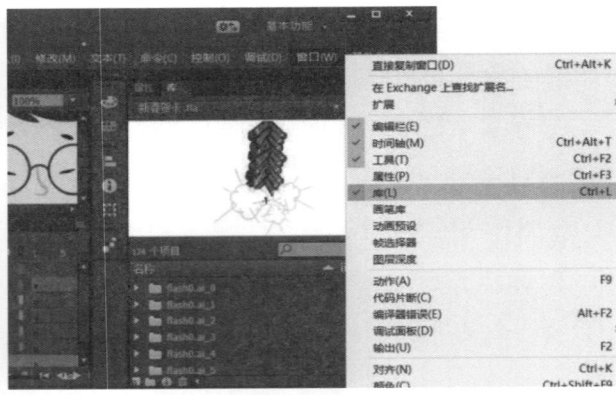
图 1-27

提示：可以按 Ctrl+L 快捷键命令来显示或隐藏"库"面板。

三、库面板的管理，在制作动画过程中创建元件和从外部导入文件会非常频繁，管理好库是非常重要的工作，这样才能在制作动画的过程中方便我们在库中查找所需要的元件。

以本章案例为例，库中元件比较杂乱（图1-28），如何整理好库？

方法是在库面板中创建文件夹，将相同类型的元件放入文件夹中。首先使用鼠标在库面板中点击右键，在打开的菜单中选择"新建文件夹"（图1-29），然后将"新建文件夹"命名为"演员AI图"，最后将相同类型的元件拖动到AI图文件夹中（图1-30）。

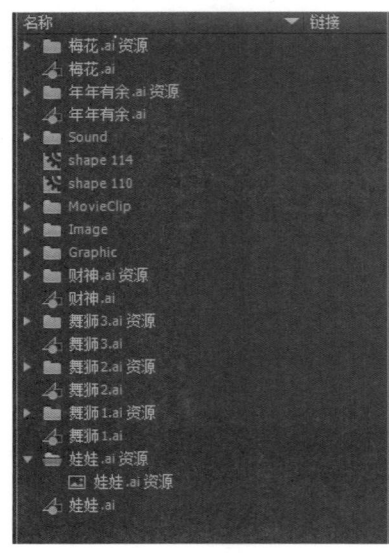
图 1-28

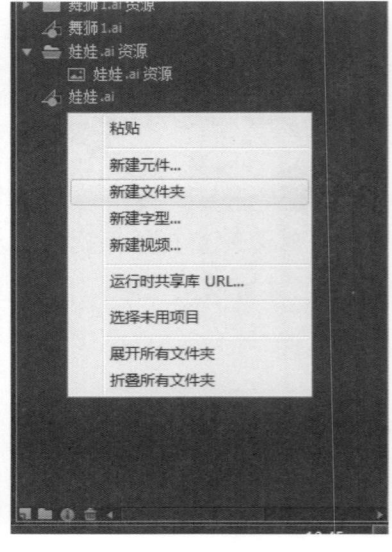
图 1-29

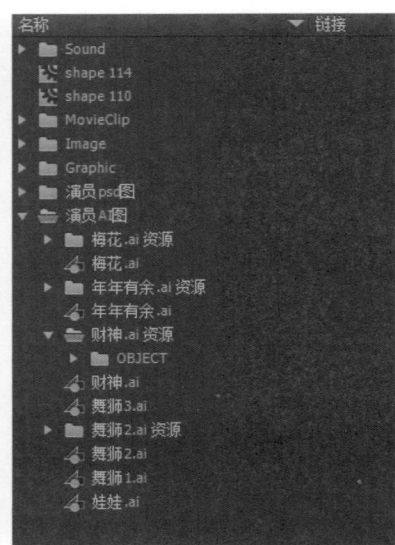
图 1-30

第六节 "属性"面板

"属性"面板可以说是 Animate 中使用最为频繁的面板，工具、对象甚至文件的一切属性的调整都需要在这个面板当中进行。在属性面板中，也有很多相关的属性参数可以设置，在实际制作中能够起到非常大的作用。

1."舞台"属性，在舞台的空白处点击一下，属性面板会显示出整个文件的属性（图 1-31），比较重要的是属性栏下面的参数，"FPS"是帧频，可以设置制作的 Animate 动画是每秒多少帧，下面的"大小"可以设置整个 Animate 舞台的大小，而下面"舞台"选项后面的色块，可以设置舞台的背景颜色（图 1-32）。

图 1-31

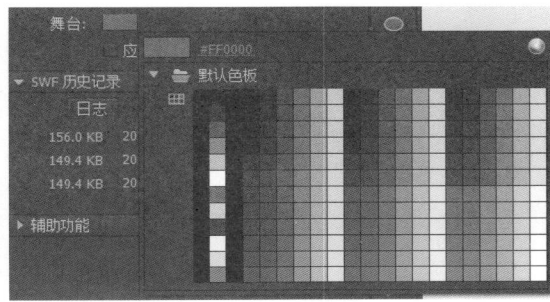
图 1-32

2. 如何在本章案例舞台中定位对象？利用"属性"面板移动图片，改变图片大小。

选择小男孩图层，在第 230 帧处选中的是舞台中的小男孩，蓝色框线表示选取的对象，"属性"面板也会发生相应的变化。在"属性"面板中"位置和大小"栏中，X 和 Y 后面的数值是"小男孩"在舞台当中位置的坐标，宽和高后面的数值是"小男孩"的大小（图 1-33）。在"位置和大小"栏中改变 X 和 Y、宽和高的值就能移动图片在舞台的位置和改变图片的大小。

图 1-33

3."绘图工具"属性，以钢笔工具为例，工具面板中选择绘图钢笔工具（图 1-34），属性面板填充和笔触一栏中，可以设置"钢笔工具"的颜色和轮廓线，笔触选项左右滑动可以设置笔触轮廓线的粗细，样式选项可以设置笔触轮廓线的类型，分为极细线、实线、虚线、点状线、锯齿线、点刻线、斑马线共 7 种，下面的几个参数基本上都是设置轮廓线（图 1-35）。

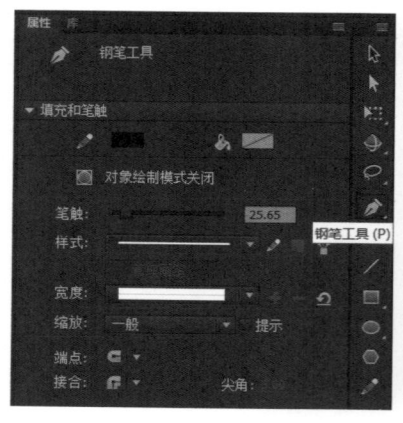
图 1-34

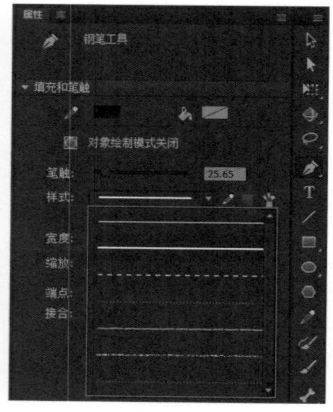
图 1-35

提示：Ctrl+F3 是打开和关闭属性面板的快捷键，通过按下 Ctrl+F3 的快捷键可以快速地将属性面板在显示和隐藏两种状态下切换。

第七节　"工具"面板

默认情况下，"工具"面板会停靠在 Animate 工作区的最右边（图 1-36），由于"工具"面板也是浮动面板，为了方便使用，可以将其拖动到工作区的最左边。

"工具"面板由选择工具、部分选择工具、任意变形工具、3D 旋转工具、套索工具、钢笔工具、文本工具、线条工具等多种工具构成。每个工具有自己不同的功能，熟悉各个工具的功能特性是 Animate 学习的重点之一。

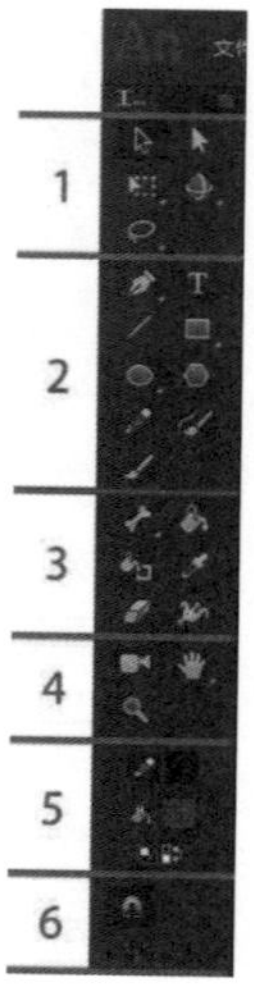

1. 选择和变形工具

选择和变形工具包括"选择工具""部分选择工具""任意变形工具""3D 旋转工具"和"套索工具"，利用这些工具可对舞台上的对象进行选择、变换等操作。

2. 绘图工具

绘图工具包括"钢笔工具""文本工具""线条工具""矩形工具""椭圆工具""多角星形工具""铅笔工具""画笔工具（Y）"和"画笔工具（B）"，灵活地运用这些工具能设计并绘制出理想的作品。

图 1-36

3. 编辑工具

绘画调整工具包括"骨骼工具""颜料桶工具""墨水瓶工具""滴管工具""橡皮擦工具"和"宽

度工具"。使用这些工具能对所绘制的图形、元件的颜色等属性进行调整。

4. 视图工具

视图工具包括"摄像头""手形工具"和"缩放工具"。"手形工具"用于调整视图区域,"缩放工具"用于放大或缩小舞台大小。

5. 颜色工具

颜色工具主要用于"笔触颜色"和"填充颜色"的设置和切换。

6. 对象绘图工具选项区

对象绘图工具选项区是动态区域,它会随着用户选择工具的不同而显示不同的选项。

提示:显示或隐藏"工具"面板,可以通过 Ctrl+F2 快捷键显示和隐藏"工具"面板。

"工具"面板中包含许多工具,以至于不能同时显示。有些工具在"工具"面板中被分成组,在一个组中只会显示上次选择的工具。如"工具"面板中的"套索工具"图标右下角有个小三角形(图1-37),表示在这个组中还有其他工具。点击按住可见工具的图标,即可在打开的工具菜单中查看到其他可用工具"套索工具""多边形工具""魔术棒"(图1-38),然后从菜单中选择一种工具。

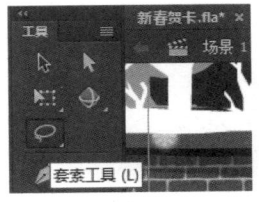

图 1-37　　　　图 1-38

▰▰▰ 第八节　"历史记录"面板 ▰▰▰

在 Animate "历史记录"面板,能够记录我们的历史操作,这样当我们操作错误时就可以很快退回到之前做过的某一操作状态下,当然保存的步骤是有限制的,Animate 历史记录最多可保留 100 步操作。

如果想要让 Animate 的历史记录保存更多步骤,就需要自己手动设置,选择"编辑 | 首选参数"命令。在打开"首选参数"窗口的"常规"选项下,设置"文档层级撤消"的层级数(图1-39)。历史记录数量越多,所占用的内存也会越大。

 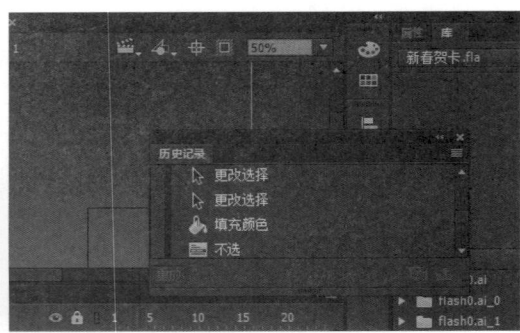

图 1-39　　　　　　　　　　图 1-40

工作区默认设置中是没有"历史记录"面板的,菜单栏选择"窗口 | 历史记录"命令打开"历史记录"面板,打开后的"历史记录"面板浮在工作区上（图 1-40），通过鼠标拖动,将其移动到适当的位置出现蓝色框时完成。（图 1-41）。

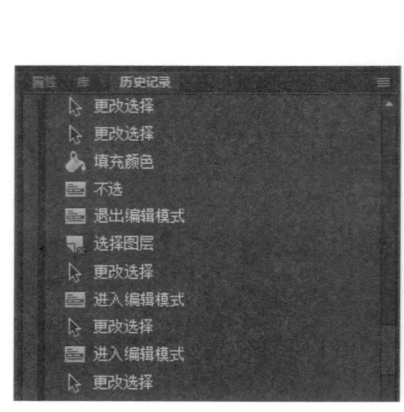 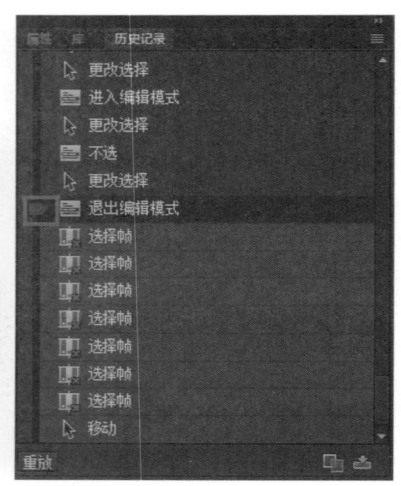

图 1-41　　　　　　　　　　图 1-42

在"历史记录"面板中向上滑动左侧的滑块回到某一正确操作位置（图 1-42），此位置以下的所有操作将会被选取,此时如果进行其他操作,被选取的操作就会消失并无法恢复,所以在使用"历史记录"面板时要谨慎。

提示：还原正确操作可以通过"撤销"命令 Ctrl+Z 快捷键,一次只会撤销一个步骤,以避免发生无法挽回的变化。

第九节　预览、保存和发布动画

一、预览动画

动画制作完成后，可以通过 Ctrl+Enter 快捷键快速预览动画，或者选择"控制 | 测试影片 | 在 Animate 中"命令预览，查看动画效果。此时 Animate 将在 Animate 文档所在的文件夹位置自动创建一个 SWF 文件（图 1-43），同时在单独的窗口中打开播放（图 1-44）。

图 1-43

图 1-44

提示：通过 Ctrl+Enter 快捷键快速预览动画，前提条件是在创建 Animate 文件时选择 ActionScript 3.0 类型。

二、保存动画

在 Animate 文档制作的过程中或完成后都需要将文档保存起来，以便日后继续编辑修改，尤其是在制作过程中，养成随时保存文档的好习惯可以有效防止因电脑发生故障造成的 Animate 文档丢失或损坏的情况。通过选择"文件 | 保存"命令或使用 Ctrl+S 快捷键方式来保存文档。在保存的文档窗口选择文档保存的路径和输入文件名（图 1-45）。

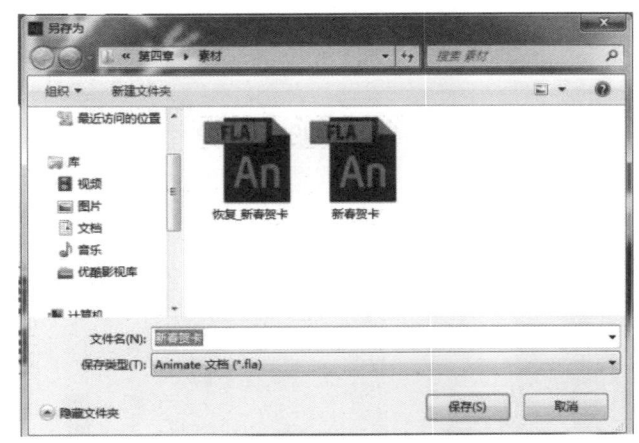

图 1-45

注意：如果在打开的文档编辑未保存的，Animate 将在文档窗口最上方的文件名后面加上一个"★"来提醒。

在长时间进行动画制作时，若遇到电脑发生故障，没有及时保存文档，会让我们之前的制作工作白费，Animate 的"自动恢复"功能会按照用户指定的时间创建一个备份文件（图 1-46），"自动恢复"功能所保存的备份文件可以在电脑发生故障时有另外一个恢复文件。

选择"编辑｜首选参数"命令，在"首选参数"窗口的"常规"选项中"自动恢复"默认是已经勾选，此时输入一个 Animate 保存备份文件的间隔时间（分钟）（图 1-47）。

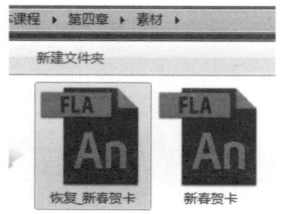

图 1-46　自动创建一个恢复文件

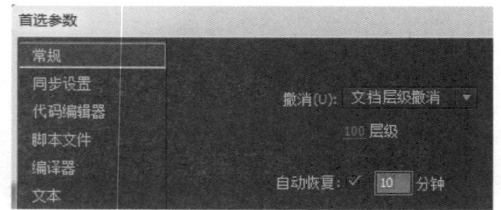

图 1-47

注意：用户保存文件后，编辑文件所在文件夹中，Animate 的自动恢复文件会自行消失。

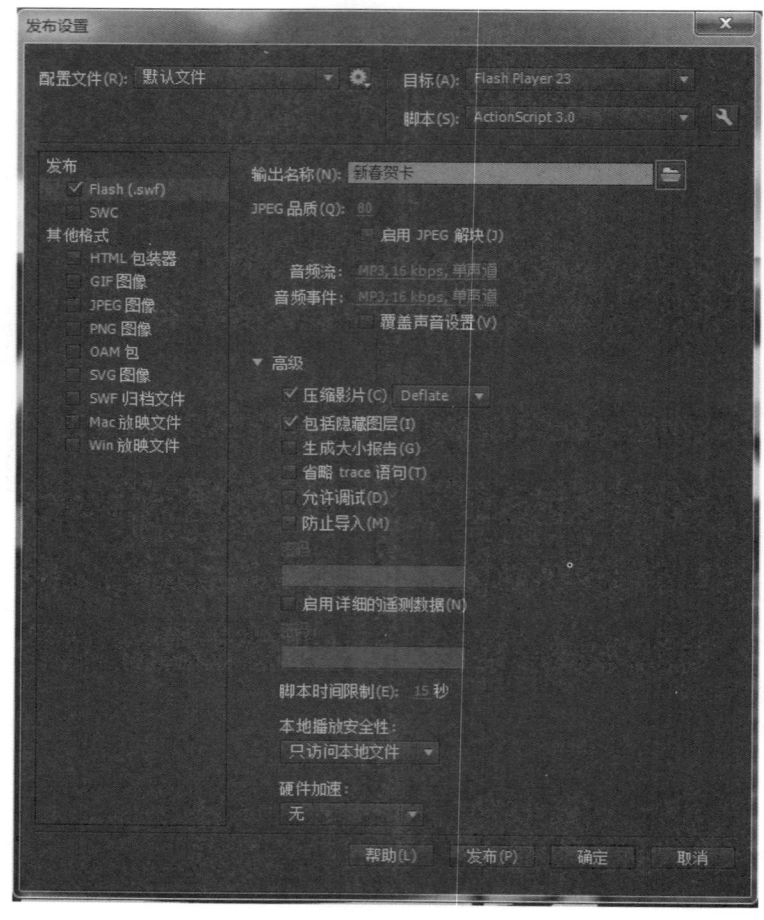

图 1-48

三、发布动画

在测试完影片之后，可以将制作的影片文档发布动画。

在菜单栏中选择"文件 | 发布设置"命令或点击"属性"面板中"发布"选项下的"发布设置"按钮。

打开的"发布设置"窗口中勾选"发布"选项中的"Flash(.swf)"复选框，设置发布的文件名并保存到合适的位置。

点击"发布"按钮，再点击"确定"按钮。（图1-48）执行该操作后，可以发布SWF文件。

习题

1. 什么是"舞台"，什么是"库"？
2. 什么是历史记录面板，历史记录面板最多能保留多少操作步骤？
3. 什么是标尺？如何打开或隐藏标尺？
4. 如何拖出纵向辅助线和横向辅助线？
5. Animate保存文件时，应该选择哪种文件格式？

第二章 "时间轴"面板的应用

▶【本章重点】

本章主要讲解"时间轴"面板中图层、帧、播放头的创建、选择、编辑与管理等内容与方法。

▶【学习目的】

时间轴是 Animate 的核心内容，它可以组织和控制内容在特定的时间出现在画面上，制作动画的大部分操作都是用图层和帧完成的。熟练掌握时间轴与图层和帧的操作是制作 Flash 动画的关键。

▶【本章案例介绍】

【范例】

本章范例动画是新春贺卡，通过库将贺新春矢量图拖动到舞台，在"时间轴"上组织帧和图层，给老师制作一张电子版的新春贺卡，如图 2-1 所示。

图 2-1

"时间轴"面板是 Animate 工作界面中的浮动面板之一，也是制作动画时操作最为频繁的面板之一，主要用于组织和控制文档内容在一定时间内播放的图层数和帧数。"时间轴"面板主要由图层、帧、播放头组成（图 2-2）。

图层：Animate 中的图层和其他 Adobe 公司的图形图像处理软件的图层具有类似的功能和操作，图层就像是一层层堆叠在一起的电影胶片，每层电影胶片上都包含能显示在舞台上的不同内容，将这些电影胶片堆叠在一起就可以组成一幅较复杂的画面。

图层是相互独立的，拥有独立的时间轴，在一个图层上绘制或编辑图形，不会影响到其他图层上的内容。用图层可以更好地组织画面上的内容，更方便用户的操作。图层主要有以下几种类型：普通图层、遮罩图层、引导图层。巧妙地运用这些图层可以产生一些神奇特殊的效果。

帧：在 Animate 文档中，帧为测量时间的单位，是进行 Animate 动画制作最基本的单位。在时间轴上，每一个小方格就是一帧，相当于电影胶片上的每一格镜头，一帧就是一幅静止的画面。一帧一帧的连续动作图片，连续播放就形成了动画。

播放头：时间轴上红色的竖线就是播放头。当在 Animate 直接播放动画时，播放头就像磁头一样定位在"帧"上向前移动。要在"舞台"上显示帧的内容，直接在"时间轴"中把播放头移到那个帧上，这在制作动画过程中是很重要的步骤。

在时间轴的底部，会显示所选的帧编号、当前帧频（每秒播放多少帧），以及到当前帧为止所用的时间，即已经播放的动画所使用的时间。

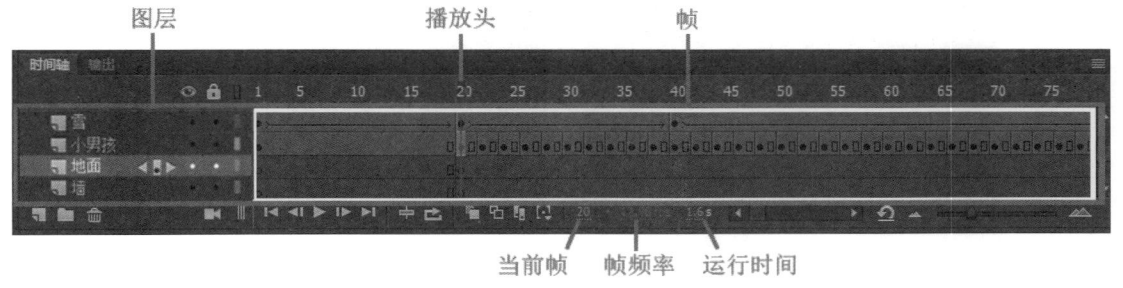

图 2-2 "时间轴"面板

一、创建和管理图层

图层是 Animate 动画制作中不可缺少的内容，掌握图层的相关知识与操作，是 Animate 动画制作的重要内容。

（一）创建新图层

默认新建的 Animate 文档只有一个图层，但是可以根据需要添加许多图层。如何在本章案例中新建一个图层？

点击"时间轴"面板左下角的"新建图层"图标（图 2-3），或执行菜单栏命令"播入｜时间轴｜

图层"（图2-4），得到一个新的图层。

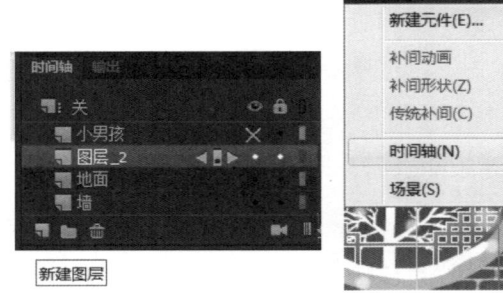
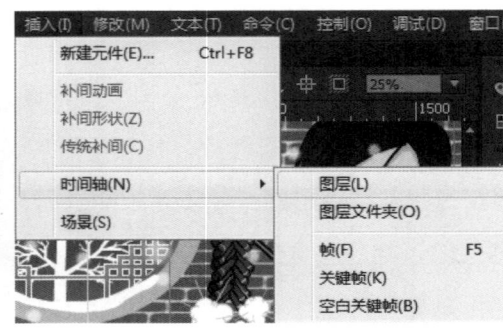

图2-3　　　　　　　　　　图2-4

（二）图层重命名

新建的图层可以根据图层中的内容对图层进行命名，这样可以方便我们在制作动画的时候，更准确地查找所需的图层。在"时间轴"选择"图层5"，双击图层"图层5"名称，输入"小男孩"作为新的图层名，然后按"Enter"键完成图层重命名（图2-5）。

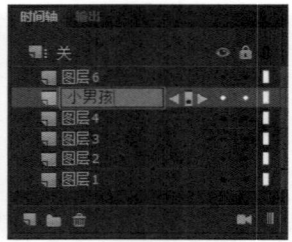

图2-5　图层重命名过程

练习：根据本章案例按照上述步骤新建图层并重命名，"图层1"重命名为"背景"、"图层2"重命名为"树"、"图层3"重命名为"墙"、"图层4"重命名为"地面"、"图层5"重命名为"雪"、"图层6"重命名为"梅花"。如图2-6。

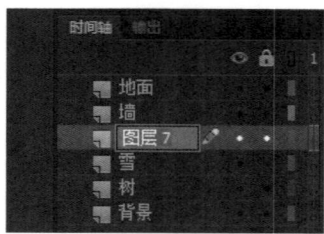

图2-6

（三）显示或隐藏所有图层

点击时间轴右上方的"眼睛"图标 隐藏所有图层，舞台上的图形消失。此时所有图层的圆点位置出现了一个"×"，并且图层名称后面出现了一个带斜线的铅笔图标，表示图层隐藏了，不能显示也不能被编辑（图2-7）。再次点击"眼睛"图标显示所有图层，舞台上的对象恢复（图2-8）。

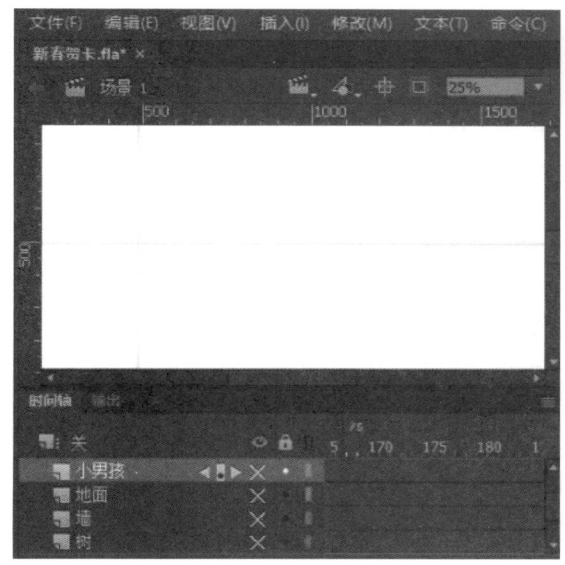

图2—7　隐藏所有图层

图2—8　显示所有图层

（四）显示或隐藏单个图层或多个图层

如何在本章案例中隐藏小男孩图层？选择小男孩图层，点击"眼睛"图标下对应的"●"，该图层被隐藏起来，舞台上小男孩的图形消失（图2-9）。

图2-9　隐藏单个图层

（五）锁定或解锁图层

锁定图层可以将某些图层锁定，这样便可以防止一些已编辑好的图层被意外的操作更改图层上的内容，被锁定的图层暂时不能对该图层进行各种编辑了。与隐藏图层不同的是，锁定图层上的图像仍然可以显示。

点击小男孩图层"锁"图标下对应的"●"（图2-10），将该图层锁定起来，此时圆点的位置出现了一把"锁"，并且图层名称后面出现了一个带斜线的铅笔图标，表示图层锁定后不能做任何操作。如要对锁定的图层解锁，点击小男孩图层"锁"即可。

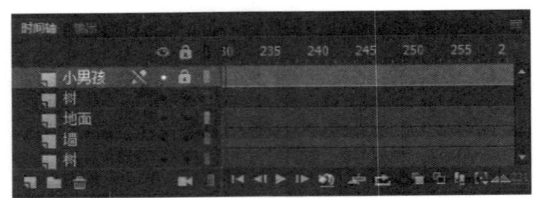

图 2-10

（六）管理、移动和删除图层

如果创建的图层太多，会不方便寻找、使用和管理图层，这时可以创建图层文件夹管理和组织有关联的图层。

1. 如何在本章案例中创建图层文件夹，首先选择"雪"图层，方法1：点击时间轴左下角的"新建文件夹"图标（图2-11），方法2：也可以选择菜单栏命令"插入 | 时间轴 | 图层文件夹"（图2-12），方法3：在"雪"图层点击鼠标右键，在打开的菜单中选择"插入文件夹"命令（图2-13），此时插入的图层文件夹会出现在"雪"图层的上方。

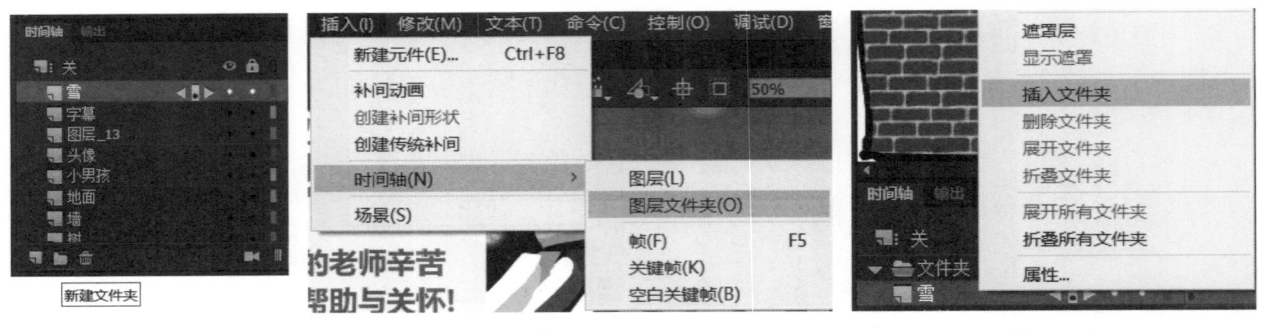

图 2-11　　　　　　　图 2-12　　　　　　　图 2-13

2. 双击新图层文件夹（图2-14），将其命名为"祝愿"（图2-15），并将字幕图层、图层13图层、头像图层依次拖动到"祝愿"文件夹（图2-16）。

 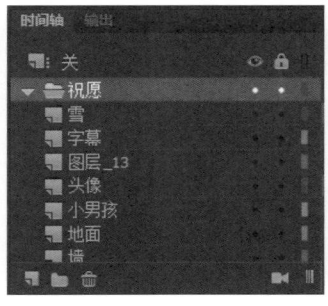 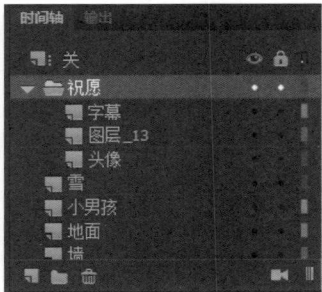

图 2-14　　　　　　　图 2-15　　　　　　　图 2-16

3. 如何在本章案例中删除不需要的"地方"图层（图 2-17），可选中该图层，点击时间轴底部的"删除"按钮，也可以右击"地方"图层，在打开的快捷菜单中选择"删除图层"命令（图 2-18），还可以直接按"delete"键删除。

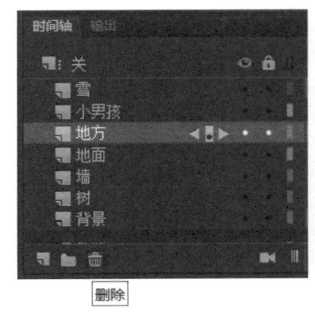

图 2-17 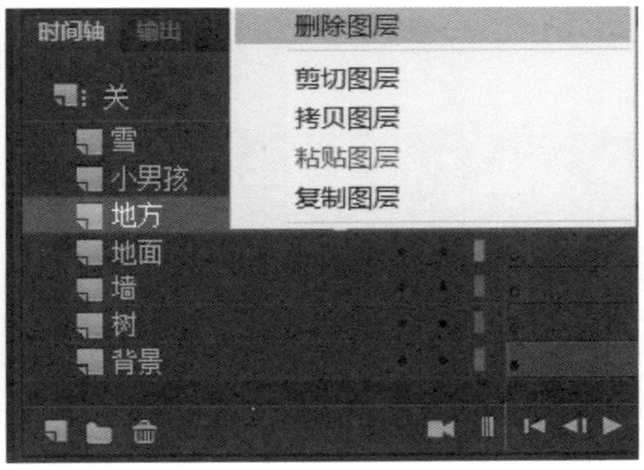　　　　　　　　　图 2-18

二、帧的操作

Animate 动画中最基本的类型就是逐帧动画，而最基本的动画单位是帧。帧分为三种关键帧、空白关键帧和普通帧，我们把参与绘制和修改的帧称为"关键帧"，通常在关键帧后插入的帧称为"普通帧"，"普通帧"的多少代表着关键帧在舞台上存在的时间长短。把没有任何绘制内容的关键帧称为"空白关键帧"。

对帧的操作一般是指插入帧、选择帧、复制帧、粘贴帧、移动帧、删除帧。下面我们通过本章案例来演示帧的各种操作方法，完成给老师制作一张动画版的新春贺卡。（图 2-19）

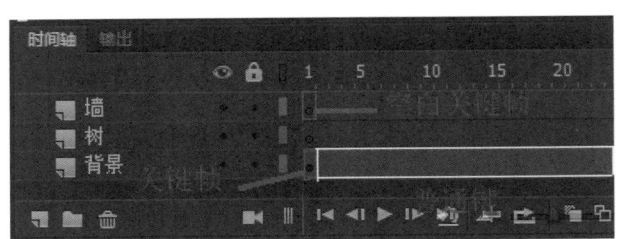

图 2-19

（一）创建普通帧

普通帧由灰色方格表示，通常可以在关键帧后插入普通帧，普通帧的多少代表着关键帧在舞台上存在的时间长短。

选中"梅花"图层的第184帧（图2-20），在菜单栏选择"插入｜时间轴｜帧"命令，也可以在第184帧点击鼠标右键，在打开的菜单中选择"插入帧"命令，或者按F5键插入帧（图2-21）。

图2-20　　　　　　　　　　　　　　　图2-21

提示：连续普通帧最后一帧中有一个小矩形形状，连续普通帧上的内容都是相同的，当修改关键帧时，连续普通帧上的内容也同时被更新。

（二）创建关键帧

关键帧由一个实心的圆点来表示，关键帧上包含着图形和对象。当在一个空白关键帧中加入内容后，空心圆点就转变成了实心圆点。

选择"演员入场"图层的第30帧，在菜单栏选择"插入｜时间轴｜关键帧"命令，也可以鼠标右键点击第30帧，在打开的菜单中选择"插入关键帧"命令，或者按F6键插入关键帧。选择第1关键帧保持此关键帧为选中状态，从"库"面板中将"年年有余"元件拖动到"舞台"相应位置。

按照上述步骤，在"演员入场"图层第60帧、第90帧、第120帧、第150帧插入关键帧，从"库"面板中将对应的演员元件拖动到"舞台"相应位置。在"道具"图层第10帧、第40帧、第70帧、第100帧、第130帧插入关键帧从"库"面板中将对应的"道具"元件拖动到"舞台"相应位置（图2-22）。

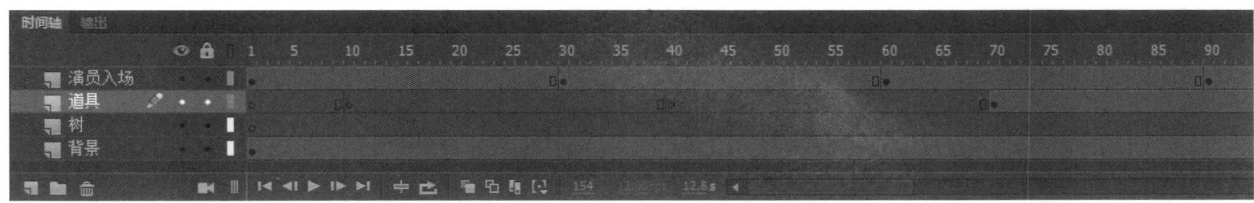

图 2-22

（三）创建空白关键帧

在 Animate 文档中，创建新图层的第一帧即为空白关键帧，空白关键帧是由空心圆点来表示，是没有内容的关键帧。

选择"道具"图层的第 30 帧，在菜单栏选择"插入 | 时间轴 | 空白关键帧"命令，也可以鼠标右键点击第 30 帧，在打开的菜单中选择"插入空白关键帧"命令，或者按 F7 键插入关键帧命令。

在"道具"图层的第 60 帧、第 90 帧、第 120 帧、第 150 帧插入空白关键帧（图 2-23）。

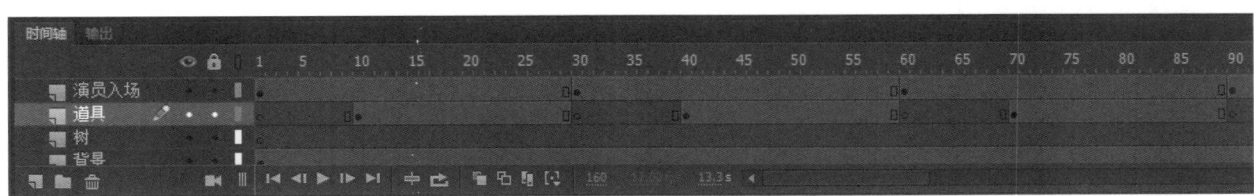

图 2-23

 习题

1. 什么是帧与什么是关键帧？普通帧与关键帧之间的区别是什么？
2. 什么是图层？如何隐藏图层？
3. 锁定图层能起到什么作用？
4. 时间轴面板主要由什么组成？

第三章　绘图工具

▶【本章重点】

应用 Animate 软件制作的作品基本都是矢量图形组成的，Animate 提供了很多简单而实用的绘图工具来绘制图形，本章主要介绍 Animate 软件最常用的绘图工具的使用方法。

▶【学习目的】

掌握 Animate 的绘图工具，如：线条工具、矩形工具、铅笔工具、画笔工具、填色工具、文本工具的使用方法。

▶【本章案例介绍】

【范例】

掌握 Animate 的绘图工具，如：线条工具、矩形工具、铅笔工具、画笔工具、填色工具、文本工具的使用方法。

图 3-1　美丽小山村

第一节 认识图形

绘制图形是创作动画的基础。在学习绘制矢量图形的操作之前，需要了解位图和矢量图的区别，以及认识图形的色彩模式。

一、位图和矢量图

Animate 中绘制的图形，通常分为位图和矢量图两种类型。

（一）位图

位图也被称为点阵图或栅格图像，是由称作像素（图片元素）的单个点组成的，当放大位图时，可以看见图像被分成了许多的单个方形色块，简单地说位图是由最小单位像素构成的图，放大后的位图属于失真状态。（图3-2）位图局部放大8倍后显得模糊不清。

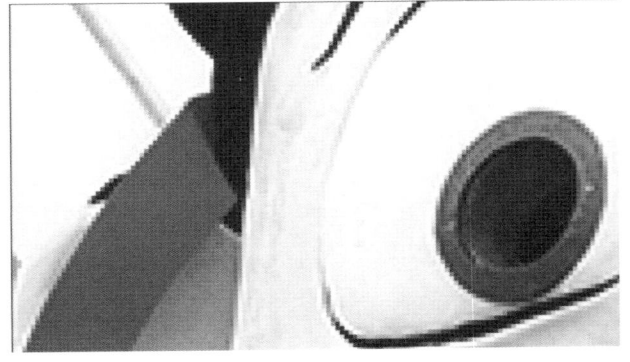

图 3-2　放大 8 倍的位图

位图的特点是可以表现色彩的变化和颜色的细微过渡，产生逼真的效果，缺点是在保存时需要记录每一个像素的位置和颜色值，占用较大的存储空间。我们平时拍的照片、扫描的图片都属于位图。

（二）矢量图

矢量图，也称为面向对象的图像或绘图图像，在数学上定义为一系列由线连接的点。矢量图形最大的优点，是它不受分辨率的影响，可以任意放大或缩小图形而不会影响图形的清晰度。图 3-3 是矢量图放大 8 倍后的局部。

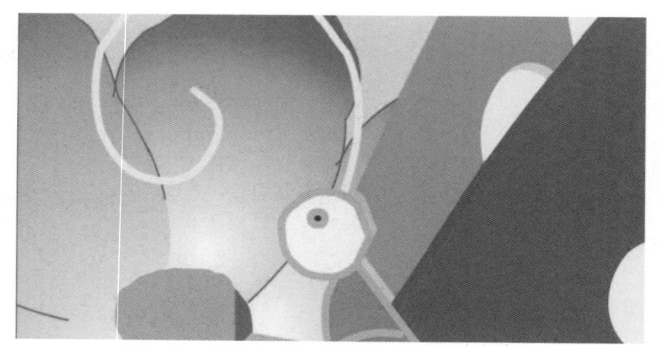

图 3-3 放大 8 倍的矢量图

矢量图最大的特点是文件体积一般较小、分辨率高，缺点是难以表现色彩层次丰富的逼真图像效果。

二、图形的颜色模式

（一）RGB 颜色模式

RGB 颜色模式是最为常见、使用最广泛的颜色模式，它以光的三原色理论为基础。RGB 即是代表红、绿、蓝三个通道的颜色，这个标准几乎包括了人类视力所能感知的所有颜色，是运用最广的颜色系统之一。

电脑屏幕上的所有颜色，是以黑色为基础，通过红、绿、蓝三种色光的变化以及它们相互之间的叠加而成的（图 3-4）。可将 RGB 颜色模式看作一个三维直角坐标系中的正方体（图 3-5），以 RGB 三色为轴并通过亮度分为 0～255 共 256 个等级，沿一侧轴从原点（亮度为 0，最暗）向外至坐标 255（亮度为 255，最亮）实际为黑色至坐标轴原色（R，G，B）的渐变。当三种基色都达到最亮时，即三维坐标（255，255，255）位置，表现为白色。从原点（0，0，0）位置（黑色）至坐标（255，255，255）位置（白色）对角线，是三种基色等亮度混合的各种灰色，称为灰色值。

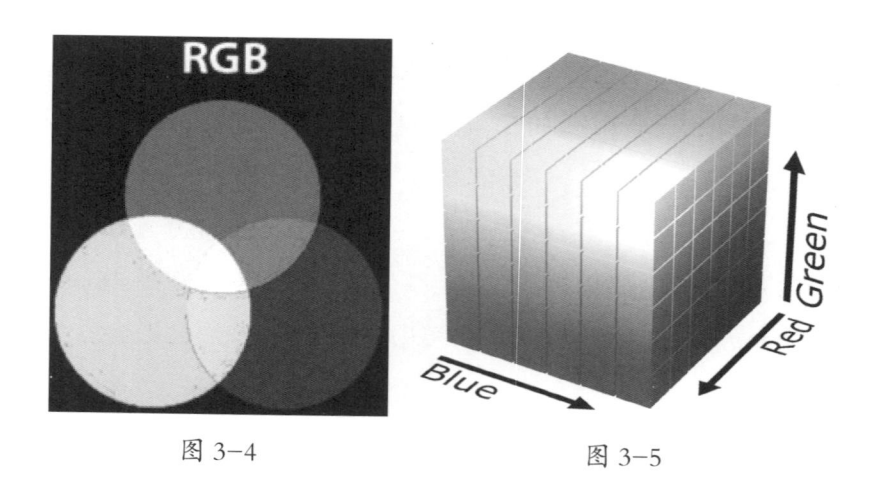

图 3-4　　　　图 3-5

一组红、绿、蓝就是一个最小的显示单位，我们用放大镜观察电脑显示器或电视机的屏幕，会看到数量极多的分为红、绿、蓝三种颜色的小点（图3-6）局部放大。屏幕上我们所看到的图像、动画、视频内容，都是由它们调和而成的。

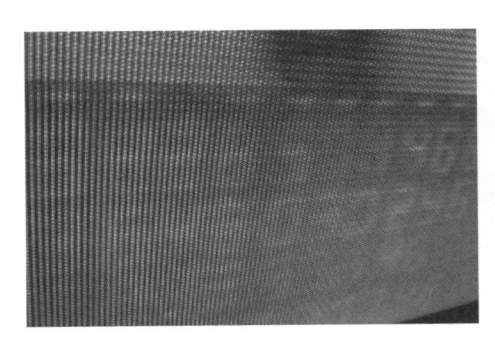

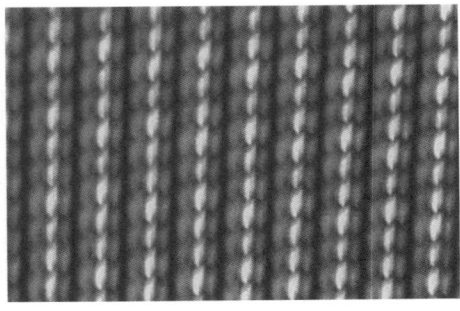

图 3-6　屏幕局部放大

（二）HSB 颜色模式

HSB 颜色模式是基于人类对颜色感受的方式，人的眼睛并不能够分辨出 RGB 模式中各单色，而是只能够分辨出颜色相度、饱和度和明亮度。HSB 颜色就是依照人眼的这种特征，形成了符合人类直接用眼睛就能分辨出颜色的直观法，它主要是将颜色看作由 H 代表色相度、S 代表饱和度、B 代表明亮度组成。

HSB 色彩模式即色相度、饱和度、明亮度模式。它采用颜色的三属性来表示，即将颜色三属性进行量化，饱和度和明亮度以百分比值（0%～100%）表示，色相度以角度（0°～360°）表示。

三、Animate 软件中设置 RGB 和 HSB 参数

Animate 软件中如何设置 RGB 和 HSB 参数，在菜单栏选择"窗口 | 颜色"命令，打开颜色窗口（图3—7），也可以鼠标右键点击"工具"面板上的图标打开颜色窗口（图3-8）。

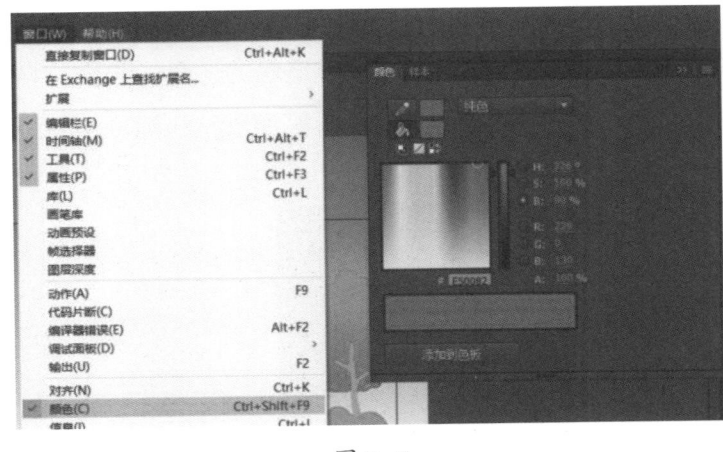

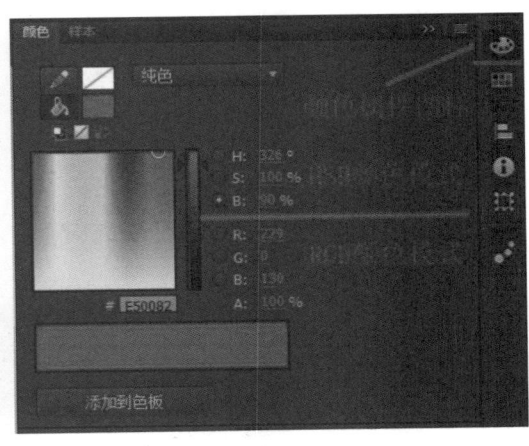

图 3-7　　　　　　　　　　　　　　图 3-8

提示：显示或隐藏颜色窗口，还可通过 Ctrl+Shift+F9 快捷键切换显示和隐藏颜色窗口。

第二节 线条与图形绘图工具

线条是动画画面中重要的构成部分。如果想要绘制直线可以使用线条工具；想要绘制不规则的线条，可以使用铅笔工具；想要描绘曲线，可以使用钢笔工具；想要表现绘画效果，可以使用画笔工具。（图3-9）

线条工具　铅笔工具　钢笔工具　画笔工具

图 3-9

一、线条工具

使用"线条工具"可以绘制平滑的直线。在本章范例中，将使用"线条工具"绘制房子和栅栏（图3-10）。

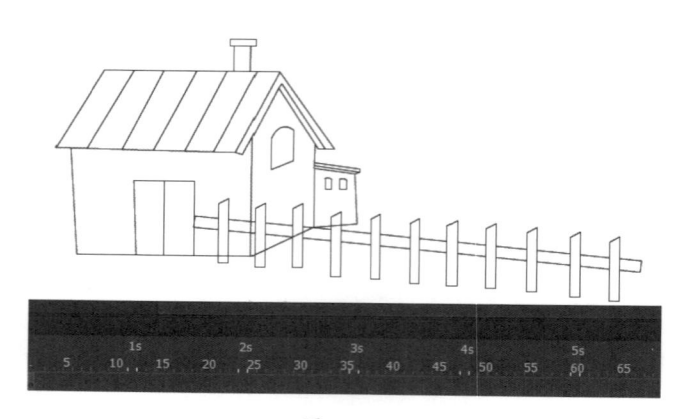

图 3-10

点击"工具"面板中的"线条工具"按钮，这时舞台上的鼠标指针转变成一个十字形状，表明此时已经激活工具（图3-11）。在绘制直线前需要设置属性，如设置笔触的颜色、粗细、样式等（图3-12）。现在我们开始根据本章范例中绘图的要求，在属性面板"填充和笔触"栏中设置相关属性。

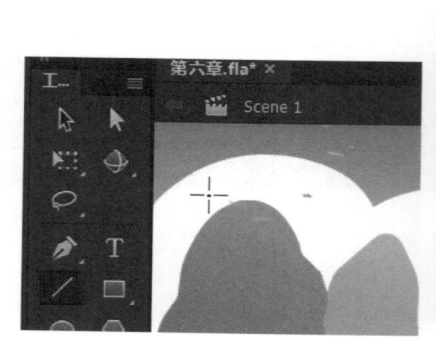

图 3-11 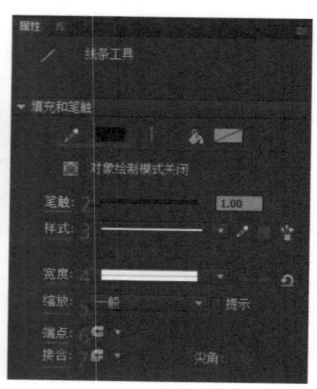　　　图 3-12

1. 笔触颜色：点击笔触颜色块打开调色板，在调色板中选取线条的颜色为"黑色"，也可以在左上角的文本框中输入颜色的十六进制 RGB 值为"#00000"（图 3-13），或者可以通过点击右上角的按钮打开颜色选择器窗口（图 3-14），在颜色选择器窗口中根据自己的需要设置颜色值。

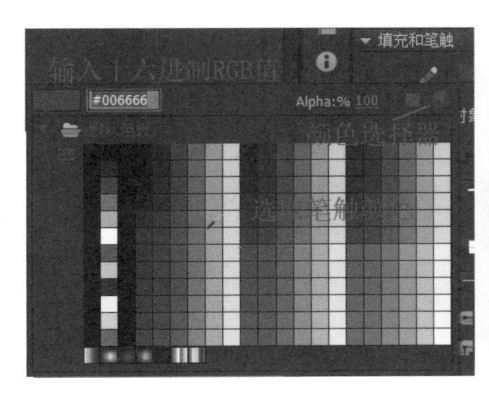

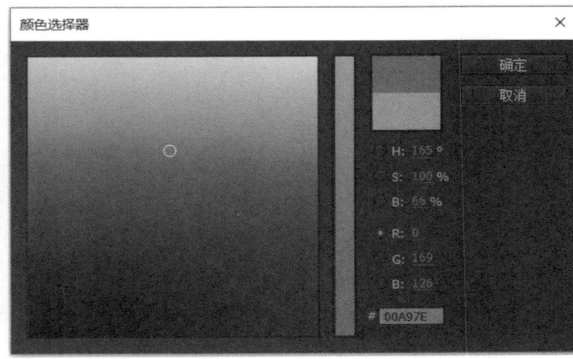

图 3-13

图 3-14

2. 笔触：用来设置绘制线条的粗细，通过拖动滑块调节笔触的粗细值，也可以在文本框中输入数值，范围从 0.10～200（图 3-15），将笔触粗细设置为 1px。

3. 样式：在下拉菜单中选择线条的类型（图 3-16），包括极细线、实线、虚线、点状线、锯齿线、点刻线和斑马线，将笔触样式设置为"极细线"。在设置过程中还可以点击右侧"编辑笔触样式"按钮，在打开的"笔触样式"页面可以对笔触样式进行设置（图 3-16）。Animate 软件中已经预设了 7 种线条，我们可以点击右侧"画笔库"按钮，从画笔库窗口中选择新的笔触样式（图 3-17）。

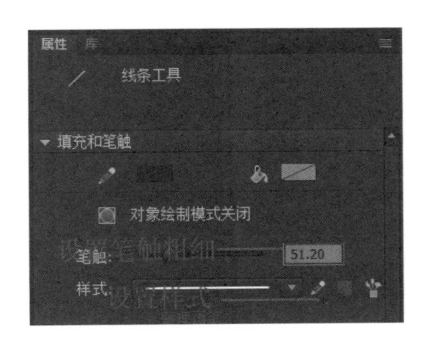

图 3-15

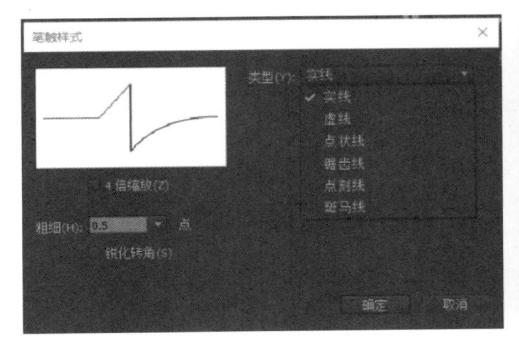

图 3-16

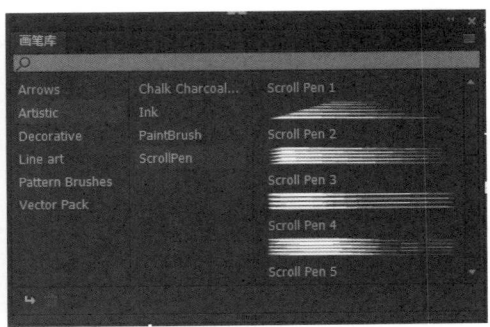

图 3-17

- 33 -

4. 宽度：可以设置线条的宽度，Animate 提供了 6 种宽度配置文件，可绘制更多样式的线条（图 3-18）。

5. 缩放：在播放器中保持笔触缩放，可以选择一般、水平、垂直、无（图 3-19）。

6. 端点：可以设置直线端点的 3 种状态：无、圆角、方形（图 3-20）。

7. 接合：可以设置两个线段的相接方式，包括尖角、圆角和斜角。如果选择"尖角"，可在左侧"尖角"文本框中输入尖角的大小（图 3-21）。

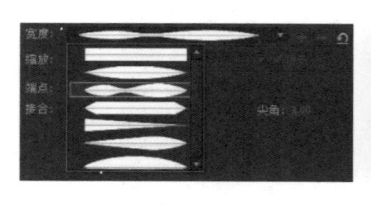

图 3-18   图 3-19   图 3-20   图 3-21

设置好属性后将鼠标指针移动至舞台，鼠标指针会转变为十字形状，这时可以开始绘制"房子与栅栏"了。点击鼠标左键拖动鼠标，即可绘制一条直线（图 3-22）。按住 Shift 键不放，同时按住鼠标左键拖动鼠标，可以绘制出水平线条（图 3-23）或垂直线条（图 3-24）。

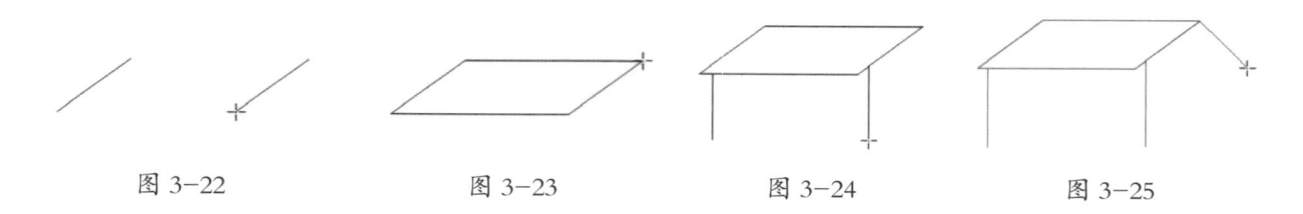

图 3-22   图 3-23   图 3-24   图 3-25

同理，按住 Shift 键不放，同时按住鼠标左键斜向拖动鼠标，可以绘制出 45°斜线（图 3-25）。

提示：在绘制过程中，如果按住 Ctrl 键可以暂时切换到"选择工具"，可以对工作区中的对象进行选取，当松开 Ctrl 键时自动切换到"线条工具"。

二、铅笔工具

使用"铅笔工具"可以在舞台中绘制线条和形状，它的使用方式与现实中的铅笔类似。"铅笔工具"和"线条工具"在使用方法上也有许多相同点，但是也存在一定的区别，最大的区别就是"铅笔工具"可以绘制出曲线，这种曲线通常用作绘制路径。

在"工具"面板中选择"铅笔工具"，在"工具选项区"中点击"铅笔模式"按钮，在打开的下拉菜单中可以选择"铅笔工具"的三种类型（图 3-26），分别是"伸直""平滑""墨水"（图 3-27），可以根据需要选择不同的铅笔类型，配合绘画板进行绘制，更能体现出"铅笔工具"绘制准确性的特点。

图 3-26　三种类型模式　　　　图 3—27　绘制效果

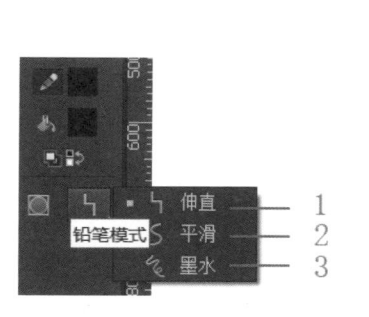

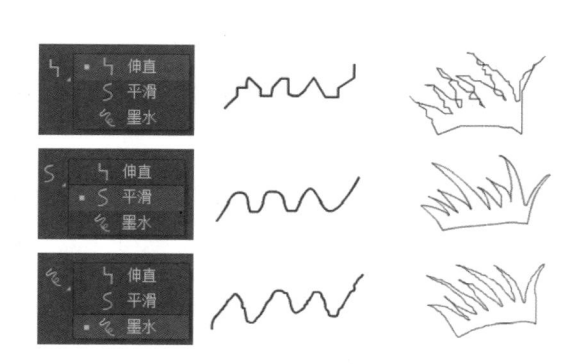

1. 伸直：该模式有很强的线条形状识别能力，可以对绘制的线条进行自动校正，将画出的近似直线取直，平滑曲线，自动识别椭圆、矩形等。

2. 平滑：使用平滑模式绘制线条，可以自动平滑曲线，减少抖动造成的误差。

3. 墨水：使用墨水模式绘制线条，最接近手绘的效果，即使很小的抖动，都可以体现在所绘制的线条中。

由于"线条工具"在绘制一些简单图形时，不能绘制比较自然的线条，因此使用"铅笔工具"平滑模式绘制简单的图形，如范例中的草丛和树。

选择"工具"面板中的"铅笔工具"，在属性面板"填充和笔触"栏中，将笔触颜色设置为黑色，笔触粗细设置为 1px，绘制出草丛和树（图 3-28）。

图 3-28

提示："铅笔工具"在绘制过程中按住 Shift 键，可以绘制出水平或垂直的直线。按住 Ctrl 键，可以暂时切换到"选择工具"对工作区中的对象进行选取。

三、钢笔工具

"钢笔工具"在 Animate 中是一个既常用又重要的工具，可以绘制精确的曲线路径，通过拖动线条上的锚点来调整直线和曲线完成对象的绘制。点击"工具"面板中"钢笔工具",下拉菜单中包含"钢笔工具""添加锚点工具""删除锚点工具""转换锚点工具",下面让我们一起来学习"钢笔工具"的使用。

钢笔工具：使用"钢笔工具"绘制直线的方法很简单,首先要确定起始锚点,在舞台中点击鼠标,会出现一个小圆圈,选择其他位置点击鼠标确定第二个锚点,从起始锚点位置到第二个锚点位置就会连接一条直线（图3-29）。

使用"钢笔工具"绘制曲线,在舞台中点击鼠标,会出现一个小圆圈,确定第二个锚点后,点击鼠标左键不放,同时向下拖动鼠标会出现控制杆,调节控制杆,直线随着我们的拖动变为了曲线（图3-30）。

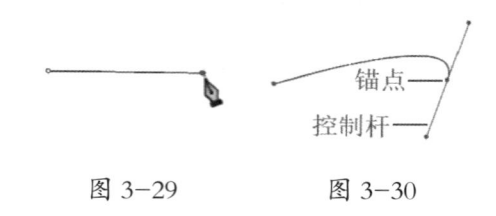

图 3-29　　图 3-30

转换锚点工具：选择"转换锚点工具",使用该工具选择线条上的锚点（图3-31）,拖动鼠标会在锚点的地方出现带有两个控制点的控制杆,拖动两个控制杆,这样可以分别对连接锚点的两条直线分别进行曲度的调节（图3-32）。

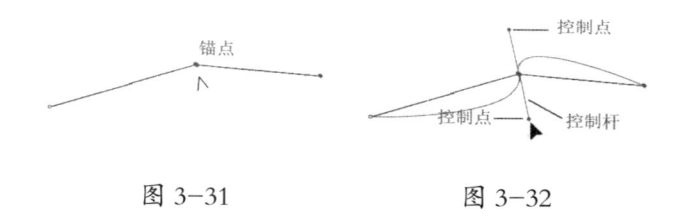

图 3-31　　图 3-32

添加锚点工具：选择"添加锚点工具"可以在绘制好的线条中点击鼠标添加新的锚点（图3-33）。

图 3-33

删除锚点工具：在绘制过程中难免会出现多余的锚点,使用"删除锚点工具"在线条中选择锚点,点击鼠标删除锚点。

本章范例中,花、草地就是运用钢笔工具绘制的（图3-34）。

选择"工具"面板中的"钢笔工具",在属性面板"填充和笔触"栏中,将笔触颜色设置为黑色,笔触粗细设置为1px,绘制出花和草地。

图 3-34

使用"钢笔工具"绘制花朵图形的方式：

首先使用"钢笔工具"绘制一个闭合的星形图。移动钢笔工具光标至起始锚点位置上，当钢笔工具光标显示为圆点时点击鼠标左键（图 3-35），即可闭合星形图（图 3-36）。

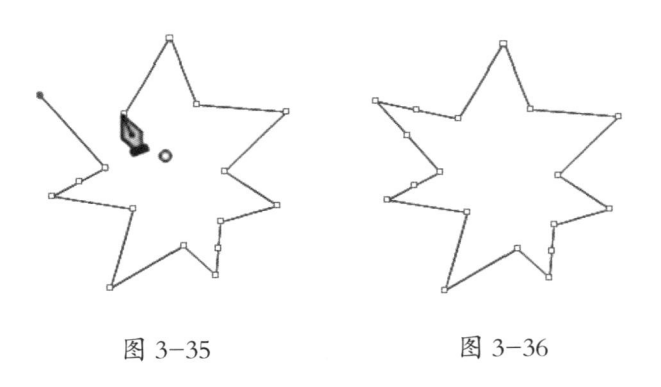

图 3-35　　　　　图 3-36

然后长按 Alt 将"钢笔工具"转换为"转换锚点工具"或者在"钢笔工具"下拉菜单中选择"转换锚点工具"（图 3-37），在尖角处点击鼠标左键不放，移动鼠标进行曲线调节，绘制出花瓣（图 3-38）。

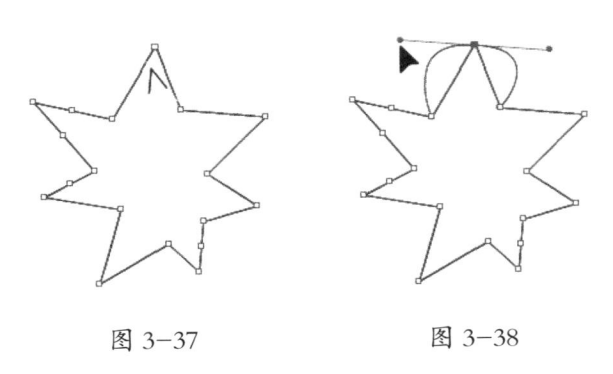

图 3-37　　　　　图 3-38

其他几个尖角同上的方式操作，完成绘制花瓣（图3-39）。

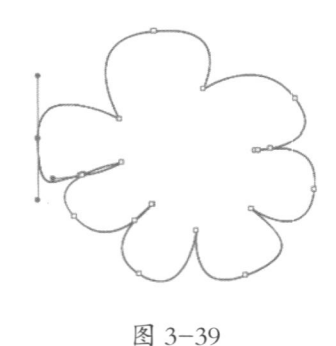

图3-39

四、矩形工具

"矩形工具"与"基本矩形工具"主要用于绘制矩形或正方形图案，使用它可以绘制出带有一定圆角的矩形。

1. 矩形工具█：在"工具"面板中点击"矩形工具"（图3-40），通过属性面板中的"填充和笔触"栏可以进行边框颜色、填充颜色、笔触大小、笔触样式、边框宽度样式、缩放设置（图3-41）。

通过"矩形选项"栏中4个"矩形边角半径"文本框中输入半径值，可以设置矩形4个角的度数值，设置结束后可以绘制出圆角矩形（图3-42）。

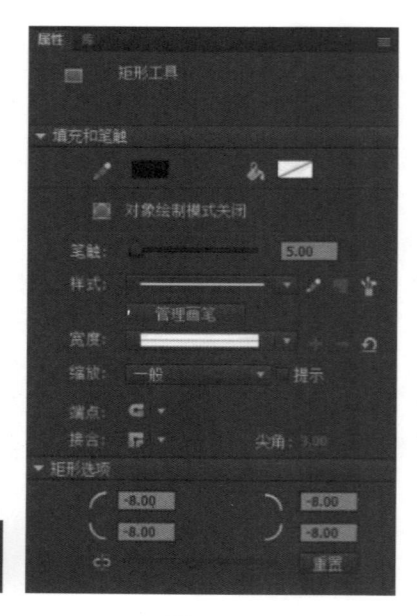

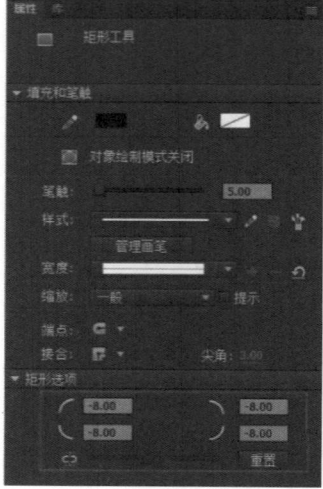

图3-40　　　　图3-41　　　　图3-42

提示：角度的半径越小，绘制的矩形的4个角的圆弧度就越小，角度的默认值为0，即没有弧度，表示4个角为直角。也可以通过左右拖动下方的滑块，来调整角度的大小。通过点击 🔗 按钮，可以为矩形4个角设置不同的半径，点击重置按钮将重置所有4个角的数值。

设置完矩形参数后，在舞台中点击鼠标左键不放，同时拖动鼠标，即可绘制矩形，矩形的宽高是由绘制过程中拖动鼠标来控制。在绘制过程中同时按住 Shift 键，就可以绘制正方形图形。

本章范例中的天空背景就是使用矩形工具绘制的。首先创建一个新图层，将新图层更名为天空，将天空图层拖动到图层栏的最底层。然后选择"工具"面板中"矩形工具"，在属性面板"填充和笔触"栏中，将笔触颜色设置为黑色，将填充色设置为浅蓝色，笔触粗细设置为 1px，沿着舞台的边沿绘制矩形图形（图3-43）。

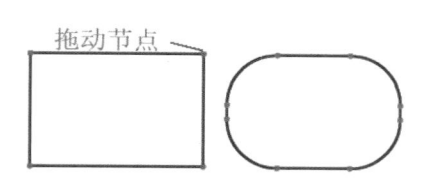

图 3-43

图 3-44 基本矩形工具效果图

2. 基本矩形工具：■："基本矩形工具"的使用方法与"矩形工具"相同，但是绘制的图形具有更加灵活的调整方式。使用"基本矩形工具"绘制的图形上有节点，通过使用"选择工具"拖动图形上的节点，可以改变矩形的对角外观，使其形成圆角矩形（图3-44）。

五、椭圆工具

"椭圆工具"与"基本椭圆工具"主要用于绘制椭圆形与圆形图案。椭圆工具与矩形工具类似，主要差别是椭圆选项中关于角度和内径的设置。

1. 椭圆工具：在"工具"面板中点击"椭圆工具"，在属性面板中设置绘制参数，其中"填充和笔触"栏中的设置与矩形工具中的设置参数类似。

"椭圆选项"栏中通过设置开始角度、结束角度、内径大小和是否闭合路径可以绘制出扇形、环形、圆环。

"椭圆选项"栏中的各选项参数功能如下（图3-45）：

开始角度：设置扇形绘制的起始角度。

结束角度：设置扇形绘制的结束角度。

内径：设置内侧扇形内角的半径，内径大小范围为 0～99。

闭合路径：默认状况下，该选项是勾选状态，用以设置绘制出的扇形是否闭合。取消勾选，绘制一个未闭合的形状。（图3-46）。

重置：点击该按钮后，将恢复到角度、半径的初始值。

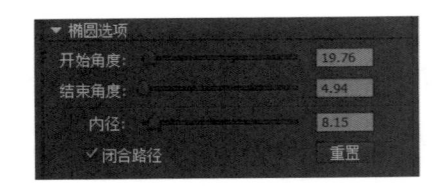

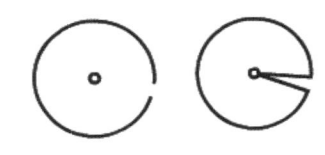

图 3-45　　　　　图 3-46　未闭合路径与闭合路径的效果图

2. 基本椭圆工具：使用"基本椭圆工具"绘制图形方法与"椭圆工具"是相同的，但绘制的图形有区别。通过"基本椭圆工具"绘制出的图形上有节点，通过使用"选择工具"拖动图形上的节点，可以调整出多种扇形（图 3-47）。

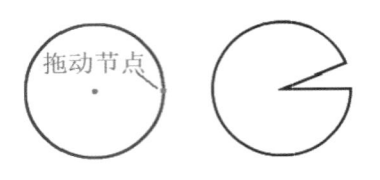

图 3-47　基本椭圆工具效果图

本章范例中的太阳和云朵都是运用椭圆工具绘制的（图 3-48）。

绘制太阳，创建一个新图层，将新图层更名为太阳，然后选择"工具"面板中"椭圆工具"，在属性面板"填充和笔触"栏中，将笔触颜色设置为无，填充色设置黄色。然后按住 Shift 键，在舞台上点击鼠标左键并拖动鼠标，绘制一个正圆。

绘制云朵，创建一个新图层，将新图层更名为云朵，在"工具"面板中选择"椭圆工具"，在属性面板"填充和笔触"栏中，将笔触颜色设置为无，填充色设置为白色。在舞台上点击鼠标左键并拖动鼠标，绘制叠加的椭圆图形。

图 3-48

六、多角星形工具

使用"多角星形工具"可以绘制出多角星形图案或多边形图，"工具"面板中选择"多角星形工具"(图3-49),在属性面板中的"填充和笔触栏"设置绘制参数,该栏中的大部分参数设置与之前介绍的图形绘图工具参数设置相同(图3-50)。

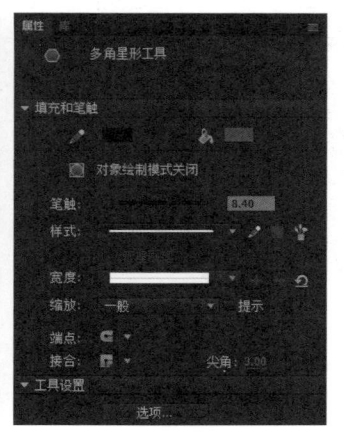

图 3-49　　　　图 3-50

在属性面板中的"工具设置栏"点击"选项"按钮,会打开"工具设置"的窗口(图3-51)。

"工具设置"窗口中主要参数选项的具体作用如下:效果图(图3-52)

1. 样式:该模式下可以选择"多边形"或"星形"样式。

2. 边数:设置绘制图形的边数,范围为3～32。

3. 星形顶点大小:设置星形顶角的度数。

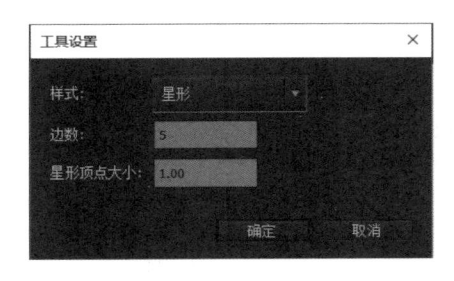

图 3-51　　　　图 3-52　"多角星形工具"绘制效果图

七、画笔工具（B）

"画笔工具（B）" 主要用于为图形对象大面积着色,可以绘制出像毛笔作画的效果。需要注意的是"画笔工具（B）"绘制出的是填充色区域,它不具有边线,如果在绘制过程中使用绘画板,可以更好地绘制出画笔工具的笔触感。

在"工具"面板中选择"画笔工具（B）" (图3-53),可以通过属性面板设置画笔（B）的颜色、画笔笔尖的形状（图3-54）、画笔大小以及平滑度的参数。因为画笔（B）绘制出的是填充色,所以在属性面板"填充和笔触"栏中的笔触参数的设置处于灰色状态(图3-55)。

图 3-53　　　　　　　图 3-54　　　　　　　图 3-55

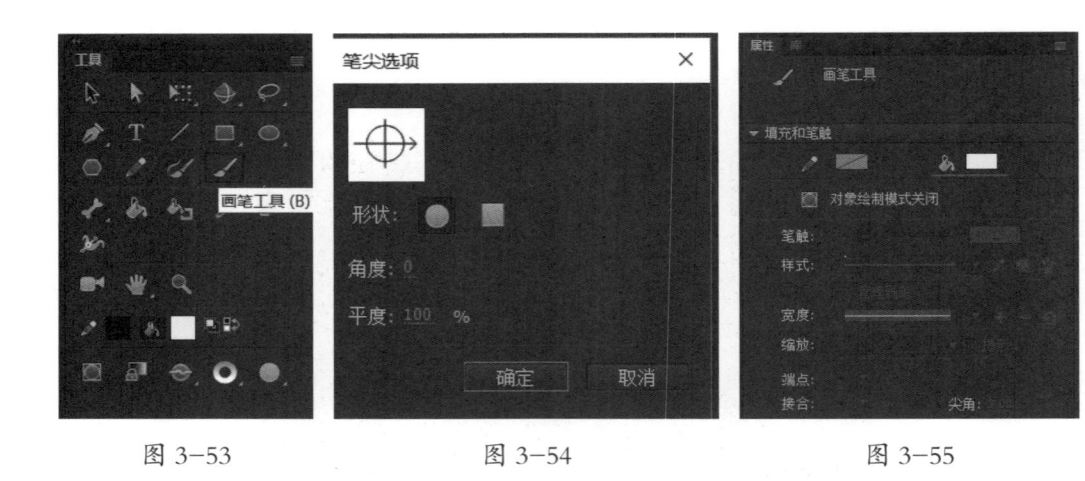

同时"工具"面板的"工具选项区"中会显示"对象绘制""锁定填充""画笔模式""画笔大小""画笔形状"五个功能按钮，这些功能按钮的作用分别如下：

对象绘制：点击对象绘制按钮，在该模式下绘制图形是独立对象，绘制出的图形上有节点，通过使用"部分选择工具"或"转换锚点工具"拖动图形上的节点，可以调整图形（图3-56）。

锁定填充：点击锁定填充按钮，是把舞台上的绘图颜色规律锁定，当画笔工具使用渐变颜色绘图时，将会参照之前锁定的舞台颜色规律，进行渐变色绘制。如果在非锁定填充模式下，任何一次的笔触都会包含一个完整的渐变色（图3-57）。

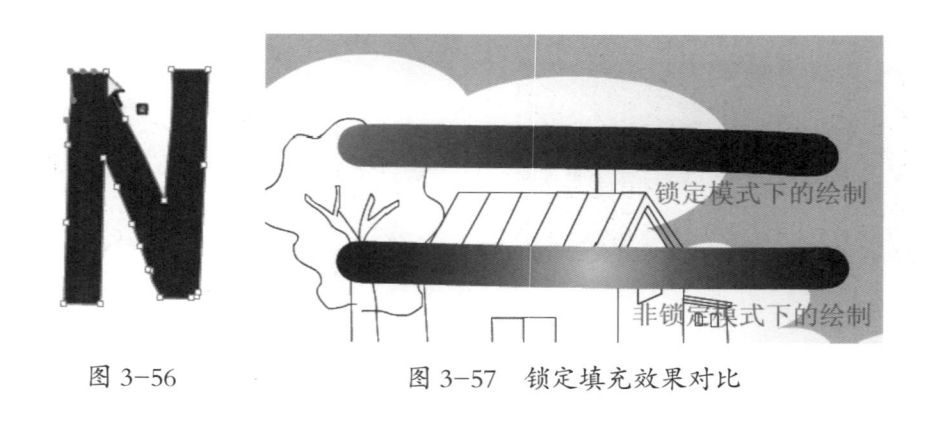

图 3-56　　　　　　图 3-57　锁定填充效果对比

画笔模式：点击画笔模式按钮，在打开的下拉菜单中有5种画笔模式选项。具体如下：

1. 标准绘画：这是默认模式，可对同一图层的线条和填充涂色，绘制的图形会覆盖下面的图形（图3-58）。

2. 颜料填充：该模式只对填充区或空白区域涂色，不会影响线条（图3-59）。

3. 后面绘画：该模式只在同图层舞台的图形后面涂色，图形不受影响（图3-60）。

4. 颜料选择：该模式只对选择区域的填充进行绘制，选择区域之外的图形不受影响（图3-61）。

5. 内部绘画：使用该模式绘制仅限制在落笔点时所在位置的填充区域，如果落笔点是空白区域，则只对空白区域涂色，不会影响其他填充区域（图3-62）。

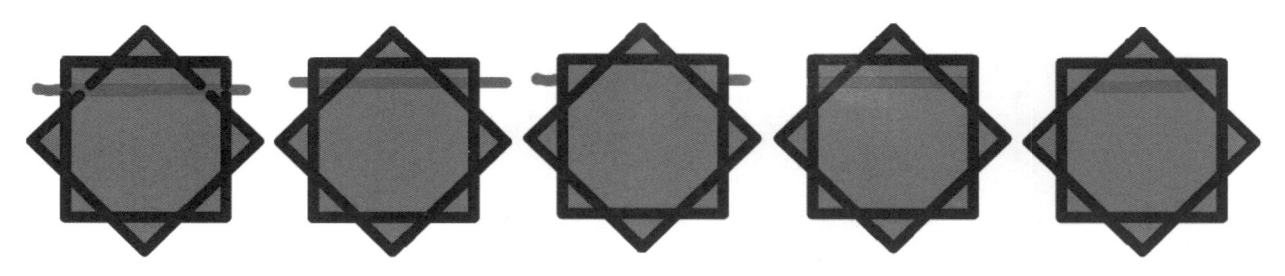

标准绘画（图3—58）　颜料填充（图3—59）　后面绘画（图3—60）　颜料选择（图3—61）　内部绘画（图3—62）

画笔大小：点击画笔大小按钮，会打开下拉菜单，菜单中有9种画笔的大小供选择（图3-63）。

画笔形状：点击画笔形状按钮，会打开下拉菜单，菜单中有9种画笔形状供选择（图3-64）。

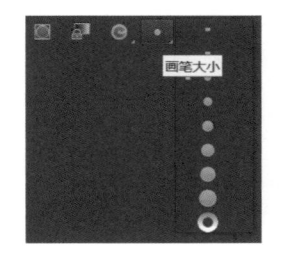

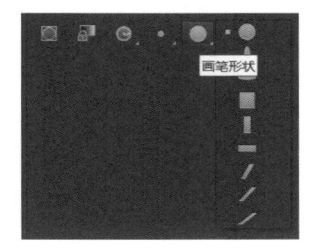

图 3-63　　　　图 3-64

本章范例中太阳的红色光芒是运用"画笔工具（B）"绘制的。

绘制太阳光芒（图3-65），选择太阳图层，然后选择"工具"面板中"画笔工具（B）"，在属性面板"填充和笔触"栏中，将填充色设置为红色，画笔模式选择后面绘画。然后在舞台上找到太阳，配合绘画板使用压感笔绘制出太阳的红色光芒。绘制后的效果图见图3-66。

图 3-65　　　　图 3-66

八、画笔工具（Y）

"画笔工具（Y）"主要用于图形对象的绘制，同样具有绘制出毛笔作画的效果。需要注意的是"画笔工具（Y）"与"画笔工具（B）"的差别，"画笔工具（Y）"绘制的是笔触边线，它不具有填充色。

在"工具"面板中选择"画笔工具（Y）"（图3-67），通过属性面板中的"填充和笔触"栏可以进行笔触颜色、笔触大小、笔触样式、笔触宽度样式、缩放、端点、接合的设置。因为画笔（Y）绘制出的是笔触，所以在属性面板"填充和笔触"栏中的填充色设置处于灰色状态（图3-68）。

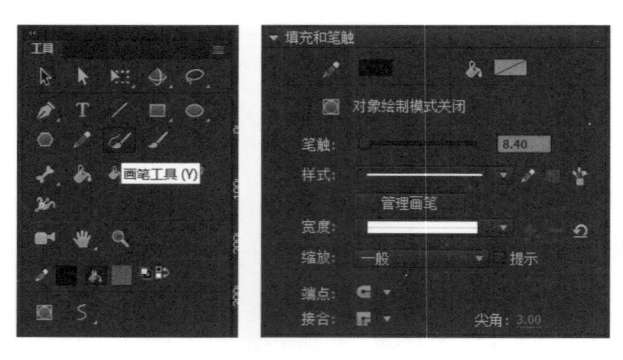

图 3-67　　　　图 3-68

在"工具"板中选择"画笔工具（Y）"，"工具选项区"中点击"铅笔模式"按钮，打开的下拉菜单中可以选择"画笔工具（Y）"的三种类型，分别是"伸直""平滑""墨水"，绘制时可以根据需要选择不同的画笔类型。"画笔工具（Y）"的三种类型方式可以参考"铅笔工具"。

第三节　图形选择工具

Animate软件中，图形选择工具对于图形对象的造型起到关键作用，如果要改变舞台上图形对象的形状，则需要先选取图形对象，再对其进行修饰改造。

一、选择工具

在"工具"面板中点击"选择工具"，在"工具选项区"中"贴紧至对象"按钮是默认选取状态、"平滑"、"伸直"，其各自的功能如下：

"贴紧至对象"：选择工具在进行移动、绘图、旋转和调整操作时将和对象自动对齐。

"平滑"：点击该按钮，可以对选择的曲线进行柔化处理（图3-69）。

"伸直"：点击该按钮，可以对选择的曲线进行伸直处理（图3-70）。

"选择工具"的运用有两个方面，第一个方面是选取图形，第二个方面是改变图形形状。（以舞台中的带边线的"小货车"为例）

原图

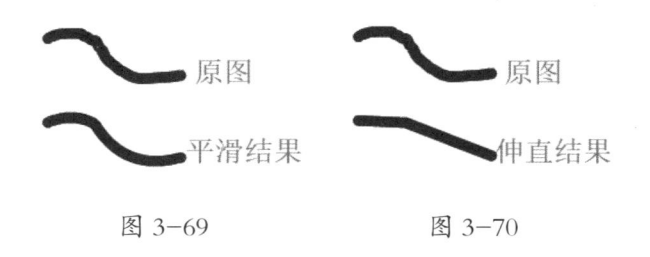

平滑结果

图 3-69

原图

伸直结果

图 3-70

提示：平滑和伸直只适用于图形，对组合、文本、实例和位图都不起作用。

（一）选取方式有以下几种技巧：

1. 单击鼠标左键：在绘制的过程中会需要修改某一部分图形或线条，这时就可以通过单击的方式来实现选取。如要修改舞台中小货车的货箱颜色，首先就是要选取对象，移动"选择工具"光标放在车箱蓝色区域上，单击鼠标左键即可选中（图 3-71）。

2. 双击鼠标左键：有时在选取过程中，单击只能选中"车箱"的一条边框线。这时双击选中的边线，就能全选"车箱"的四条边框线（图 3-72）。

3. 按住鼠标左键拖动：在同一图层的舞台区域中，按住鼠标左键拖动会出现一个选取框，拖动选取框可以任意选取区域中的图形（图 3-73）。

4. 按住 Shift 键：单击选择所需的图形对象时，同时按住 Shift 键可以实现多选（图 3-74）。

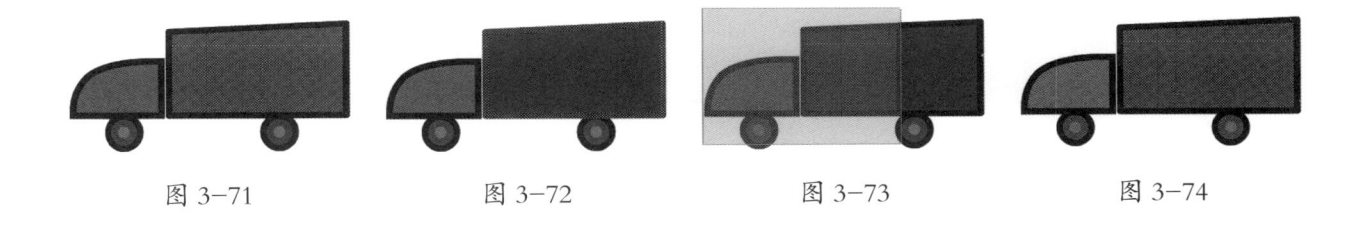

图 3-71　　　　图 3-72　　　　图 3-73　　　　图 3-74

（二）改变形状有以下几种方式：

1. 直线改变为曲线：在"工具"面板点击"选择工具"，将光标移至车箱其中一条边线的位置，这时光标下方会出现一个半弧形状，按住鼠标左键拖动就能调整直线的曲线弧度（图 3-75）。

2. 改变边角：将光标移至车箱的边角上，光标下方会出现一个直角形状，拖动鼠标可延长或缩短边线从而改变边角的度数（图 3-76）。

图 3-75　　　　图 3-76

二、部分选择工具

"部分选择工具" 主要用于选择线条、移动线条、编辑节点和改变形状等,它的使用方法和作用与"选择工具"相似,但是也存在一定的区别,最大的区别就是"部分选择工具"是对图形进行编辑。在使用该工具时,点击图形的边线,图形上会出现多个节点,表示该图形已经被选取。

当使用"部分选择工具"选中图形后,可以通过拖动节点来调整控制线条的长度和曲线度,具体操作如下:

1. 移动节点:当鼠标选中节点时,光标下方会出现黑色空心的正方形,拖动该节点,可以改变图形边框的轮廓(图3-77)。

2. 拖动锚点:选择一个节点,点击鼠标左键,同时按住Alt键拖动鼠标,将出现带有两个控制点的控制杆,拖动两个控制杆,可以分别对连接节点的两条直线进行曲线度的调节(图3-78)。

3. 移动图形:使用"部分选择工具"移动光标,当光标下方出现黑色实心的正方形时,按下鼠标左键拖动对象,在拖动的过程中会有线条虚影,方便用户在拖动图形时进行定位(图3-79)。

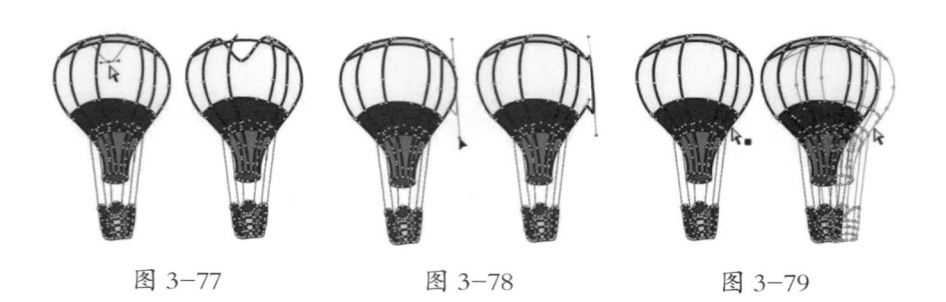

图 3-77　　　　图 3-78　　　　图 3-79

三、套索工具

"套索工具" 可按需要在图形上选取任意一部分不规则的图形。点击"套索工具",在打开的下拉菜单中可以选择"套索工具""多边形工具""魔术棒"(图3-80)。

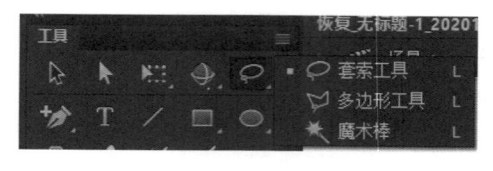

图 3-80

套索工具:可按需要在图形上选取任意一部分不规则的图形。按住鼠标左键在图形上按照用户要求拖动鼠标,形成一个封闭的选取区域(图3-81)。

多边形工具:可以用于在图形对象上精确地勾勒出想要的图形(图3-82)。

魔术棒:"魔术棒"的使用方式与Photoshop软件中"魔术棒"类似,点选的方式选择位图中相似的颜色,选择"魔术棒",在属性面板中可以设置阈值,阈值越大,魔术棒选择颜色范围越广,容差范围越广(图3-83)。

图 3-81    图 3-82    图 3-83

提示："魔术棒"的使用，首先必须是位图，然后用 Ctrl+B 快捷键打散分离后的图形。

第四节 图形颜色填充

大家通过上述工具的学习与操作，完成了本章范例的绘制，大家已经看到使用绘图工具创作的场景颜色比较单调，下面我们需要为场景添加颜色，使场景颜色丰富起来。

在 Animate 软件中常用的颜色调节工具有"颜料桶工具""墨水瓶工具"，但需要注意的是在颜色填充的时候对象必须是封闭图形。

一、颜料桶工具

"颜料桶工具"主要是用于矢量图形的颜色填充。选中该工具时，在"工具选项区"点击"间隔大小"按钮，在打开的菜单中会出现四个选项，用来设定填充对象边框空隙大小（图 3-84）。

"不封闭空隙"：只能在完全封闭的区域填充颜色。

"封闭小空隙"：当边线存在小空隙时才能填充颜色。

"封闭中等空隙"：当边线存在中等空隙时可以填充颜色。

"封闭大空隙"：当边线存在较大空隙时可以填充颜色。

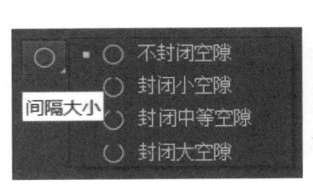

图 3-84 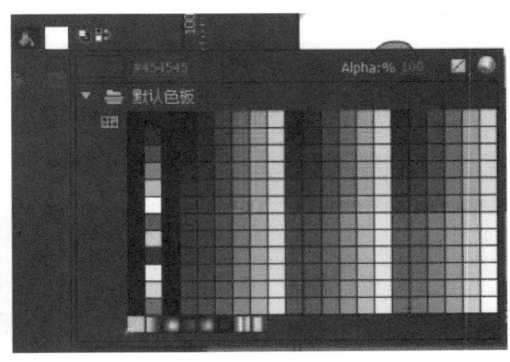   图 3-85

在使用"颜料桶工具"时，常常需要使用"填充颜色"窗口（图 3-85）配合选取所要的颜色，在"工具选项区"中点击"填充颜色"按钮，会打开一个"填充颜色"窗口，我们可以通过点击该窗口上的色块选取所要填充的颜色。

下面我们开始为场景添加颜色，分别对房子、栅栏、树、树丛、草地、草、道路等进行颜色填充。

填充的过程中，首先选择图形对象所在的图层，然后选择"颜料桶工具"在"填充颜色"窗口选取颜色，最后在舞台中光标显示形状时，开始给图形对象填充颜色（图 3-86）。

图 3-86 纯色填充

参考的填充颜色如下：

屋顶 #EA701E、#EE822B 墙面 #FAF90D 窗门 #F6CB96 栅栏 #F9D541

树干 #DCA35A 树叶 #65B72E 树丛 #D69A44 道路 #CE0E56

二、墨水瓶工具

"墨水瓶工具"常用于改变线段的样式、粗细和颜色，可以为矢量图形添加边线，但它本身不具备任何的绘画能力。

"墨水瓶工具"的主要功能有以下两点：

（一）为图形添加边线

选择"墨水瓶工具"，在属性面板中的"填充和笔触"栏对边线的颜色、粗细、样式进行设置后（图 3-87），选择图形所在图层，在"工具"面板中选择"墨水瓶工具"，在舞台中光标显示为形状时点击图形，图形即可添加边线。

（二）为线段更改颜色

在为线段更改颜色和属性时，首先确认这条线段可以直接使用"选择工具"进行选择，然后选择"墨水瓶工具"，在属性面板中的"填充和笔触"栏对线段的颜色、粗细和样式进行设置，使用"墨水瓶工具"单击这段线段，线段颜色和属性即可更改（图 3-88）。

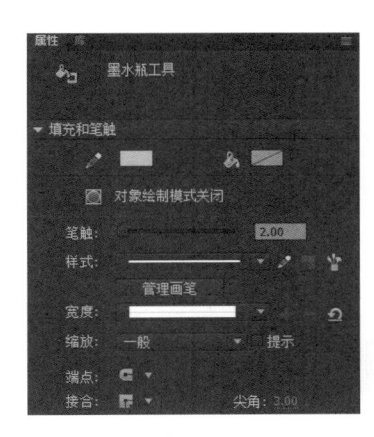

图 3-87 　　　　　　　　　　　　图 3-88

习题

1. 运用线条工具绘制如图 3-89 所示的小木屋。
2. 运用选择工具绘制如图 3-90 所示的车。
3. 运用画笔工具绘制如图 3-91 所示的太阳。
4. 运用颜料桶工具为绘制好的房子上色，如图 3-92 所示。

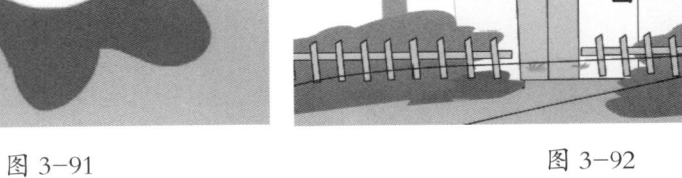

图 3-89　　　　　　　　　　　　图 3-90

图 3-91 　　　　　　　　　　　　图 3-92

第四章　图形的编辑操作

▶【本章重点】

绘制图形过程中，可以对已经绘制的图形进行移动、排列、复制、旋转、缩放和扭曲等操作，还可以调整图形的颜色使其更加丰富多彩。本章主要介绍图形的编辑操作、颜色调整等内容。

▶【学习目的】

掌握选择工具、任意变形工具、渐变变形工具和套索工具的使用，为后面学习制作动画打下基础。

▶【本章案例介绍】

【范例】

通过上一章对美丽小山村的图形绘制，本章将学习图形的编辑操作，掌握简单操作对象的方法，如图 4-1 美丽小山村风景所示。

图 4-1　美丽小山村风景

第一节　查看图形的辅助工具

用 Animate 绘图时，会使用辅助工具放大图形和定位图形来配合绘图，常用的是"缩放工具"和"手形工具"。

一、缩放工具

"缩放工具"主要用于视图的放大或缩小，以便编辑图形。

"工具"面板中选择"缩放工具"按钮，在"工具选项区"中会显示"放大"和"缩小"按钮（图4-2）。

放大：点击此按钮，舞台上会出现带"+"号的放大镜（图4-3），当用户在舞台中点击鼠标左键时，会使舞台放大两倍（图4-4）。

缩小：点击此按钮，舞台上会出现带"－"号的放大镜，当用户在舞台中点击鼠标左键时，会使舞台缩小为原来的1/2。

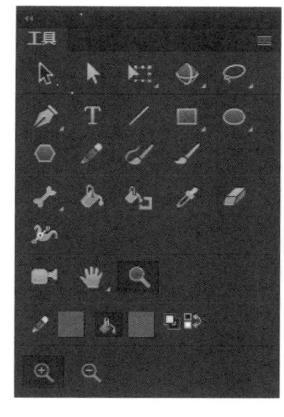

图4-2 　　　　图4-3　选择放大 　　　　图4-4　放大两倍效果

二、手形工具

"手形工具"作用是在舞台中快速找到目标图形的工具。在绘制图形的过程中常常会用到缩放工具放大图形，配合使用"手形工具"能快速地在舞台中移动到目标区域。在使用"手形工具"时，表面上看来是移动图形对象的位置发生了改变，但实际上移动的却是舞台工作区的显示区域，而工作区上所有图形对象的位置没有发生改变，"手形工具"移动的实际上是整个工作区。

继续上面的操作，在"工具"面板中点击"手形工具"，会发现舞台中的光标变成一只手的形状（图4-5），在工作区域内的任意位置按住鼠标左键随意拖动，就可以看到整个工作区域的内容跟着鼠标的动作而移动（图4-6）。

- 51 -

图 4-5 　　　　　　　　　　　图 4-6

■■■ 第二节　组织图形对象 ■■■

对图形进行组织，需要对其进行移动、剪切、复制和粘贴等操作。下面介绍一下移动、剪切、复制和粘贴等命令。

一、移动图形

在 Animate 中，"选择工具"除了用来选择图形对象，还可以拖动图形对象进行移动操作，将其放置到舞台的适当位置。其方式如下：

1. 在"工具"面板中点击"选择工具"，在舞台中选取要移动的图形对象（图 4-7），使用"选择工具"选取图形，当"选择工具"光标显示为时点击鼠标左键拖动（图 4-8），移动图形对象到合适的位置（图 4-9）。

图 4-7 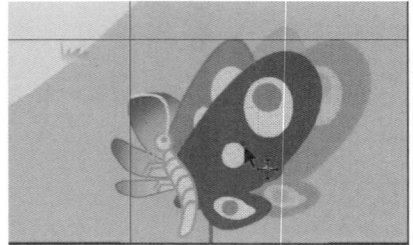　　　　　　　图 4-8 　　　　　　　图 4-9

提示：移动时若按住 Alt 键不放来拖动，则会再次复制出一个新实例。

2. 可以使用键盘上的方向键来移动图形对象。"选择工具"选取图形对象，使用键盘上的上、下、左、右键每次可以移动 1 像素的距离，若按住 Shift 键的同时点击方向键，则可以每次 8 像素的距离移动实例。

3. 在菜单栏中选择"窗口 | 信息"命令（图 4-10），会打开"信息"面板，在面板中显示的是

被选中实例的宽度和高度以及所在舞台的位置,设置面板中"X""Y"文本框中的数值(图4-11),就可以移动实例。

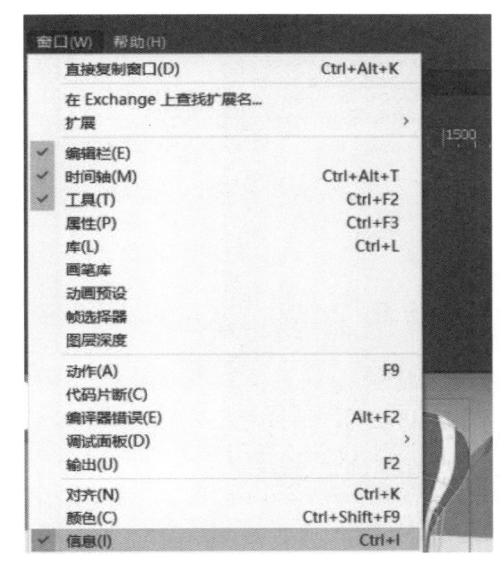

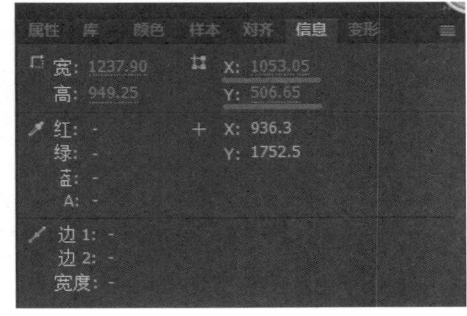

图 4-10

图 4-11

提示:移动图形对象时,会出现图形重叠在一起自动融合的问题,将移动的图形对象进行组合(Ctrl+G快捷键),移动图形对象后,将不会再出现自动融合的问题。

二、剪切图形

选择"热气球"图层,在"工具"面板中点击"选择工具",在舞台中选取要剪切的图形对象"红色热气球"(图4-12),在菜单栏中选择"编辑 | 剪切"命令(图4-13),选取的图形对象会从舞台中消失,并且暂存于剪贴板中。

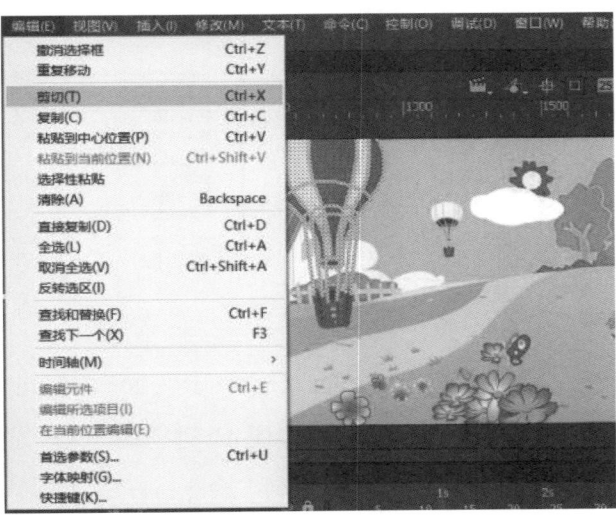

图 4-12

图 4-13

在"时间轴"面板点击"新建图层" 按钮，创建一个新图层，取名为"红色热气球"，在菜单栏中选择"编辑｜粘贴到中心位置"命令，就可以将剪切的图形对象粘贴到该图层舞台中心位置（图4-14）。

图 4-14

提示：选取要剪切的图形也可以使用 Ctrl+X 快捷键剪切，使用 Ctrl+V 快捷键粘贴到中心位置。

三、复制和粘贴图形

复制和粘贴需要重复使用的图形对象可以提高绘制图形的工作效率，其方法如下：

方法 1. 使用菜单命令：选中要复制的图形对象，选择"编辑｜复制"命令，选择"编辑｜粘贴到中心位置"命令，就可以将复制的图形对象粘贴到该图层舞台中心位置。选择"编辑｜粘贴到当前位置"命令，可以将复制的图形对象粘贴到相同的坐标位置（图4-15）。

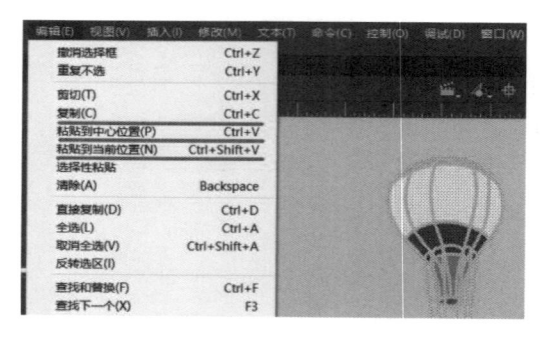

图 4-15

方法 2. 使用组合键：在"工具"面板中点击"选择工具" ，在舞台中选取所要复制的图形，点击鼠标左键不放的同时按住 Alt 键拖动，此时光标显示 ，可以拖动并复制该图形对象（图4-16）。

方法 3. 使用"直接复制"命令：在复制图形对象时，还可以选择"编辑｜直接复制"命令或按 Ctrl+D 快捷键，对图形对象进行复制粘贴（图4-17）。

图 4-16　　　　　　　　　　　　　　　图 4-17

四、删除图形

删除图形对象的方法有多种，其方法如下：

方法 1. 在舞台上选取要删除的图形对象（图 4-18），按 Delete 键，选取的图形对象就会被删除。

方法 2. 在菜单栏中选择"编辑｜清除"命令，选取的图形对象就会被删除。

方法 3. 按 Backspace 键，选取的图形对象就会被删除。（图 4-19）

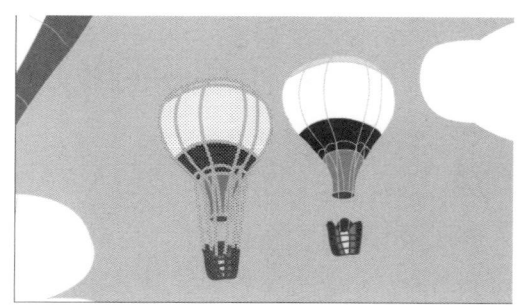

图 4-18　选取要删除的图形对象　　　　　　图 4-19

第三节　图形的变形

在绘制图形的过程中，可以执行调整图形对象的大小、旋转图形、翻转图形、扭曲图形等操作。

一、缩放图形

通过使用"任意变形工具"可以在垂直和水平方向同时缩放改变图形的大小，还可以是垂直或水平方向上的缩放。其操作方法如下：

方法 1. 在"工具"面板中点击"任意变形工具"（图 4-20），然后在工具选项区中点击"缩放"按钮，被选中的图形对象上会出现变形控制框，拖动控制框某条边上的控制点，就可以将图形对象垂直或水平方向缩放。拖动控制框某个角控制点可以等比例放大或缩小图形对象。

方法 2. 在菜单栏中选择"修改｜变形｜缩放"命令，其操作方式与"方法 1"相同。

方法 3. 直接使用"任意变形工具" ，在舞台中选取所要缩放的图形，光标选择控制框上的任意控制点拖动鼠标，可以任意缩放图形对象。选取某个角控制点拖动图形同时按住 Shift 键，可以等比例放大或缩小图形对象。

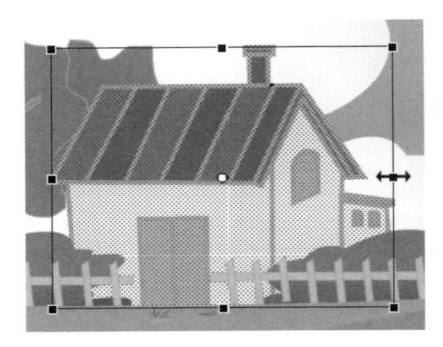

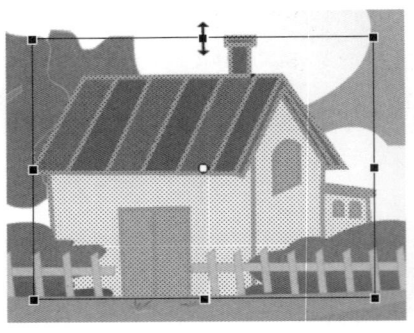

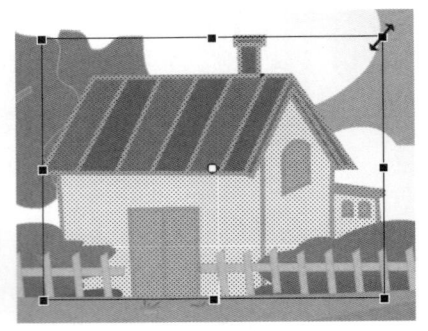

水平缩放　　　　　　　　　垂直缩放　　　　　　　　　垂直和水平缩放

图 4-20

二、旋转与倾斜图形

继续上面的操作，在"工具"面板中选择"任意变形工具" ，可以对图形进行旋转与垂直倾斜或水平倾斜操作。其方法如下：

方法 1. 在"工具"面板中选择"任意变形工具" ，然后在工具选项区中点击"缩放" 按钮，显示变形控制框。当光标移动到竖条边的控制点时，显示为 形状（图 4-21），点击鼠标左键拖动，就可以水平倾斜图形对象。当光标移动到横条边的控制点时，显示为 形状（图 4-22），点击鼠标左键拖动，就可以垂直倾斜图形对象。当光标移动到某个角控制点外侧时，显示为 形状（图 4-23），点击鼠标左键拖动，就可以旋转图形对象。

方法 2. 在菜单栏中选择"修改 | 变形 | 旋转与倾斜"命令，其操作方式与"方法 1"相同。

方法 3. 在"工具"面板中点击"任意变形工具" ，在舞台中选取要旋转与倾斜的图形，当光标移动到竖条边上时，显示为 形状，拖动鼠标就可以水平倾斜图形对象；当光标移动到横条边上时，显示为 形状，拖动鼠标就可以垂直倾斜图形对象；当光标移动到某个角控制点外侧时，显示为 形状，拖动鼠标就可以旋转图形对象。

图 4-21　水平倾斜 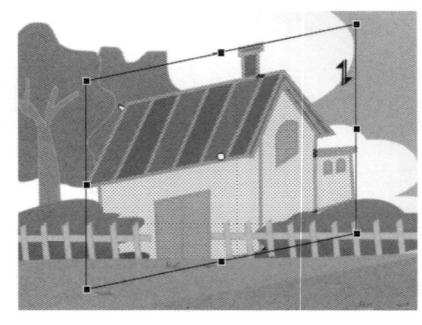　　　　　图 4-22　垂直倾斜 　　　　　图 4-23　旋转

三、扭曲图形

用户可以根据需要扭曲图形（仅限于图形）进行调整变形。其方法如下：

方法 1. 在"工具"面板中选择"任意变形工具" ，然后在工具选项区中点击"扭曲"按钮 ，显示变形控制框。当光标移动到某个角控制点（图 4-24）或某边控制点上时（图 4-25），显示为 ▷ 形状，拖动鼠标就可以扭曲图形。在拖动角控制点的时候，同时按住 Shift 键，当光标显示为 ▶ 形状（图 4-26），拖动鼠标就可对图形进行锥化调整。

方法 2. 在菜单栏中选择"修改 | 变形 | 扭曲"命令，其操作方式与方法 1 相同。

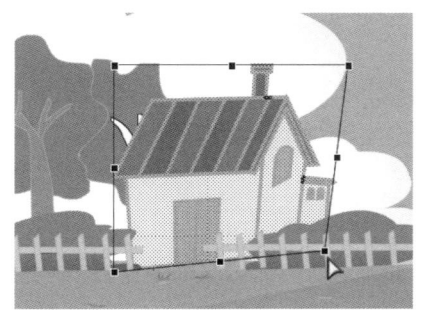

图 4-24　角扭曲 　　　　图 4-25　边条扭曲 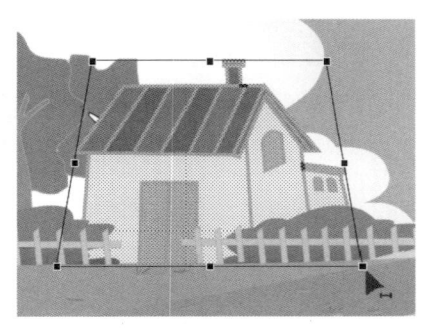　　　　图 4-26　锥化扭曲

四、封套图形

封套的操作可以将图形（仅限于图形）变形。其方法如下：

在"工具"面板中选择"任意变形工具" ，然后在工具选项区中点击"封套"按钮 ，显示封套变形控制框，控制框的四周会显示若干控制点（图 4-27）。当光标移动到某个控制点上时，显示为 ▷ 形状时点击鼠标拖动，这时会出现控制杆。拖动这些控制点和控制杆（图 4-28），即可对图形进行任意形状的变形。

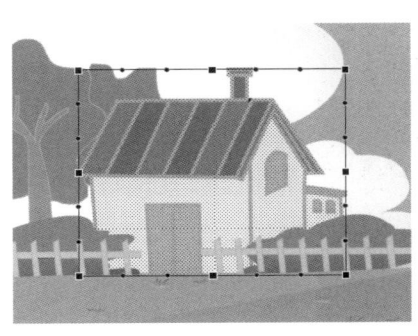

图 4-27 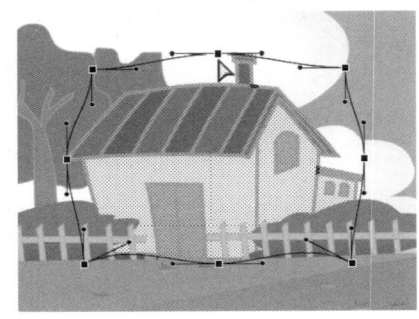　　　　图 4-28

第四节　调整图形颜色

使用绘图工具创作的图形比较单调，往往还需要结合编辑和色彩调节工具改变图形的颜色，从而创建出多样化的图形效果。

一、使用颜色面板

如果要填充渐变色，可以通过点击菜单栏中"窗口｜颜色"命令，打开"颜色"面板（图4-29）。面板中各参数的说明如下：

"笔触颜色"：可以设定笔触的颜色。如：线条。

"填充颜色"：可以设定填充的颜色。

"类型"：默认的类型为纯色，菜单中有线性渐变、径向渐变、位图填充四种类型模式可以选择（图4-30）。

"黑白"：单击该按钮，笔触与填充色恢复为系统默认的状态。

"无色"：用于取消笔触颜色或填充颜色。

"交换颜色"：用于将线条颜色和填充色进行交换。

"RGB颜色模式"：可以用于精确设置红、绿、蓝颜色数值。

"HSB色彩模式"：可以用于色相度、饱和度、明亮度设置。

"Alpha选项"：用于设定颜色的透明度设置，100%为不透明，0%为全透明。

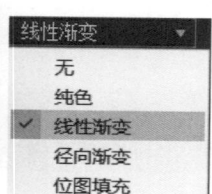

图4-29　　　　图4-30

在"颜色"面板中点击类型下拉菜单，在菜单中选择"线性渐变"类型（图4-30），将会打开"线性渐变"面板（图4-31）。

图 4-31

使用"渐变条"设置渐变颜色时,当鼠标靠近"渐变条"时光针显示 ,通过点击"渐变条"添加色块(图 4-32),双击色块可以打开颜色选择面板选择颜色(4-33)。

图 4-32　　　　　　　　图 4-33

练习:本章范例中的天空是蓝色渐变色,完成渐变色的填充。如图 4-34 所示。

图 4-34

二、渐变变形工具

在"工具"面板中点击"任意变形工具",打开的下拉菜单中可以选择"渐变变形工具",该工具可以改变填充颜色的方向、大小或位置。

(一)线性渐变填充

当图形填充为线性渐变色时,选择"渐变变形工具",选取需要变形的图形,当光标显示为形状时，点击图形将出现 3 个控制点和 2 条平行线（图 4-35），当光标移动到圆形控制点 ○ 上，光标将变成一个十字架 ✛ 形状，通过左右拖动控制点可以改变渐变的区域位置（图 4-36）。

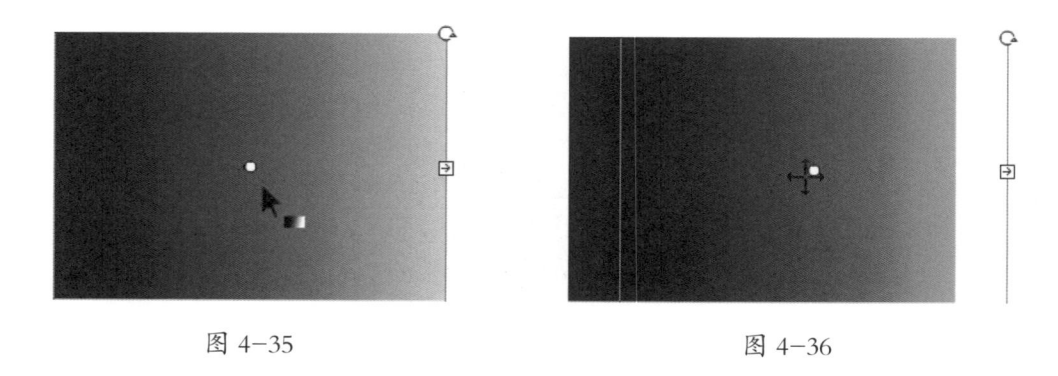

图 4-35　　　　　　　　　　　　　　图 4-36

当把光标移动到方形控制点 ▭ 上时光标显示为 ↔ 形状，这时点击鼠标不放，左右拖动该控制点，就能调整线性渐变填充的区域大小（图 4-37）。

当光标移动到右上角的环形控制点 ↻ 时，光标变为 ↺ 形状（图 4-38），拖动该控制点，可以调整线性渐变填充的方向。

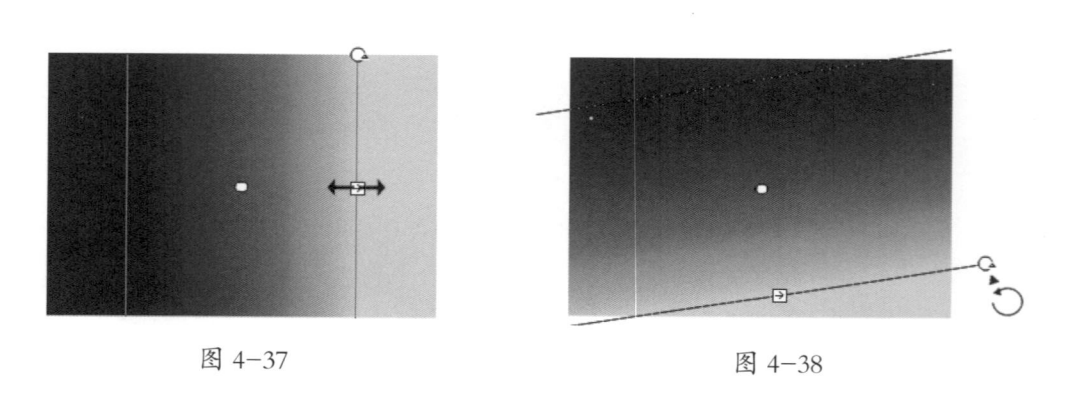

图 4-37　　　　　　　　　　　　　　图 4-38

（二）径向渐变填充

当图形填充色为径向渐变色时，选择"渐变变形工具"，选取需要变形的图形，光标显示为形状时点击图形，图形将出现 4 个控制点和 1 个圆形外框（图 4-39）。把光标移动到方形控制点 ▭ 上时光标显示为 ↔ 形状（图 4-40），通过水平拖动方形控制点可以水平改变渐变区域。

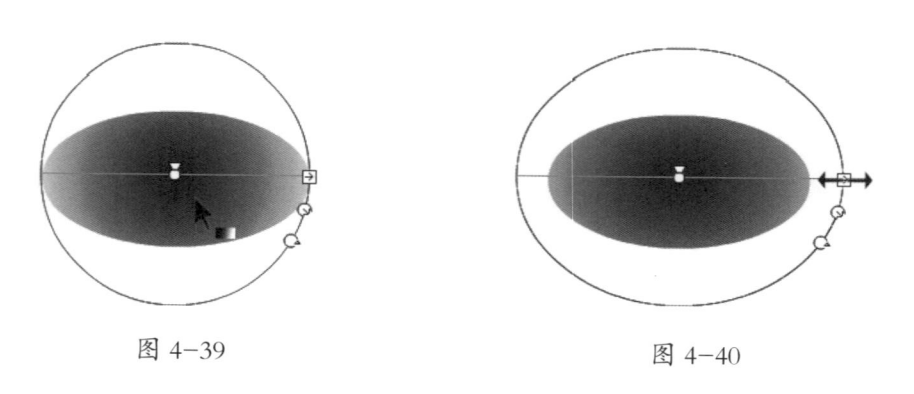

图 4-39　　　　　　　　　　　　　　图 4-40

将光标移动到圆形边框中间的圆形控制点 上时光标下增加圆形加箭头 的形状，拖动控制点可以改变径向渐变半径区域。（图4-41）

当光标移动到圆形边缘最下面的圆形控制点 上时，光标将会变为一个循环带箭头 的形状，通过旋转控制点可以改变渐变的角度。（图4-42）

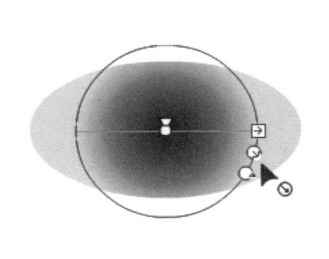

图 4-41 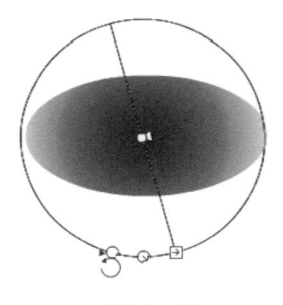　　　　　　　　图 4-42

将光标移动到中心圆形控制点上 时光标将会变为 形状，左右拖动控制点可以改变渐变的区域位置（图4-43）。

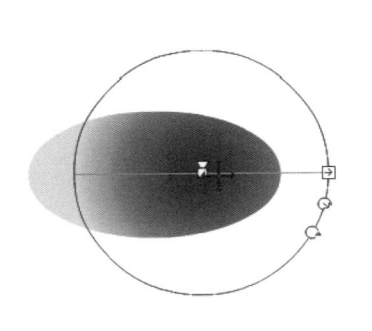

图 4-43 　　　　　　　　图 4-44

练习：大家可能发现使用颜色填充渐变色是左右渐变，运用"渐变变形工具"将本章范例中的天空的蓝色渐变色，改为上下渐变色。如图4-44所示。

三、使用"滴管工具"

"滴管工具"常用于吸取一个图形对象的填充和笔触属性，并用于其他图形上，还可以用于吸取位图属性。

选择"工具"面板中的"滴管工具" ，在舞台中光标显示为 滴管形状；当光标移动到线条上方时，光标下方会出现一个空心正方形 ，这时点击鼠标左键即可吸取该线条的颜色；当光标移到填充区域时，光标下方会出现一个实心正方形 ，这时点击鼠标左键即可吸取该填充区域的颜色。

导入位图到舞台，选择"滴管工具" ，将光标移动到位图上方时，光标显示为 形状时，点击鼠标左键即可吸取该位图的颜色。

— 61 —

图 4-45 吸取线条颜色 　　图 4-46 吸取填充颜色 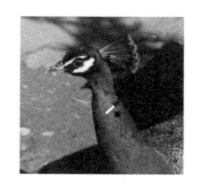　　图 4-47 吸取位图颜色

提示：使用"滴管工具"吸取填充区域颜色，会自动切换"颜色桶工具"为当前操作工具，填充颜色正是"滴管工具"所吸取的颜色。使用"滴管工具"吸取线条颜色时，会自动切换"墨水瓶工具"为当前操作工具，工具的填充颜色正是"滴管工具"所吸取的颜色。

四、橡皮擦工具

"橡皮擦工具"常用于擦除舞台上的矢量图形边框和填充颜色。当选择"工具"面板中的"橡皮擦工具"时，"工具"面板下方的工具选项区中会显示三个"橡皮擦模式"，分别为"橡皮擦模式""水龙头"和"橡皮擦形状"（图 4-48）。

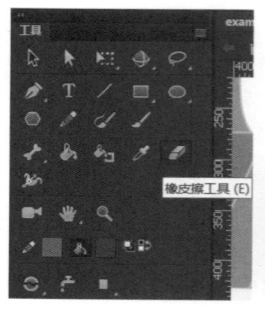

图 4-48 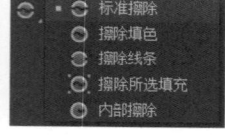　　图 4-49

1. "橡皮擦模式"：点击该按钮，在打开的下拉菜单中选择橡皮擦模式（图 4-49）。

（1）标准擦除：擦除同一层的线条和填充。

（2）擦除填色：仅擦除图形填充区域，笔触边框线不受影响。

（3）擦除线条：仅擦除图形的线条，图形内部填充部分不受影响。

（4）擦除所选填充：仅擦除已经选择的填充部分，但不影响未被选择的部分。

（5）内部擦除：擦除起点所在的填充区域，不影响线条填充区域外的部分。

原图形　　标准擦除　　擦除填色　　擦除线条　　擦除所选填充　　内部擦除

图 4-50

2. "水龙头"：用来大面积擦除笔触或填充区域。

3. "橡皮擦形状"：用于选择橡皮擦形状和大小（图4-51）。

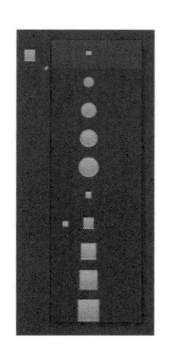

图 4-51

提示："橡皮擦工具"只能擦除矢量图形，如果是导入的位图和文字则无效，如要实现擦除功能，必须先将它们打散(Ctrl+B快捷键)，才能实现其擦除操作。

五、宽度工具

在 Animate 中，"宽度工具"可以调节线条的宽度，将简单的笔画转变为丰富的图案。以本章范例中"小狗的眼睛"为例，使用"宽度工具"改变眼睛的宽度，其方法如下：

首先在"工具"面板中选取"宽度工具"，舞台中的光标显示为▶形状（图4-52），将光标移动到"小狗眼睛"线条上时，光标显示为▶₊形状，同时会出现一个锚点（图4-53）；点击鼠标左键不放上下拖动该点，这时光标显示为▶形状，将会拉宽该曲线（图4-54）；左右拖动锚点的同时光标显示为▶形状，可以改变锚点位置（图4-55）；通过调整锚点从而改变图形形状。

图 4-52　　　　图 4-53　　　　图 4-54　　　　图 4-55

习题

1. "选择"工具除了用来选择图形对象外，还有什么功能？
2. 使用"宽度"工具你可以做什么？

3. 使用"任意变形"工具对本章范例中的小木屋进行绘制，如图4-56所示的小木屋。

4. 本章范例中的天空是蓝色渐变色，完成范例中的天空渐变色的填充（如图4-57所示）。

图 4-56

图 4-57

第五章　元件的创建与编辑操作

▶【本章重点】

元件是制作动画的重要元素，分为影片剪辑、按钮、图形三种类型，它们在动画中各具不同的特性与功能。本章将介绍元件的创建和实例的使用、编辑与管理的方法。

▶【学习目的】

掌握元件的创建、应用与编辑的方法，掌握实例的创建与编辑方法。

▶【本章案例介绍】

【范例】

本章将学习元件的创建与编辑，通过对沙漠风景的绘制，学习创建元件的方法及元件的应用，如图 5-1 沙漠风景所示。

图 5-1　范例"沙漠风景"

第一节 元件

元件是 Animate 软件创作动画过程中最基本的元素之一。就像是在舞台上表演的演员，都是独立的元素。在 Animate 软件中只需创建一次，然后可以在整个动画中重复使用。

一、元件的概述

元件是"存"放于库面板中的。把元件调用到舞台，舞台中的元件有一个专用名称叫"实例"，在动画作品中，一个元件可以有多个"实例"。

元件简化了在动画创作过程中的修改，当编辑元件的内容时，动画中该元件所有的实例都会做出相应的修改。

元件可以是静态的图形，也可以是响应鼠标事件的交互式按钮或一段动画剪辑，当用户创建元件后，元件都会自动地成为库中的一员。

二、元件类型

1. 图形元件：图形元件是基本类型的元件，用于静态图形。通常会使用图形元件来创建动画，但不支持 ActionScript，也不能应用滤镜或混合模式。

2. 按钮元件：按钮一般是用于在动画中实现交互的元件，可以通过对它的设置来触发某些特殊效果，如控制动画播放和停止。一个按钮元件是由 4 个帧组成，它们是"弹起""指针经过""按下"和"点击"，每种状态可以通过图形或影片剪辑来定义，同时可以添加声音。在动画中创建了按钮，就可以通过 ActionScript 添加交互动作。

3. 影片剪辑元件：影片剪辑元件可以理解为影片中的小影片，完全独立于主场景时间轴，也拥有相对于舞台主坐标独立的坐标。它是一个容器，可以包含一切素材，如用于交互的按钮、声音、图形等。同时还可以利用 ActionScript 语言进行编辑控制影片，以对用户的操作作出响应。

第二节 创建元件

在 Animate 中创建元件的方法有两种，一种方式是将舞台中选定的图形转换成元件；另一种方式是通过选择元件类型直接创建一个空白元件，然后绘制或导入需要的对象。下面我们通过本章的范例具体说明创建元件的方法。

学习之前，启动 Animate 软件，在菜单栏中选择"文件 | 打开"命令或使用 Ctrl+O 快捷键，在

打开的窗口中选择路径"第七章"/"范例"文件夹中练习 1.fla 文件，点击"打开"按钮。

一、将已有图片转换为图形元件

将舞台中绘制的或导入的图形转换为元件，保存在库面板中，方便我们以后调用。要将重复使用的图形转换为元件，可以采用下列操作方法。

本章范例"沙漠风景"中的图形没有转换为元件（如：山、沙漠、云、热气球等），学习下列操作方法，将它们转换为元件。

方法 1. 选取舞台上图形（图 5-2），在菜单栏选择"修改 | 转换为元件"命令（图 5-3），此时将打开"转换为元件"窗口，在"名称"文本框中输入元件名称"红色热气球"。在"类型"下拉菜单中选择"图形"类型，然后点击"确定"按钮（图 5-4）。

图 5-2　选取图形 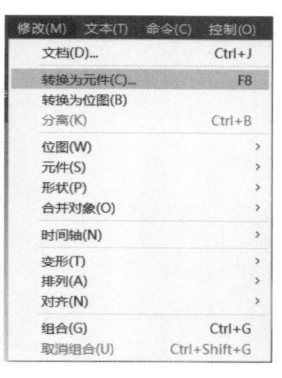　　　　图 5-3　选择命令 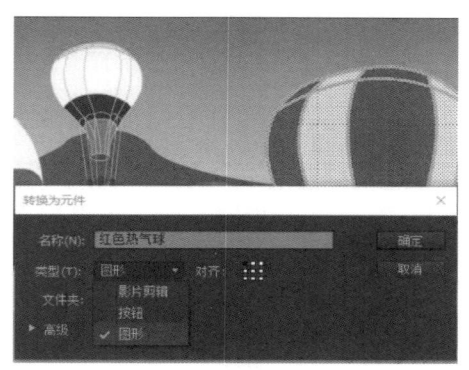　　　　图 5-4　设置参数

创建的图形元件会自动保存到"库"面板中，选择菜单栏中"窗口 | 库"命令（图 5-5），打开"库"面板，在该面板中显示了已经创建的图形元件（图 5-6）。

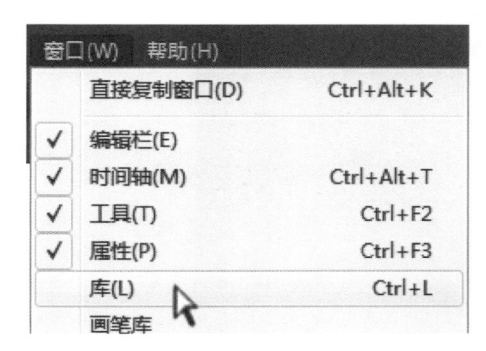

图 5-5 　　　　　　　　　图 5-6 　　　　　　　　　图 5-7　选取图形

方法 2. 在舞台上选取图形（图 5-6），在该图形上点击鼠标右键，从打开的菜单中选择"转换为元件"命令（图 5-7），在打开的"转换为元件"窗口，添加元件名称和设置元件的类型后，点击"确定"按钮（图 5-8），将选取的图形转换为元件。

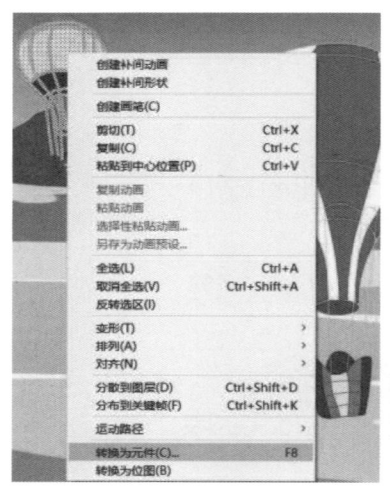

图 5-7 选择命令 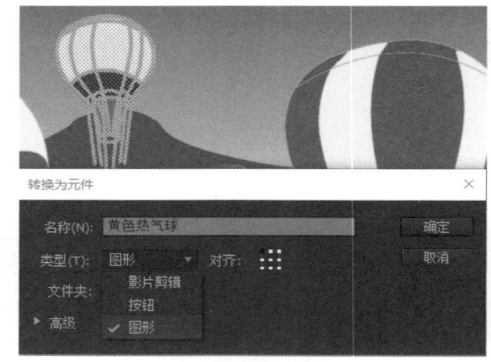　　　图 5-8 设置参数 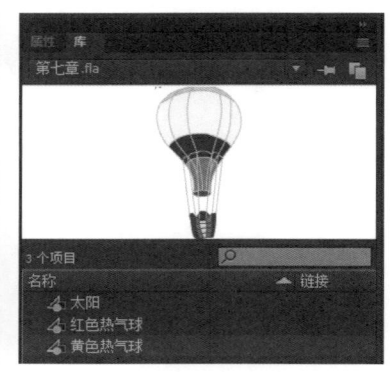　　　图 5-9

创建的图形元件会自动保存到"库"面板中,在"库"面板中已经创建了图形元件(图 5-9)。

二、直接创建图形元件

在 Animate 中,图形元件适用于静态图形的重复使用,或者创建与主场景时间轴相关联的动画。

根据本章范例"沙漠风景",导入骆驼图片创建图形元件,学习下列操作方法,在场景中插入骆驼图形元件。

新建图形元件,在菜单栏中选择"插入|新建元件"命令(图 5-10),将会打开"创建新元件"窗口,在"类型"下拉菜单中将类型设置为"图形",然后在"名称"文本框中输入元件名"骆驼",点击"确定"按钮(图 5-11)。

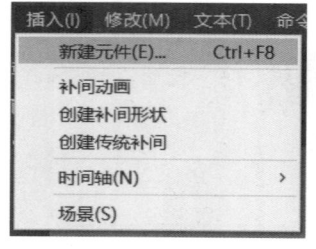

图 5-10 　　　图 5-11

点击"确定"后,即可进入图形元件的编辑窗口(图 5-12),在该界面下就能进行元件制作了,我们可以使用图形绘图工具在元件编辑窗口绘制图形,也可以将位图和矢量图导入到元件编辑窗口进行编辑。

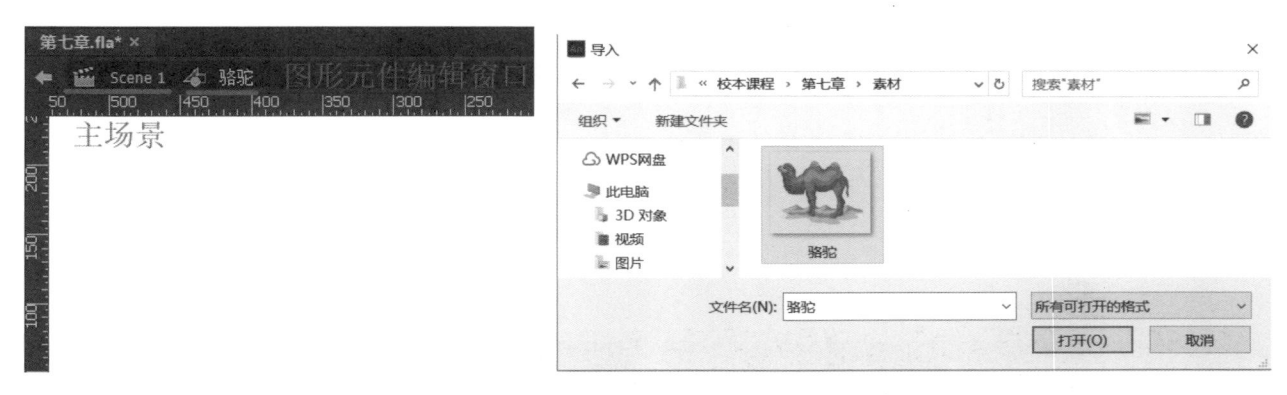

图 5-12   图 5-13

在菜单栏中选择"文件 | 导入 | 导入到舞台"命令，在打开的"导入"窗口中选择路径"第七章"/"范例"/"素材"文件夹中选取骆驼 .png 文件，点击"打开"按钮（图 5-13），骆驼 .png 文件将会被导入到图形元件编辑窗口中（图 5-14），同时骆驼 .png 文件也会被导入到"库"面板中（图 5-15）。

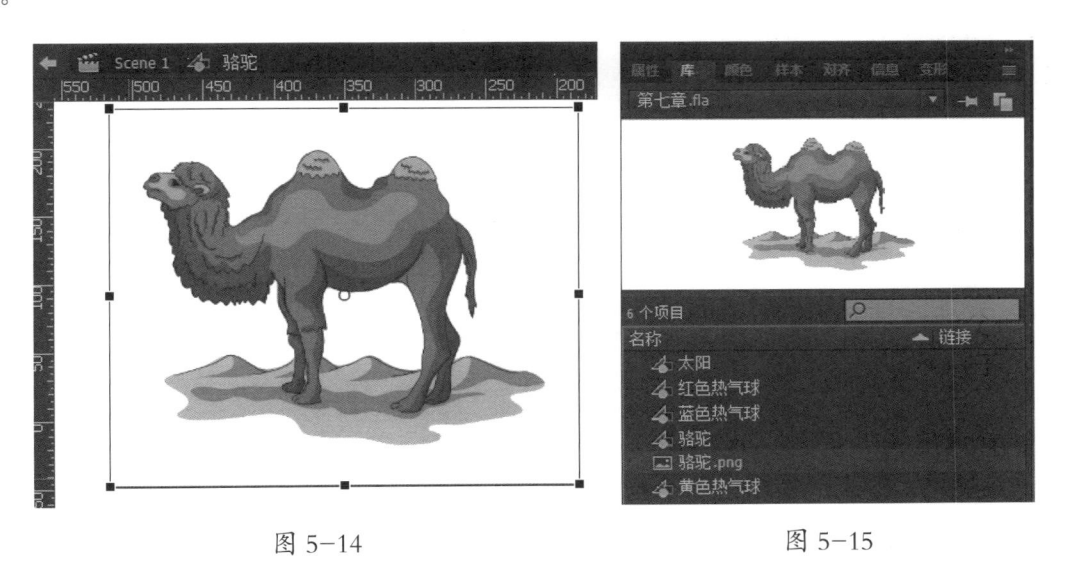

图 5-14   图 5-15

在元件编辑窗口编辑完图形后，点击舞台面板左上角主场景按钮 场景1 ，可以返回到主场景，也可以点击后退按钮 ，返回到上一层，同时新建的骆驼元件会自动保存在"库"面板中（图 5-14）。

还可以通过以下几种方法新建元件：

1. 按 Ctrl+F8 快捷键，打开"创建新元件"窗口。

2. 点击"库"面板左下角的"新建元件"按钮 ，打开"创建新元件"窗口。

3. 点击"库"面板右上角的 按钮，在打开的菜单中选择"新建元件"命令。

三、将已有动画创建影片剪辑元件

在 Animate 中，可以将主场景中已经存在的动画转换为影片剪辑元件，具体操作步骤如下。

以本章范例"沙漠风景"动画为例，将动画中的"热气球"片段转换为影片剪辑元件。

步骤 1. 在"时间轴"面板中选取"热气球 3"图层的第 1 帧，按住 Shift 键，选取"热气球 1"图层的第 55 帧，即可将热气球动画片段的所有帧选中（图 5-16）。

步骤 2. 在选中的任意帧上点击鼠标右键，在打开的菜单中选择"复制帧"命令，复制选中的帧（图 5-17）。

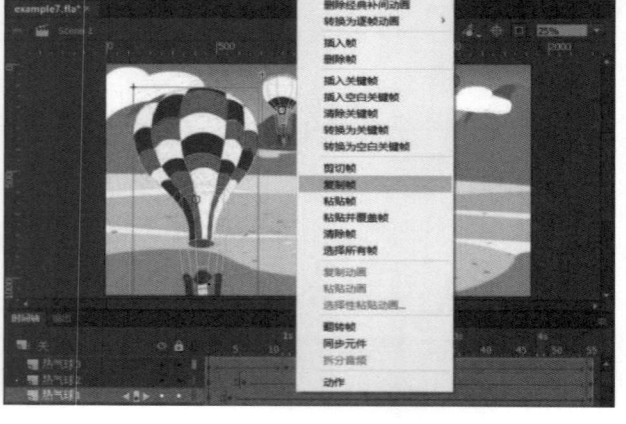

图 5-16　选取帧　　　　　　　　　　　图 5-17　复制帧

提示：选中帧后也可以使用 Ctrl+Alt+C 快捷键复制帧。

步骤 3. 在菜单栏中选择"插入 | 新建元件"命令，打开"创建新元件"窗口，在"类型"下拉菜单中将类型设置为"影片剪辑"，然后在"名称"文本框中输入元件名称"热气球动画"，点击"确定"按钮（图 5-18）。

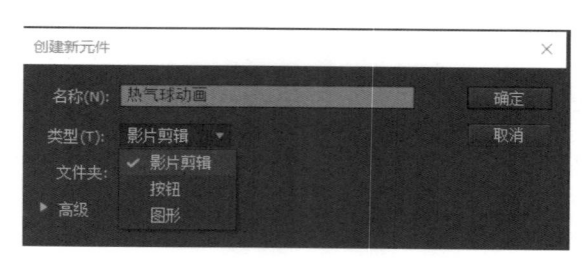

图 5-18

步骤 4. 点击"确定"后，即可进入影片剪辑元件的"编辑窗口"，在"编辑窗口"中选取"图层 1"的第 1 帧点击鼠标右键，在打开的菜单中选择"粘贴帧"命令（图 5-19），此时将会把主场景复制的帧，粘贴到"热气球动画"元件编辑窗口的"时间轴"面板中（图 5-20）。

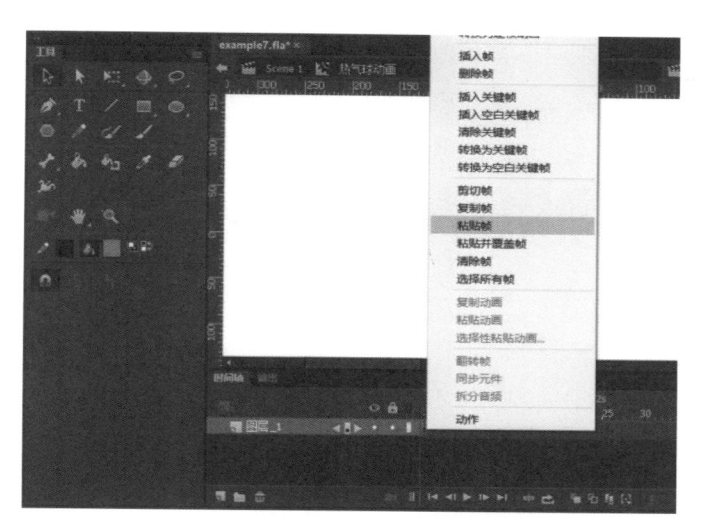

图 5-19 粘贴帧

提示：选中帧后也可以使用 Ctrl+Alt+V 快捷键粘贴帧。

步骤 5. 同时在"库"面板中会自动保存"热气球动画"的元件（图 5-21）。

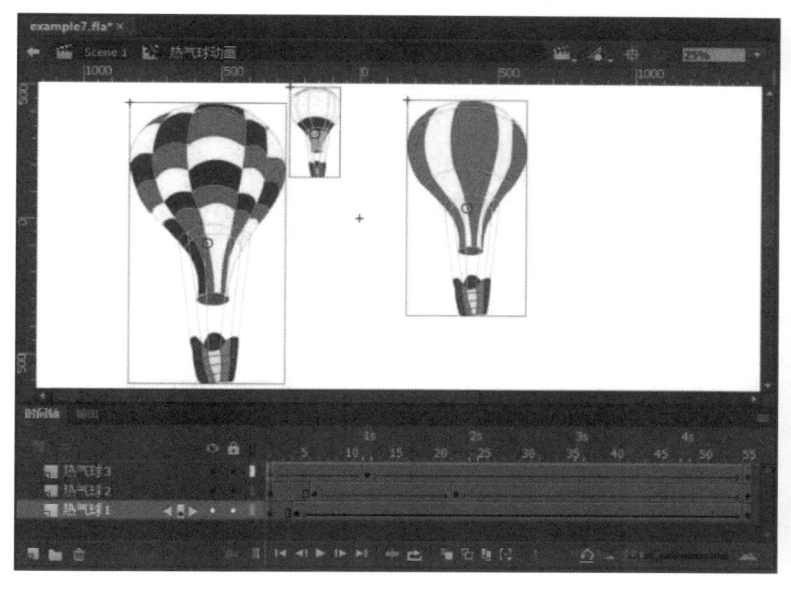

图 5-20 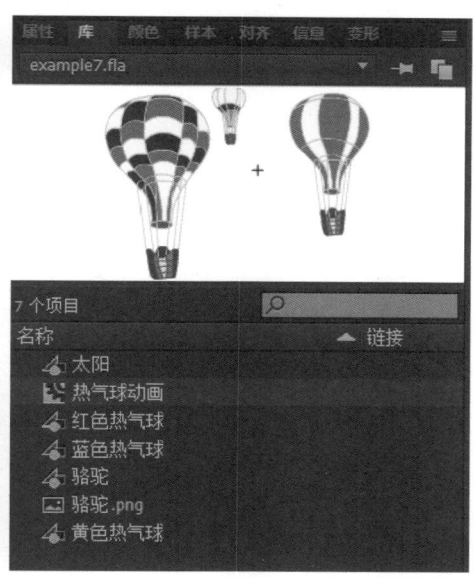　　　　　　　　　　　　　　　　图 5-21

四、直接创建影片剪辑元件

影片剪辑元件是在主场景中嵌入的影片，也可以在影片剪辑元件中添加动画、动作、声音以及其他元件。下面以本章范例中天空中飘忽的白云为例，学习影片剪辑元件的制作步骤。

步骤 1. 在菜单栏中选择"插入 | 新建元件"命令，在打开的"创建新元件"窗口中，将"类型"设置为"影片剪辑"，在"名称"文本框中输入元件名"白云"，点击"确定"按钮。

步骤 2. 点击"确定"后，即可进入影片剪辑元件的"编辑窗口"，在该界面下就能进行影片剪辑元件制作了。因元件"编辑窗口"背景色为白色（图5-22），在使用"椭圆"工具绘制白云时将无法完成编辑。这个时候选择主场景 场景1 按钮，退出元件"编辑窗口"。

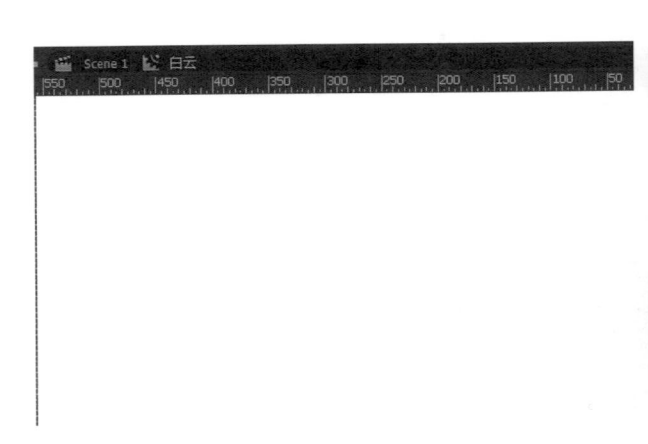

图 5-22 　　　　　　　　　　　　　　图 5-23

步骤3. 返回到主场景界面的同时，"白云"元件自动保存在"库"面板中。在"时间轴"面板点击"新建图层"按钮，创建一个新图层取名为"白云"（图5-23）。

步骤4. 在"库"面板中选取"白云"元件，并拖动到舞台中相应的位置（图5-24），此时的"白云"影片剪辑元件为空，所以在舞台中显示为白色小点。使用"选取工具"选取鼠标左键双击白色小点，将会进入元件"编辑窗口"，此时的元件"编辑窗口"背景变为主场景的背景（图5-25）。

图 5-24 　　　　　　　　　　　　　　图 5-25

步骤5. 在"编辑窗口"中选取图层1的第1帧使用"椭圆"工具在舞台中绘制白云飘浮的动画（图5-26）。最终效果如图5-27所示。

（具体的动画制作过程将会在后面几章讲解）

图 5-26    图 5-27 最终效果

五、创建按钮元件

使用按钮元件可以在动画中响应鼠标的单击、滑过、按下和点击等动作，然后将响应的事件结果传递给互动程序进行处理。下面来介绍一下创建按钮元件的方法。

步骤 1. 在菜单栏中选择"插入 | 新建元件"命令，在打开的"创建新元件"窗口，将"类型"设置为"按钮"，在"名称"文本框中输入元件名"按钮"，点击"确定"按钮（图 5-28）。即可进入按钮元件的编辑界面，此时的"时间轴"面板变为按钮的专属编辑面板（图 5-29）。

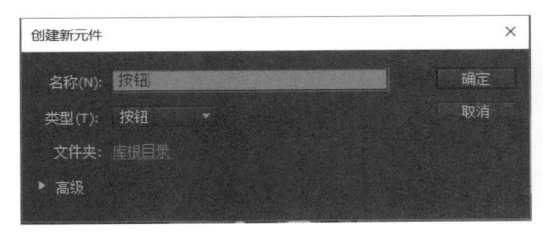

图 5-28    图 5-29

步骤 2. 在"时间轴"面板选择"图层 1"图层的"弹起帧"（图 5-30），在"工具"面板中选择"椭圆工具"，在"属性"面板中将"笔触颜色"设置为红色（#FF0000），将"填充颜色"设置为黄色（FFFF00），"笔触"大小设置为 10（图 5-31）。在舞台上绘制一个椭圆（图 5-32）。

- 73 -

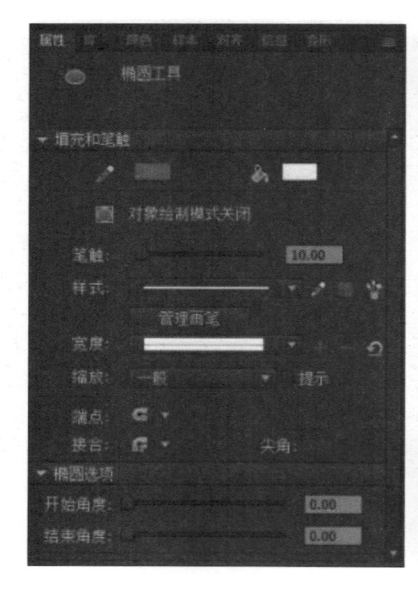

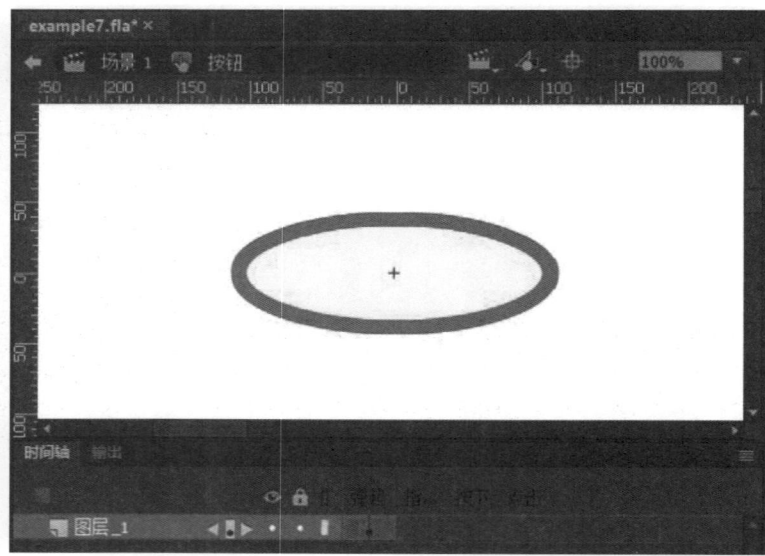

图 5-30   图 5-31

步骤 3. 在"时间轴"面板中选择"图层 1"图层的"按下帧",并点击鼠标右键,在打开的菜单中选择"插入帧"命令(图 5-32),即可插入帧。然后在"时间轴"面板中点击"新建图层"按钮,新建"图层 2"(图 5-33)。

图 5-32   图 5-33

步骤 4. 选择"图层 2"图层的"弹起帧",在"工具"面板中选择"文本工具",在"属性"面板中将"系列"设置为"Verdana"字体,将"大小"设置为 40 磅,"颜色"设置为红色(#FF0000)(图 5-34)。

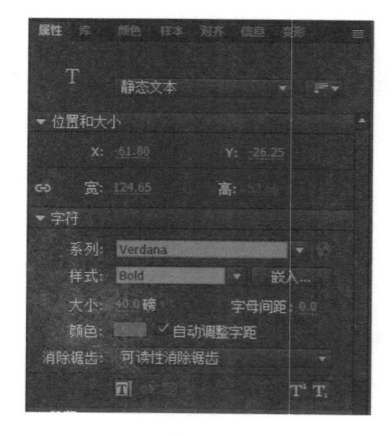

图 5-34

步骤5. 在舞台中输入文字"Enter"，按两次 Ctrl+B 快捷键打散文字，调整好文字位置（图5-35）。

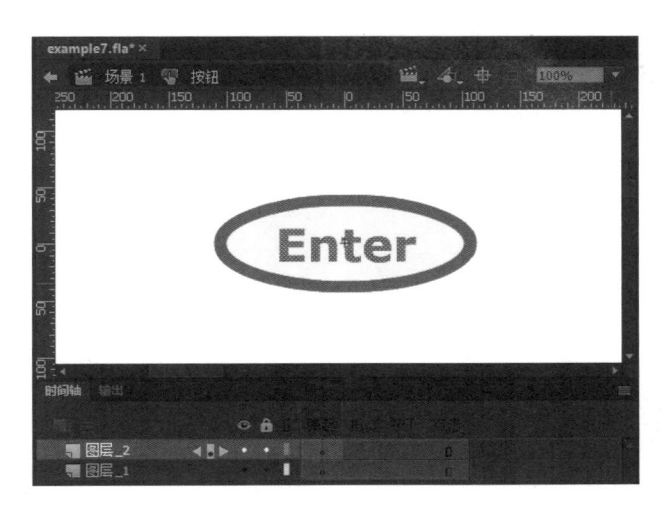

图 5-35

步骤6. 在"时间轴"面板中选择"图层2"图层的"指针经过帧"，并点击鼠标右键，在打开的菜单中选择"插入空白关键帧"命令，插入一个空白关键帧（图5-36）。

步骤7. 从"库"面板中选取"骆驼"元件，拖放到舞台中。在"工具"面板中选择"任意变形工具"，按住 Shift+Alt 快捷键的同时，等比例缩小"骆驼"元件（图5-37）。

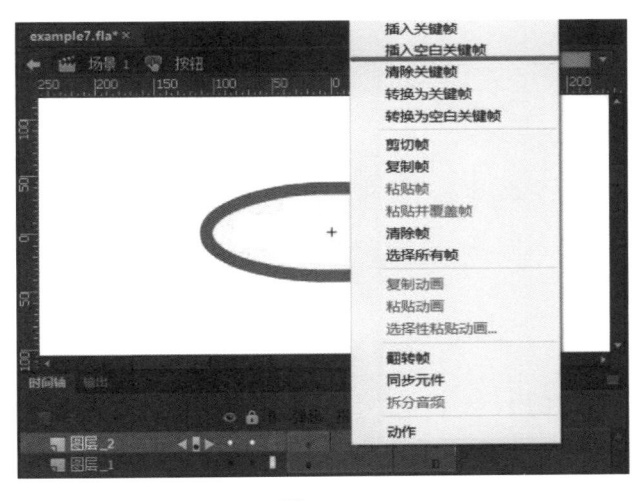

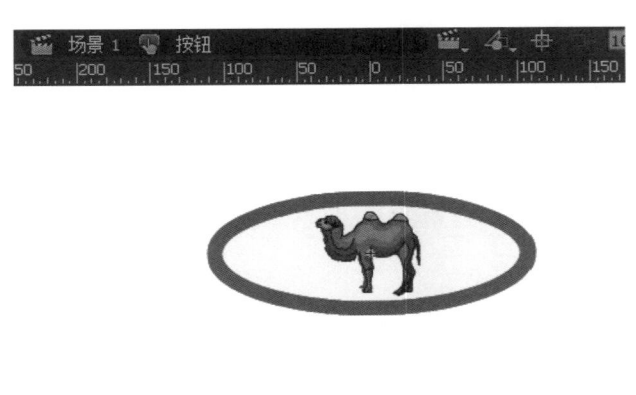

图 5-36   图 5-37

步骤8. 在"时间轴"面板中选择"图层2"图层的"按下帧"，并点击鼠标右键，在打开的菜单中选择"插入空白关键帧"命令，插入一个空白关键帧。在"工具"面板中选择"文本工具"，在"属性"面板中将"系列"设置为"微软雅黑"字体，将"大小"设置为30磅，"颜色"设置为红色（#FF0000）。

步骤9. 在舞台中输入文字"点击进入"，按两次 Ctrl+B 快捷键打散文字，调整好文字位置（图

5-38)。返回到主场景，即可完成按钮元件的创建。可以在"库"面板中查看按钮元件（图5-39）。

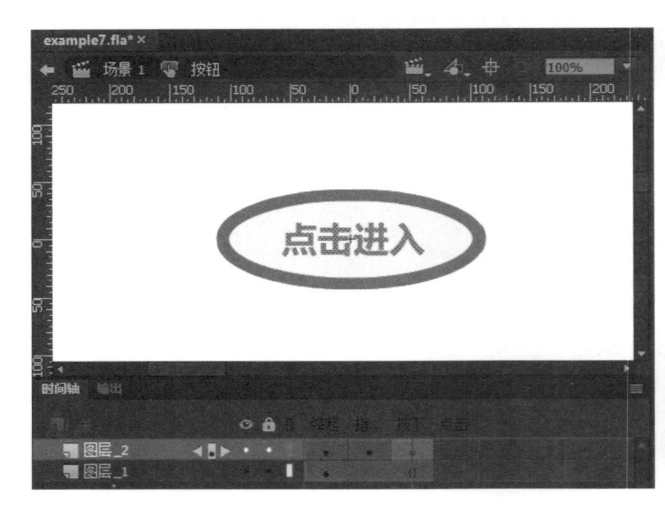

图 5-38　　　　　　　　　　　　图 5-39

我们将会在第十章具体讲解按钮制作与应用。

■■■ 第三节　创建实例 ■■■

实例是元件在舞台中的具体表现，创建实例的过程就是将元件从"库"面板中拖动到舞台。用户可以根据需要在舞台中对实例进行修改，实例的修改不会改变元件而得到新效果。

一、创建元件实例

实例只能放在"时间轴"关键帧中，并且实例总是显示在当前图层上，如果没有选择关键帧，该实例将被添加到"播放头"，即当前帧左侧的第1关键帧上。

在"时间轴"面板中点击"新建图层"■按钮，新建"图层1"，将图层名称更改为"热气球动画"（图5-40）。在"库"面板中选取"热气球动画"影片剪辑元件拖动到舞台（图5-41），释放鼠标后，Animate就会在舞台上创建元件的一个实例。然后就可以在舞台中使用该实例或者对其进行编辑操作。

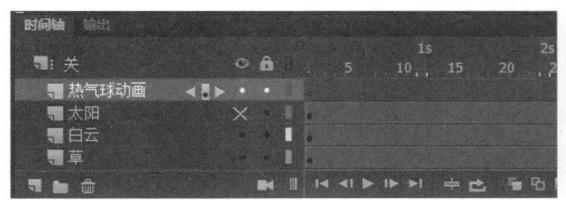

图 5-40 　　　　　　　　　　　　　　　　图 5-41

二、指定实例名称

在 Animate 中，还可以为实例指定名称，具体操作如下：

如果是影片剪辑元件实例（图 5-42）或按钮元件实例（图 5-43），在打开的"属性"面板中会有一个"实例名称"文本框。继续上面的操作，在舞台选择"热气球动画"实例，在"属性"面板中的"实例名称"文本框中输入该实例的名称即可。

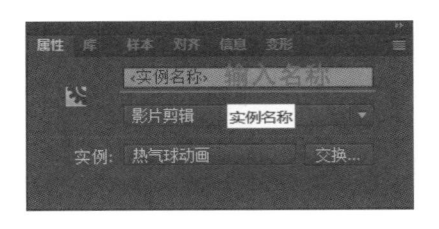

图 5-42　影片剪辑元件实例名称输入 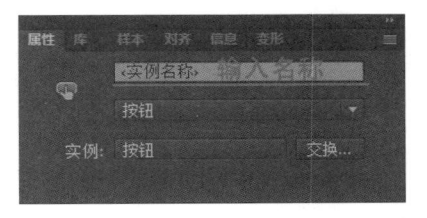　　　图 5-43　按钮元件实例名称输入

如果是图形元件实例，在"属性"面板中没有"实例名称"文本输入框，只能点击实例名称框（图 5-44），在打开的元件属性窗口中修改名称。

图 5-44　图形元件实例

提示：创建元件实例后，使用"属性"面板还可以修改实例的颜色效果和动作，设置图形显示模式或更改实例的行为，对实例所做的任何修改都只是影响该实例，并不影响元件。

三、调整实例的色彩显示效果

每个元件实例都可以有自己的色彩显示效果，要设置实例的亮度、色调、透明度等选项，可以在"属性"面板中的"色彩效果"栏中完成（图 5-45）。

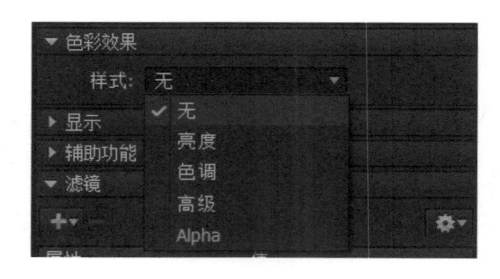

图 5-45

继续上面的操作来为"热气球动画"实例，添加色调样式和高级样式。

步骤 1. 在"属性"面板中点击"色彩效果"，在"色彩效果"选项区中，点击"样式"按钮，在下拉菜单中选择"色调"，将"色调"参数设置为 25%，将"红"设置为 90，将"绿"设置为 120，将"蓝"设置为 90。

步骤 2. 将"样式"设置为"高级"，将"Alpha"设置为 40%，将"红"设置为 50，将"绿"设置为 50，将"蓝"设置为 50。

（一）调整亮度

用来设置元件实例的相对亮度和暗度，选中对象后，在"色彩效果"栏中"样式"下拉菜单中选择"亮度"选项，可以直接在文本框中输入数值或拖动滑块来调节实例的亮度，明亮值为 -100%~100%，-100% 为黑色，-100% 为白色。（图 5-46）

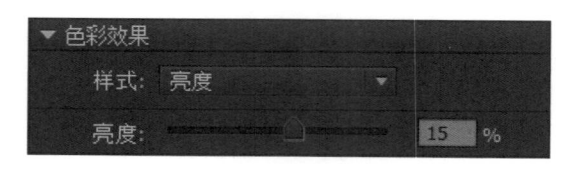

图 5-46

（二）调整色调

"色调"选项使用相同的色相为元件实例着色，其数值范围是从透明（0%）到完全饱和（100%）。

在"色彩效果"栏的"样式"下拉菜单中选择"色调"选项，在窗口中会出现一个"着色"按钮和"色调""红""绿""蓝"等滑块（图 5-47）。点击"色调"右边的色块"着色"按钮，会弹出调色板，可以选择一种色调颜色（图 5-48）。

通过拖动"红""绿""蓝"3 个选项的滑块或者直接在其右侧文本框内输入颜色数值，来改变实例的色调。拖动"色调"的滑块可以设置色调百分比，数值范围为 0%～100%，数值 0% 时不受影响，数值为 100% 时所选颜色将完全取代原有颜色（图 5-47）。

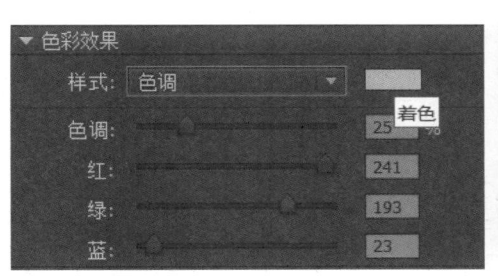

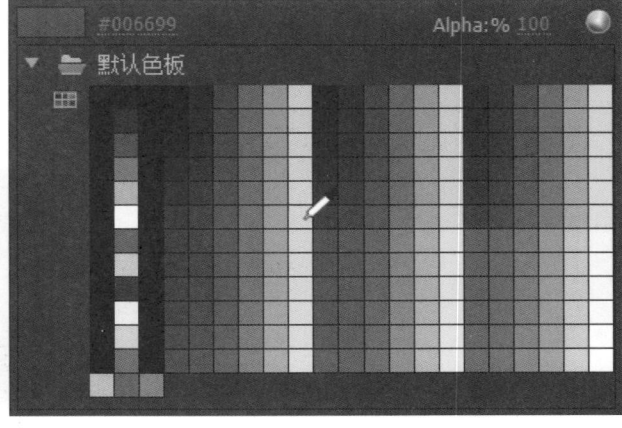

图 5-47　　　　　　　　　　　图 5-48

（三）调整高级

用来设置实例中的红、绿、蓝和透明度。在"高级"选项下，可以单独设置实例元件的红、绿、蓝和透明度，这在制作颜色变化动画时最有用，每一项都通过两列文本框来调整，左列的文本框用来输入减少相应颜色分量或透明度的比例，右侧的文本框通过具体数值来增加或减少相应颜色或透明度。

在"高级"选项下的红、绿、蓝和 Alpha 的值都乘以百分比值，然后加上右列中的常数值，就会产生新的颜色值。（图 5-49）

（四）调整透明度

Alpha 选项用来设置实例的透明度，其数值范围为 0%~100%，数值为 0% 时实例完全不可见，数值为 100% 时实例将完全可见，在"色彩效果"选项的"样式"下拉菜单中选择 Alpha 选项，拖动滑块或者在右侧的数值框中输入数值来调节，即可改变实例的透明度（图 5-50）。

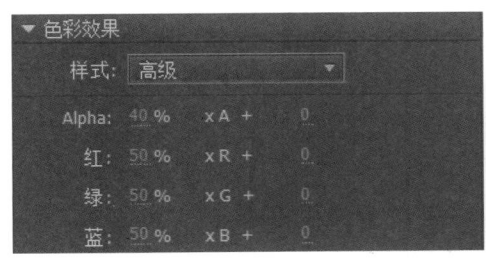

图 5-49　　　　　　　　　　　图 5-50

四、给实例交换元件

在创建的过程中，用户可以交换实例的元件，使选定的实例转变为另一个元件的实例。以本章范例"沙漠风景"为例，将舞台中的"热气球动画"影片剪辑实例交换为"红色热气球"图形实例。

在舞台中选取"热气球动画"实例，菜单栏中，选择"修改 | 元件 | 交换元件"命令（图 5-51）或者点击鼠标右键，在弹出菜单中选择"交换元件"命令，会打开"交换元件"窗口，在窗口中显

示了文档中所有元件和当前实例的元件（元件前有个小白点），选中要交换的元件"红色热气球"，点击"确定"按钮（图5-52），在舞台中"热气球动画"实例元件将替换为"红色热气球"实例元件。

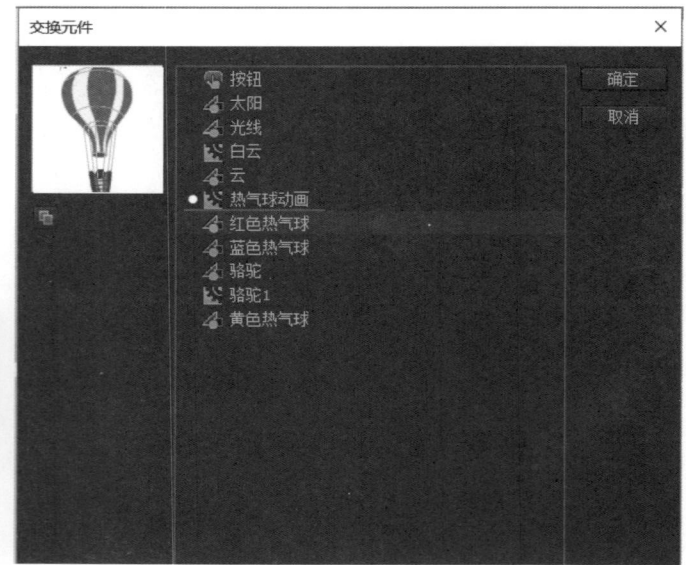

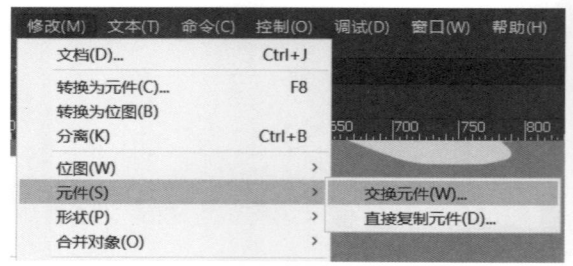

图 5-51

图 5-52

> 提示：要复制选定元件实例，可以点击"交换元件"窗口中的"直接复制元件"按钮。

五、改变实例类型

无论是直接在舞台中创建的还是从库面板中拖动出来的实例，都保留了其元件的类型，在制作动画过程中实例类型是可以转换的，可以通过改变实例的类型来重新定义它在动画中的行为。

在"工具"面板中选择"选择工具"，在舞台中选取要更改类型的实例，在"属性"面板中点击"实例行为"按钮，在打开的菜单中选择类型，就可以改变实例的类型（图5-53）。

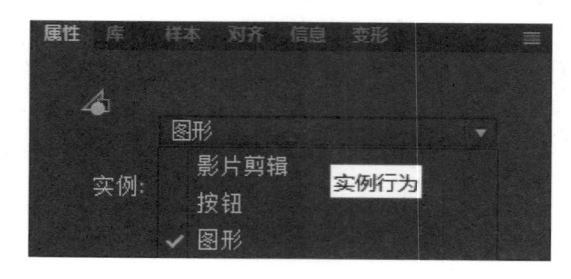

图 5-53

> 提示：改变实例类型，只会改变舞台中所选实例的类型，并不会改变其对应的元件类型，也不会改变元件的其他实例类型。

六、分离实例

如果要将实例与元件之间的关系分离，并把实例进行新的编辑和修改，可以在舞台中选取需要分离的实例，选择"修改 | 分离"命令，将会把实例分离为图形。

比如将本章中的"热气球动画"影片剪辑实例分离为图形（图5-54），首先在舞台中选取"热气球动画"实例，然后在菜单栏中，选择"修改 | 分离"命令（点击命令二次），实例将会分离为图形（图5-55），这样就能使用编辑工具进行修改了，并且不会改变元件。

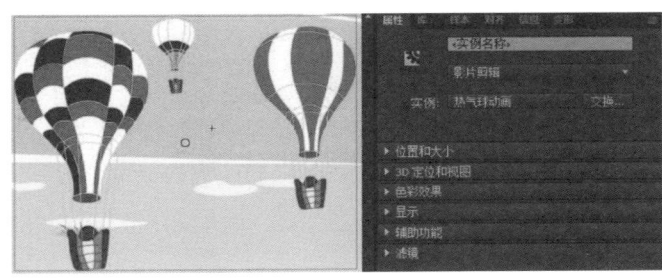

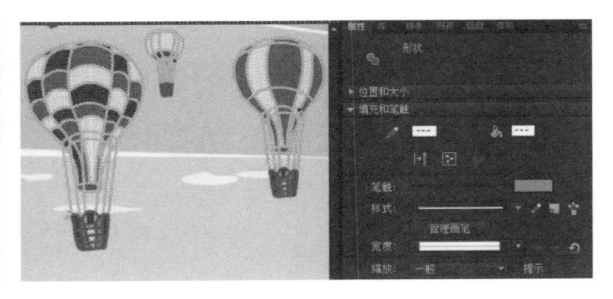

分离前（图 5-54）　　　　　　　　图 5-55　分离后

提示：在分离实例过程中可以使用 Ctrl+B 快捷键。

第四节　添加 3D 效果

Animate 提供了 3D 工具，可以对 2D 影片剪辑实例进行 3D 空间处理。3D 工具包括 3D 旋转工具和 3D 平移工具。

一、3D 旋转工具

"3D 旋转工具"仅对影片剪辑实例有效，可以在 3D 空间中任意旋转影片剪辑实例。

在"工具"面板中选择"3D 旋转工具"，然后在舞台中选择影片剪辑实例，3D 旋转控件将会出现在选定的实例上方（图 5-56），红色竖线是 X 轴控件、绿色横线是 Y 轴控件、蓝色圆圈表示 Z 轴控件，橙色圆圈表示自由旋转控件可以向任意方向旋转实例。

使用"3D 旋转工具"旋转实例的具体方法如下：

拖动自由旋转控件（外侧橙色圆圈），可以使影片剪辑实例同时绕 X 和 Y 轴旋转（图 5-57）。

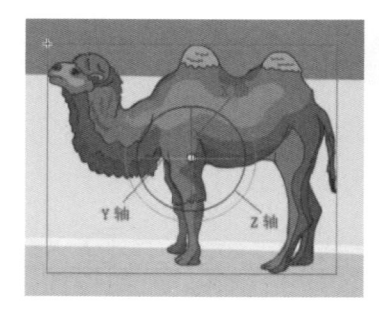

图 5-56 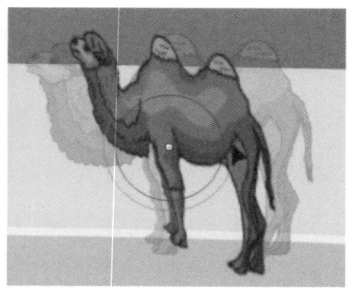　　　　　　　　图 5-57

光标移动到蓝色圆圈上时显示为形状，拖动 Z 轴控件，可绕 Z 轴旋转实例进行圆周运动，按住 Shift 键的同时进行拖动，可以 45°角增量旋转实例（图 5-58）。

在编辑实例的过程中重新定位旋转控件的中心点，点击并拖动控件中心点到所需位置即可（图 5-59），在拖动 X、Y、Z 轴或自由拖动控件时，将使实例绕新的中心点旋转。例如将旋转控件的中心点拖动至影片剪辑实例的左侧，然后顺时针拖动 Z 轴控件，即可以围绕新的中心点旋转。双击中心点可将其移回到实例的中心位置。

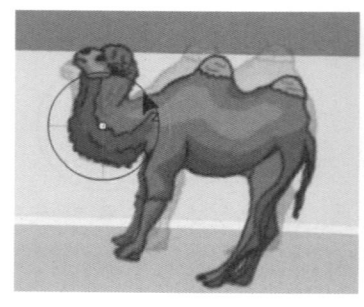

图 5-58 　　　　　　　　图 5-59

光标移动到红色竖线上时显示为形状，水平拖动红色竖线 X 轴控件，可以绕 X 轴方向旋转实例（图 5-60）。

光标移动到绿色横线上时显示为形状，上下拖动绿色横线 Y 轴控件，可以绕 Y 轴方向旋转实例（图 5-61）。

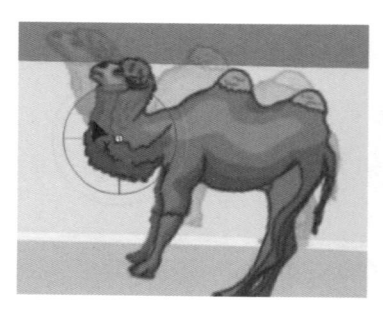

图 5-60 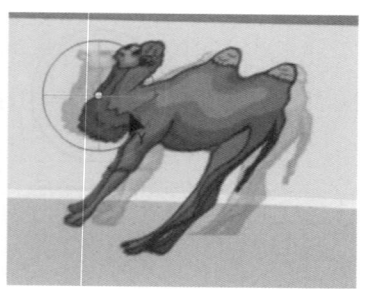　　　　　　　　图 5-61

在菜单栏中，选择"窗口 | 变形"命令，在打开的"变形"面板"3D 旋转"栏中设置 X、Y 和 Z 轴的角度，也可以旋转所选的实例。（图 5-62）。

"3D 旋转工具"的默认模式为全局模式。在全局模式 3D 空间中旋转对象与相对舞台移动实例等效；在局部 3D 空间中旋转实例与相对影片剪辑移动实例等效。如果要切换"3D 旋转工具"的全局模式和局部模式，可以在选择"3D 旋转工具"的同时点击"工具"面板选项区中的"全局"切换按钮 （图 5-63）。

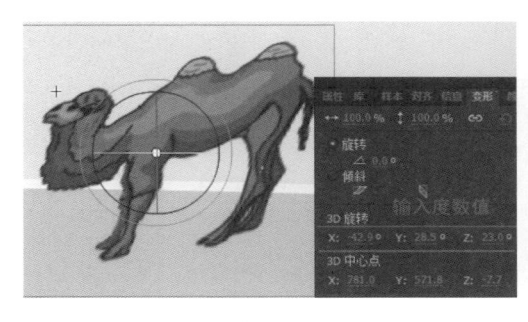

图 5-62　　　　　　图 5-63

在舞台中选择多个影片剪辑实例，3D 旋转控件显示为叠加在最近所选的实例上（图 5-64）。然后使用鼠标拖动实例上方 3D 旋转控件，其他的实例也将以相同的方式旋转（图 5-65）。

图 5-64　　　　　　图 5-65

选择舞台上的影片剪辑实例，通过双击 Z 轴控件（图 5-66），可以让中心点移动到影片剪辑组的中心（图 5-67）。按下 Shift 键不放并双击其中一个实例，可将轴控件移动到该实例上。

图 5-66　双击 Z 轴控件　　　　　　图 5-67

所选实例的"旋转控件"中心点的位置，显示在"变形"面板中的"3D 中心点"栏，修改"3D 中心点"栏的 X、Y、Z 的值，可以改变"旋转控件"中心点的位置（图 5-68）。

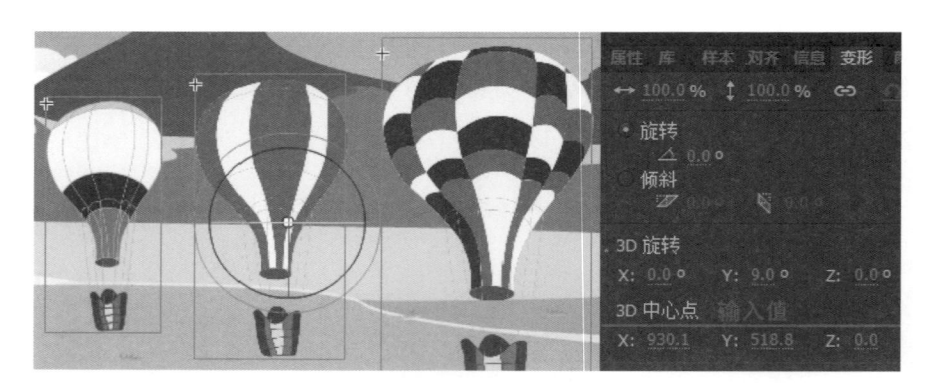

图 5-68

二、3D 平移工具

使用"3D 平移工具"可以在 3D 空间中任意移动影片剪辑实例的位置。

点击"工具"面板中的"3D 平移工具"按钮，然后在舞台中选取影片剪辑实例。此时，该影片剪辑的 X、Y 和 Z 三个轴控件将显示在实例的正中间。其中，X 轴控件为红色、Y 轴控件为绿色，而 Z 轴控件为一个黑色的圆点（图 5-69）。

如果要切换"3D 平移工具"的全局模式和局部模式，可以在选择"3D 平移工具"的同时点击"工具"面板选项区中的"全局"转换按钮（图 5-70）。

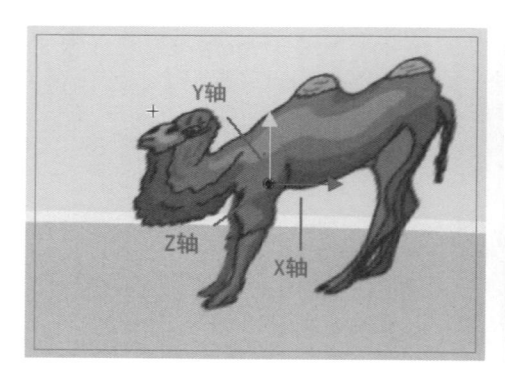

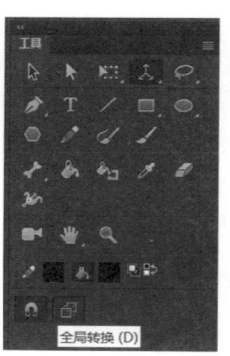

图 5-69　　图 5-70

提示："3D 平移工具"的默认模式是全局。在全局 3D 空间中移动对象与相对舞台移动对象等效；在局部 3D 空间中移动对象与相对影片剪辑移动对象等效。

如果要通过"3D 平移工具"来移动影片剪辑实例的位置，首先将鼠标移动到该实例的 X、Y 或 Z 轴控件上，此时在光标的尾处将会显示该坐标轴的名称。

光标移动到红色箭头上时显示为▶形状，水平拖动红色箭头 X 轴控件，可以沿 X 轴方向移动实

- 84 -

例（图5-71）。

光标移动到绿色箭头上时显示为▶形状，上下拖动绿色箭头Y轴控件，可以沿Y轴方向移动实例（图5-72）。

光标移动到实例中间的黑点时显示为▶形状，上下拖动该黑点可以沿Z轴方向移动实例，此时将会放大或缩小所选的影片剪辑实例，以产生从观察者的角度而言更近或更远的效果（图5-73）。

图5-71　　　　　　　图5-72　　　　　　　图5—73

提示：点击Z轴的小黑点向上拖动，可以缩小所选的影片剪辑实例；单击Z轴向下拖动小黑点，可以放大所选的影片剪辑实例。

在"属性"面板中的"3D定位和视图"栏中输入X、Y或Z的坐标值，也可以改变影片剪辑实例在3D空间中的位置（图5-74）。

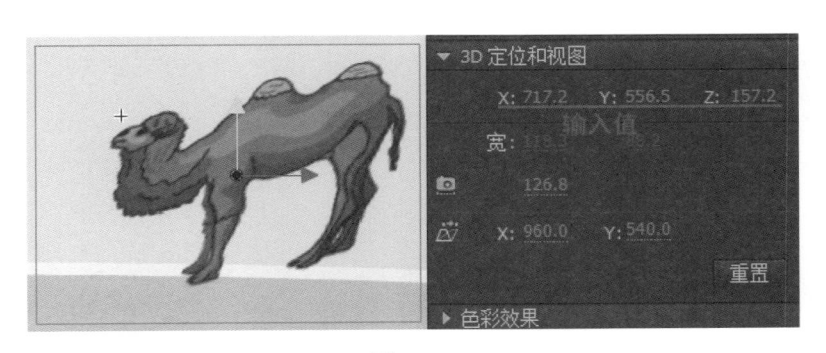

图5-74

提示：沿Z轴移动对象时，对象的外观尺寸将会发生变化。外观尺寸在"属性"检查器中显示为"3D位置和视图"选项中的"宽度"和"高度"值。这些值是只读的。

如果想要在3D空间中移动多个影片剪辑实例。首先选择多个实例，然后使用"3D平移工具"移动某一个实例，此时其他的实例也将以相同的方向移动。其方法如下：

在舞台中选择多个影片剪辑实例，3D平移控件将显示为叠加在最近所选的实例上（图5-75）。然后水平拖动X轴，其他的实例也将以相同的方式水平移动（图5-76）。

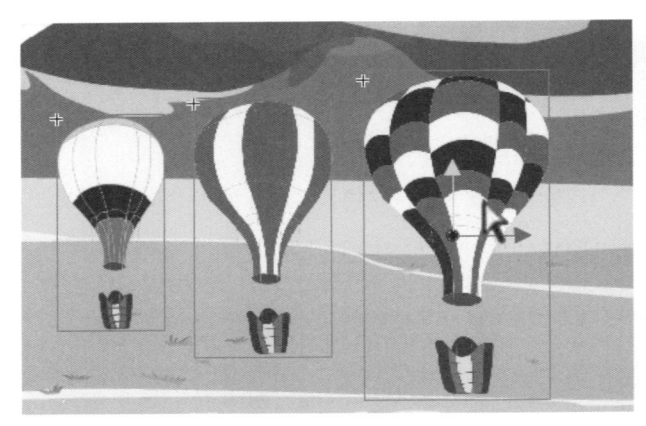

图 5-75 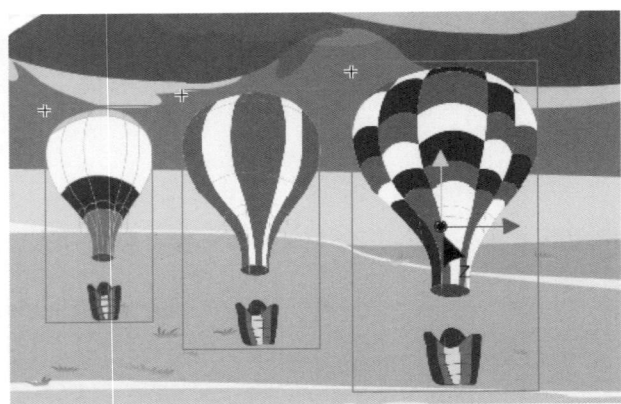　　　　　　　　　　　　　图 5-76

在舞台上选择多个影片剪辑实例，通过双击 Z 轴控件（图 5-77），可以将轴控件移动到影片剪辑组的中心（图 5-78）。按住 Shift 键并双击其中某个实例，可将轴控件移动到该实例上。

图 5-77 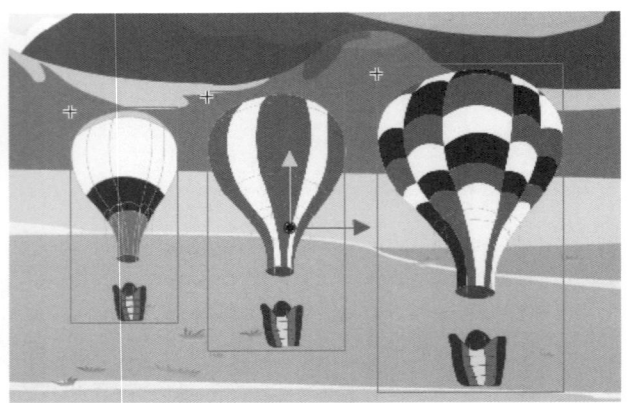　　　　　　　　　　　　　图 5-78

三、透视角度和消失点

在观看物体时，视觉上常常有这样的感觉，那就是相同大小的物体，较近的比较远的要大，两条互相平行的直线会最终消失在无穷远处的某个点，这个点就是消失点。人在观察物体时，视线的出发点称为视点，视点与观察物体之间会形成一个透视角度，透视角度不同会产生不同的视觉效果。在 Animate 中，用户可以通过调整实例的透视角度和消失点位置来获得更为真实的视觉效果。

（一）调整透视角度

在舞台上选择一个实例，在"属性"面板的"3D 定位和视图"栏中的 "透视角度"文本框中输入数值可以设置该实例的透视角度（图 5-79）。

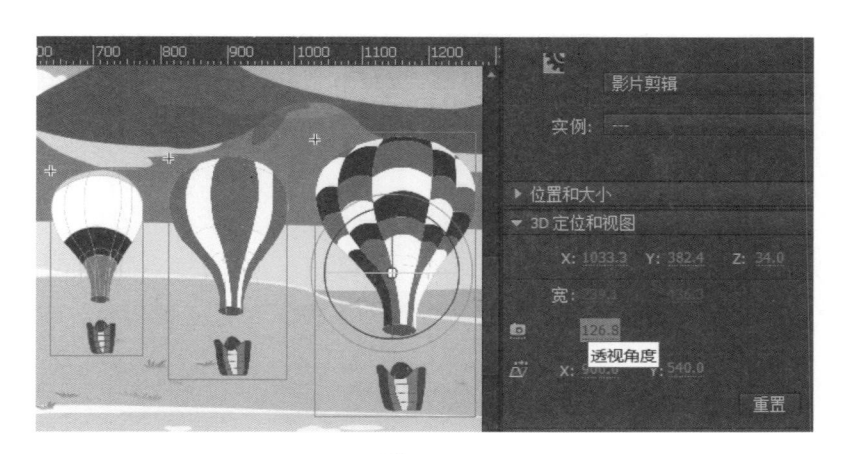

图 5-79

（二）调整消失点

3D 实例的"消失点"属性可以控制其在 Z 轴的方向，调整该值将使实例的 Z 轴朝着消失点方向后退。通过重新设置消失点的方向，能够更改沿着 Z 轴平移的实例的移动方向，同时也可以实现精确控制舞台上的 3D 实例的外观和动画效果。

3D 实例的消失点默认位置是舞台中心，如果需要调整其位置，可以在"属性"面板的"3D 定位和视图"栏中 "消失点"的文本框中设置消失点的坐标数值（图 5-80）。

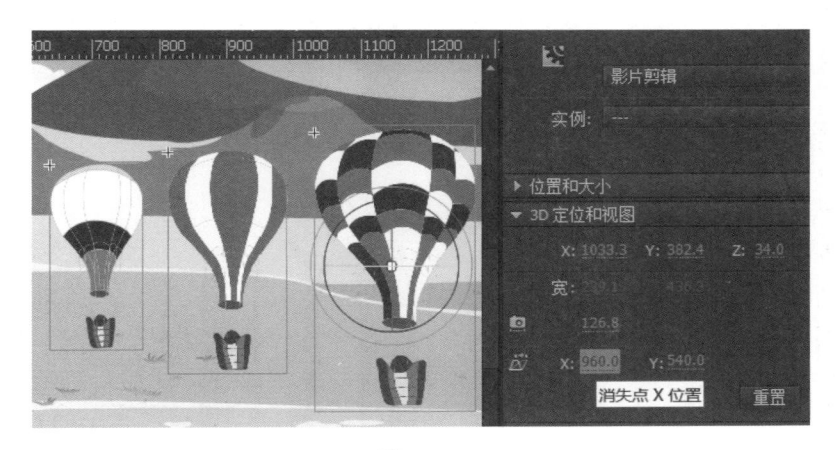

图 5-80

习题

1. 什么是元件？元件与实例之间有什么区别？
2. 创建元件有几种方式，分别是哪几种方式？
3. "3D 旋转"工具仅对什么实例有效？
4. 在 Animate 中怎样改变实例的透明度？

第六章　制作简单动画

▶【本章重点】

Animate 提供了强大的动画制作功能，使用帧和图层可以制作多种动画。本章主要介绍运用帧和图层制作动画。

▶【学习目的】

本章着重讲解 Animate 动画的逐帧动画、传统补间动画和引导图层动画的制作过程。

▶【本章案例介绍】

【范例】

本章的范例是一个小女孩牵着小狗散步的动画。这段动画中主要涉及逐帧动画和传统补间动画的制作。如图 6-1 女孩与狗所示。

图 6-1　动画女孩与狗

学习之前，打开"第九章"/"范例"文件夹，点击女孩与狗 .swf 文件，播放预览动画。

或者可以打开源件进行预览，启动 Animate 软件，在菜单栏中选择"文件 | 打开"命令或使用 Ctrl+O 快捷键，在打开的窗口中选择路径"第九章"/"范例"/"素材"文件夹中选取练习 2.fla 文件，点击"打开"按钮。

第一节 创建新文件

步骤1. 在菜单栏中，选择"文件 | 新建"命令，在"新建文档"窗口中选择 ActionScript 3.0 类型，设置舞台的宽为 800px、高为 400px，帧频为 24fps，背景为白色，然后点击右下角"确定"按钮创建一个新的 Animate 文档。

步骤2. 选择菜单栏"文件 | 保存"命令，将文件命名为"女孩与狗.fla"，保存在练习文件夹中。

第二节 创建逐帧动画

逐帧动画也称为帧帧动画，它的创作最接近传统手绘二维动画的方式，在时间轴上一帧接一帧地连续绘制内容，由于是逐帧创作，所以逐帧动画具有非常大的灵活性，可以表现任何想表现的内容。

一、逐帧动画的概念

逐帧动画是一种常见的动画形式，其原理是在连续的"关键帧"中分解动画动作，也就是每个"关键帧"中的内容都需要创作，连续播放从而形成动画，这种创作方式不仅给制作动画增加了负担，而且输出的动画文件大小也很大。但它的优势也很明显，可以使动画表现得更加丰富。适合于表现细腻的动画，如人物和动物的转身、行走、跑动、飘动的头发等。

二、通过导入外部文件的方式创建逐帧动画

通过本章范例介绍逐帧动画的制作过程。

用 jpg、png 等格式的静态图片连续导入 Animate 中，就可以创建一段逐帧动画。

步骤1. 在"时间轴"选取"图层1"，将"图层1"重命名为"背景"。

步骤2. 在菜单栏中选择"文件 | 导入 | 导入到舞台"命令，在打开的"导入到库"窗口中选择路径"第六章/范例/素材"文件夹，在文件夹中选取"背景1.jpg"文件（图6-2），然后点击"打开"按钮，此时所选取的背景文件已经导入到舞台和"库"面板中（图6-3）。

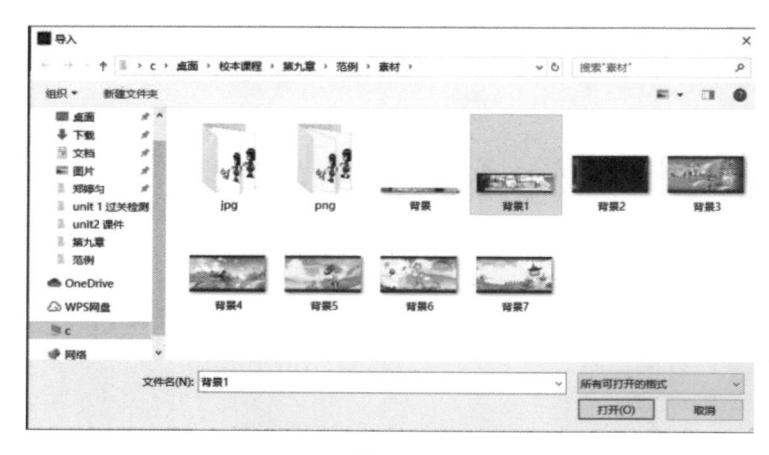

图 6-2 　　　　　　　　　　　　　　　　图 6-3

步骤 3. 菜单栏中选择"插入 | 新建元件"命令，在打开的"创建新元件"窗口中设置类型为影片剪辑，元件名为"女孩与狗"，点击"确定"按钮（图 6-4）。

步骤 4. 进入元件编辑窗口，在菜单栏中选择"文件 | 导入 | 导入到舞台"命令，在打开的窗口中选择路径"第九章 / 范例 / 素材 /png"文件夹，在文件夹中选取"女孩与狗 1.png"文件，点击"打开"按钮（图 6-5）。

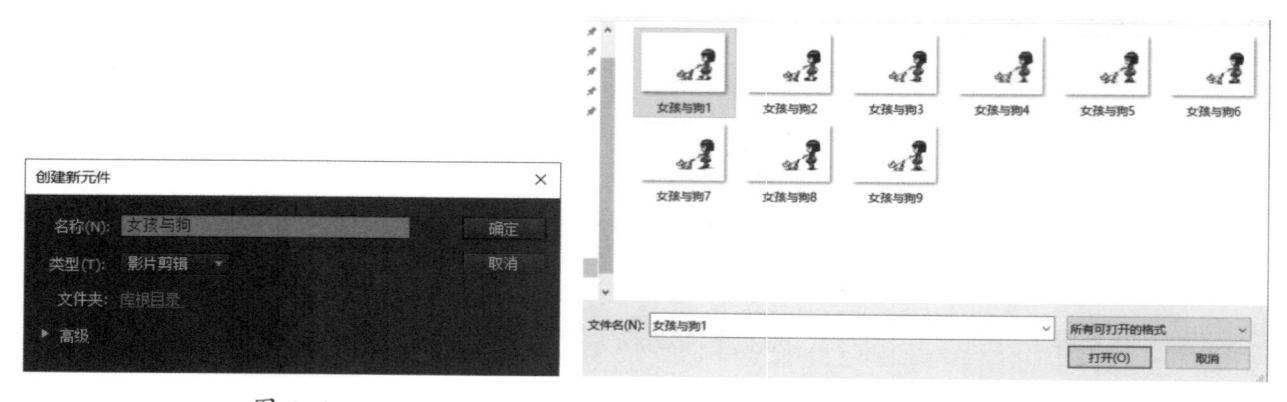

图 6-4　　　　　　　　　　　　　　　　图 6-5

步骤 5. 由于该文件夹中的文件是以序列号的方式命名的，点击"打开"按钮后 Animate 软件会弹出一个"是否导入序列中的所有图像"信息提示窗口（图 6-6）。

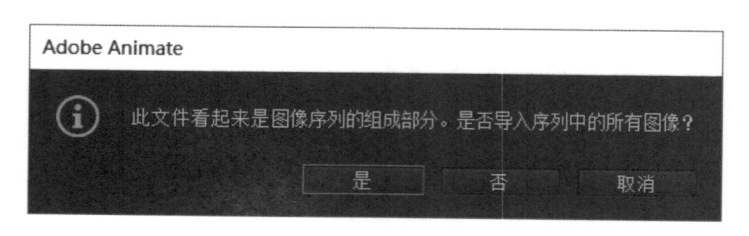

图 6-6

"是"：表示导入所有序列图像。

"否": 表示只导入当前所选的图像。

步骤6. 点击"是"按钮，Animate 将按序列导入所有序列图像到舞台和时间轴中，同时"库"面板中也会保存所有导入的序列图像（图6-7）。

图 6-7

步骤7. 在编辑窗口中使用 "Enter"键预览动画效果，会发现"女孩与狗"的动作频率太快，是因为关键帧之间的间隔太短（图6-8），在关键帧后插入帧，选取每一个关键帧后按"F5"键插入一帧（图6-9）。

图 6-8 　　　　　　　　　图 6-9

步骤8. 编辑结束后，点击舞台左上角的"返回"按钮 ，返回到主场景1，在"时间轴"面板中点击"新建图层"按钮 ，新建"图层2"图层，并将其重命名为"女孩与狗"。

步骤9. 在"库"面板中将"女孩与狗"影片剪辑元件拖放到舞台，调整好图形的大小和位置（图6-10）。

步骤10. 按"Ctrl+Enter"快捷键测试动画，预览女孩与狗行走的动画效果（图6-11）。

图 6-10　调整图形　　　　　　　　　　　　图 6-11　预览动画

三、直接在 Animate 制作逐帧动画

学习如何从外部导入文件的方式制作逐帧动画之后，接下来我们将以设置关键帧的方法，制作一个简单的文字逐帧动画。

步骤 1．在"时间轴"面板中选取"背景"图层的第 50 帧，按下 Shift 键，同时选取"女孩与狗"图层的第 50 帧，即可同时选中这两帧，按"F5"键插入帧（图 6-12）。

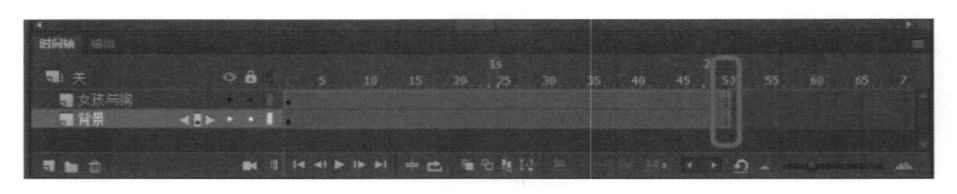

图 6-12

步骤 2．在"时间轴"面板中点击"新建图层"按钮，新建"图层 3"图层，并将其重命名为"文字"（图 6-13）。

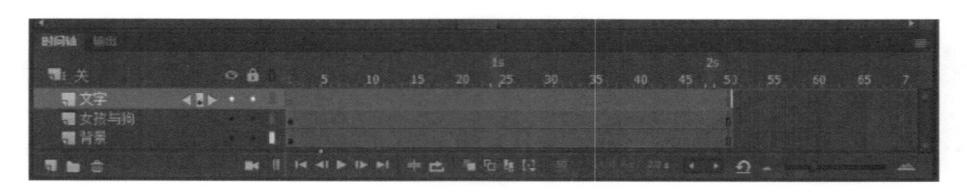

图 6-13

步骤 3．选取"文字"图层第 1 帧，在"工具"面板中选择"文本工具"，"属性"面板"字符"栏中，将"系列"设置为"微软雅黑"，"样式"设置为"Bold"，"大小"设置为"30 磅"，将字体"颜色"设置为黑色（图 6-14）。

步骤 4．舞台中光标显示为┼形状时，点击鼠标，激活文本输入框，输入"快乐要懂得分享 才能加倍地快乐"文本内容（图 6-15）。

- 92 -

图 6-14   图 6-15

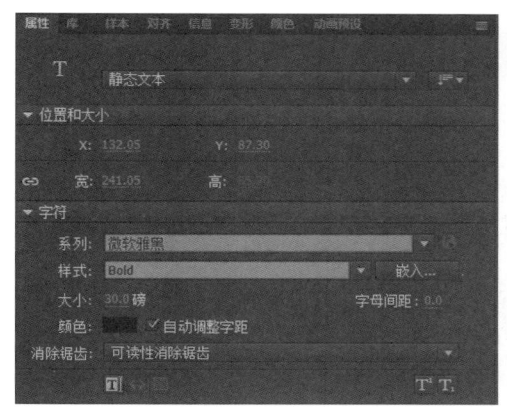

步骤 5. 确认舞台中文字为被选中状态，两次按下"Ctrl+B"快捷键将文字打散（图 6-16）。

步骤 6. 选取文字"图层"的第 1 帧，同时按住"Shift"键选取文字"图层"的第 50 帧，点击鼠标右键，在弹出的菜单中选择"转换为关键帧"命令（图 6-17）。

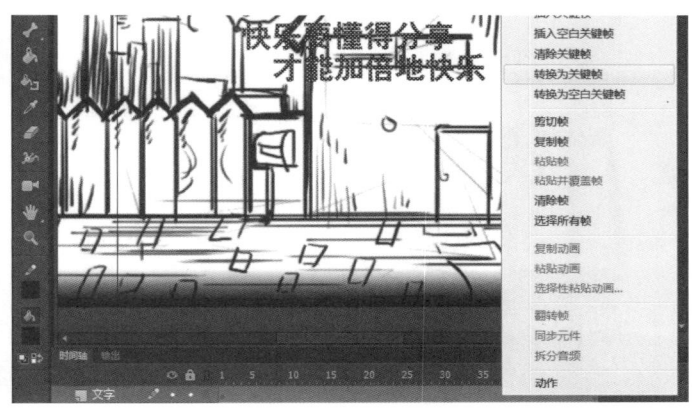

图 6-16   图 6-17

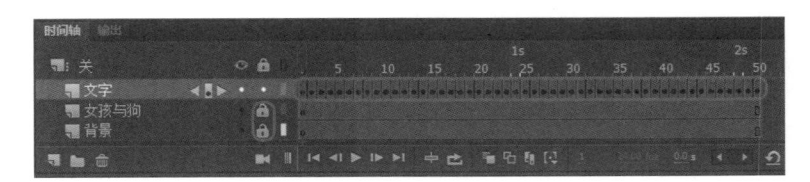

步骤 7. 此时"文字"图层的第 1 帧至第 50 帧所有帧转换成了关键帧。在"时间轴"面板选取"背景"图层与"女孩与狗"图层点击 按钮锁定图层，锁定图层是防止在编辑过程中被意外操作（图 6-18）。

图 6-18

步骤 8. 选取"文字"图层第 1 帧，在"工具"面板中选择"选择工具" ，然后在舞台中选取"快"字，点击"属性"面板"填充和笔触"栏中的"填充颜色"按钮，在打开的调色板中选取"红色"改变字体颜色（图 6-19）。

- 93 -

步骤9. 选取"文字"图层第2帧，在舞台中选取"乐"字，改变字体颜色为"红色"，使用同样的方法制作到第14帧的动画效果（图6-20）。

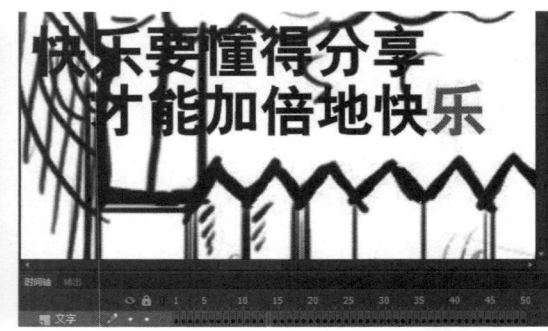

图 6-19

图 6-20

步骤10. 选取第15帧，在舞台中选取"快"字，删除"快"字以外的其他文字内容（图6-21）。

步骤11. 在"时间轴"面板中点击"前进一帧"按钮▶，切换到第16帧，在舞台中选取"快乐"两字，删除"快乐"以外的其他文字内容（图6-22）。

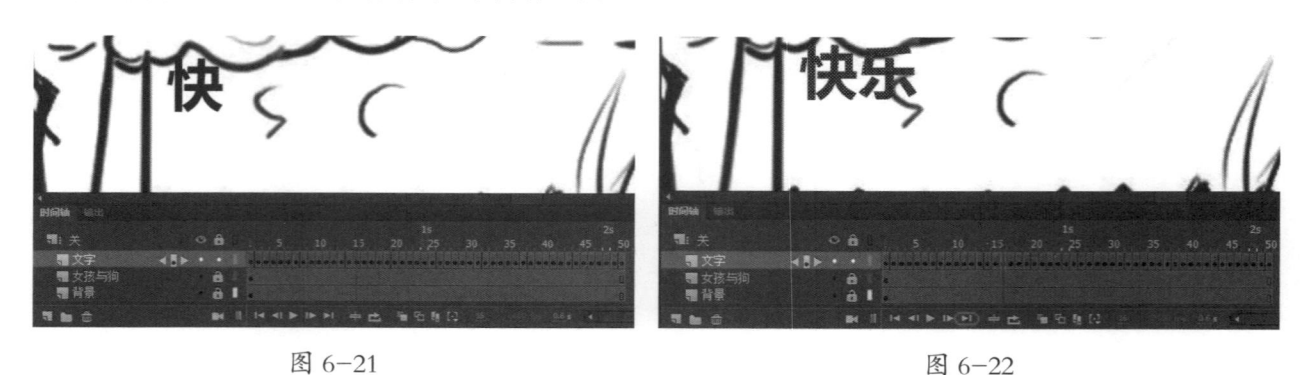

图 6-21

图 6-22

步骤12. 切换到第17帧，选取"快乐要"三字，删除"快乐要"以外的其他文字内容（图6-23）。

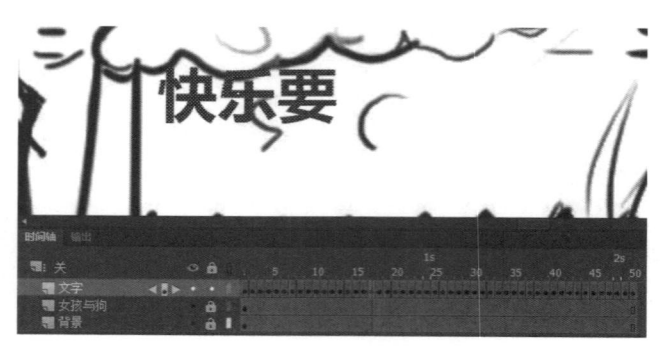

图 6-23

步骤13. 切换到第18帧，使用前面同样的方法制作文字动画规律，创作第18帧至第28帧的动画效果。

- 94 -

步骤 14．选取第 29 至 50 帧，每个关键帧按"F5"键插入一帧。插入帧之后，删除第 50 帧之后的帧（图 6-24）。

步骤 15．在第 29 帧，删除"懂得分享"以外的其他文字内容（图 6-25）。

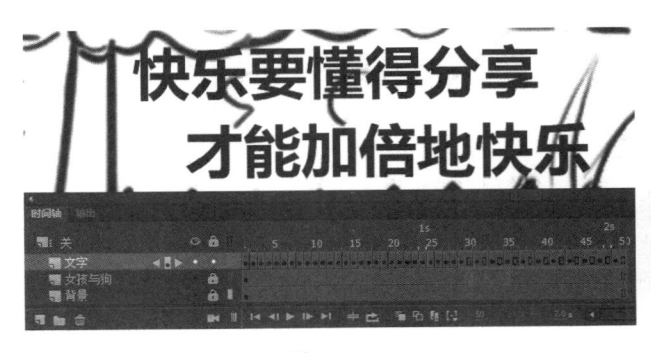

图 6-24

图 6-25

步骤 16．切换到第 31 帧，选取第二排的"快乐"两字，删除"快乐"以外的其他文字内容（图 6-26）。

步骤 17．制作一种"中心向两边播放"的效果，选取第 33 帧，在舞台中删除部分文字（图 6-27）。

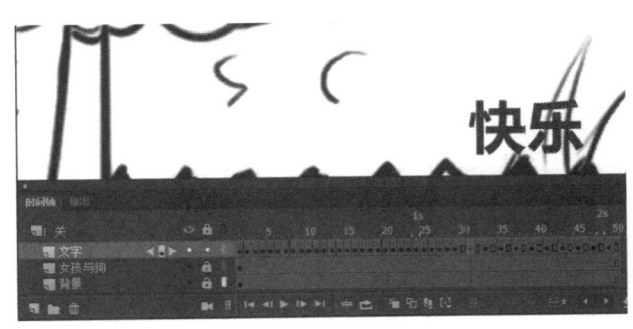

图 6-26

图 6-27

步骤 18．选取第 35 帧，使用与步骤 17 同样的方法制作文字动画，完成第 36 帧至第 39 帧的制作（图 6-28）。

步骤 19．制作一种"中心向上下播放"的效果，选取第 43 帧，在舞台中删除部分文字（图 6-29）。

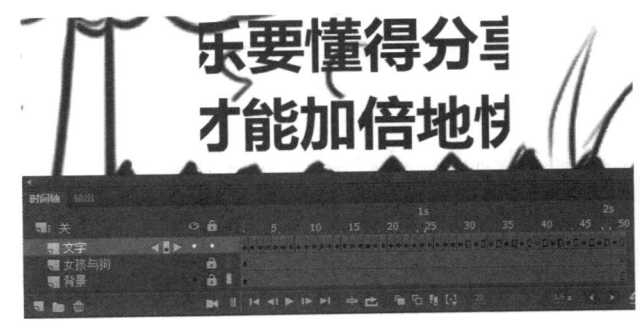

图 6-28

图 6-29

步骤20. 选取第45帧，使用步骤19同样的方法制作文字动画，完成第45至47帧的制作（图6-30）。
步骤21. 按"Ctrl+Enter"快捷键测试动画，预览文字动画效果（图6-31）。

图 6-28

图 6-29

第三节　创建传统补间动画

传统补间动画又叫做运动补间动画、渐变动画等。当需要在动画中展示移动位置、改变大小、旋转、改变色彩等效果时，就可以使用传统补间动画来完成。

一、传统补间动画的概念

Flash CS 4版本之前创建的补间动画都称之为传统补间动画，在Animate中，同样可以创建传统的补间动画。在制作传统补间动画时，只需要确定好起始关键帧和结束关键帧的画面，中间部分帧的变化过程Animate即可自动形成动作补间效果。

之前我们已经学习了逐帧动画和导入了素材，为制作补间动画提供了基础。

二、移动效果

本范例的开始部分，场景中小女孩和狗是在原地行走，背景是一种从左往右的平滑移动效果，形成小女孩和狗在公园里散步的动画。

步骤1. 在菜单栏中选择"文件 | 导入 | 导入到库"命令，在打开的"导入到库"窗口中选择路径"第六章 / 范例 / 素材"文件夹，在文件夹中选取"背景1.jpg"至"背景7.jpg"文件（图6-32），然后点击"打开"按钮，所选取的7张背景文件已经导入到"库"面板中。

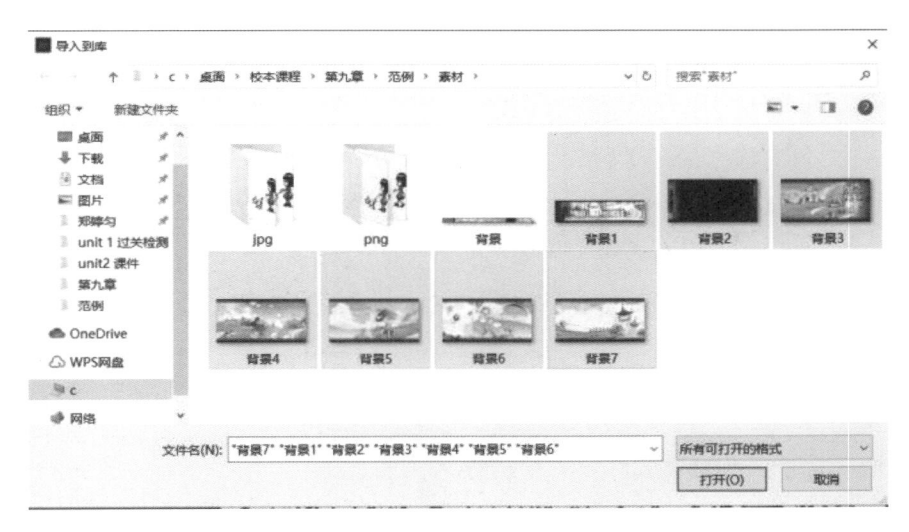

图 6-32

步骤2. 在"时间轴"面板选取"女孩与狗"图层与"文字"图层点击🔒按钮锁定图层（图6-33）。

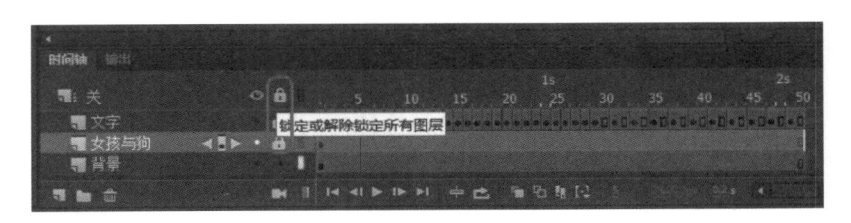

图 6-33

步骤3. 选取"背景"图层，使用"选择工具"，在舞台中选取背景，点击鼠标右键在打开的菜单中选择"转换为元件"命令，在打开的"转换为元件"窗口中，将元件命名为"背景"，类型设置为"图形"，点击"确定"按钮（图6-34）。

步骤4. 在"时间轴"面板"背景"图层选取第140帧处使用F5键插入帧，在第100帧处使用F6键转换为关键帧（图6-35）。

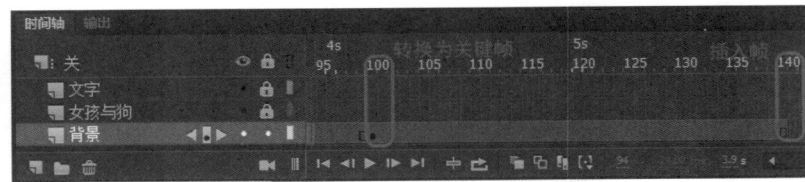

图 6-34　　　　　　　　　　　　　　图 6-35

提示：需要注意的是，创建传统补间动画要求使用元件实例，如果选取的对象不是一个元件实例，Animate会警告所选的对象不是一个元件（图6-36），创建补间动画前需要先将所选的对象转化为元件，以便创建补间动画。

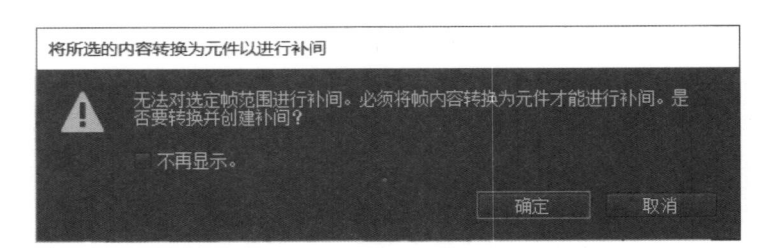

图 6-36

步骤 5. 选取"背景"图层第 100 帧，按键盘上"右方向键"向右平移"背景"图片的位置（图 6-37）。

步骤 6. 在第 1 至 99 帧之间任选一帧点击鼠标右键，在打开的菜单中选择"创建传统补间"命令（图 6-38），创建传统补间动画，此时图层上的帧转变为黑色箭头和浅紫色的背景（图 6-39）。

图 6-37

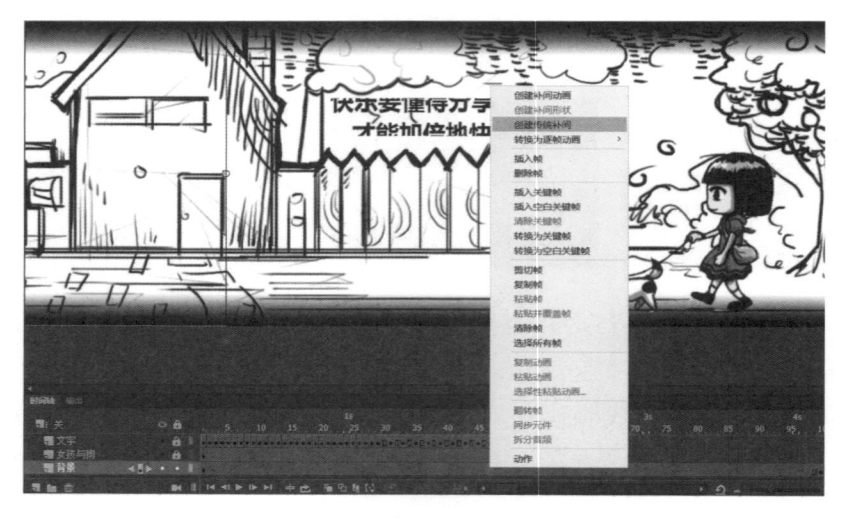

图 6-38

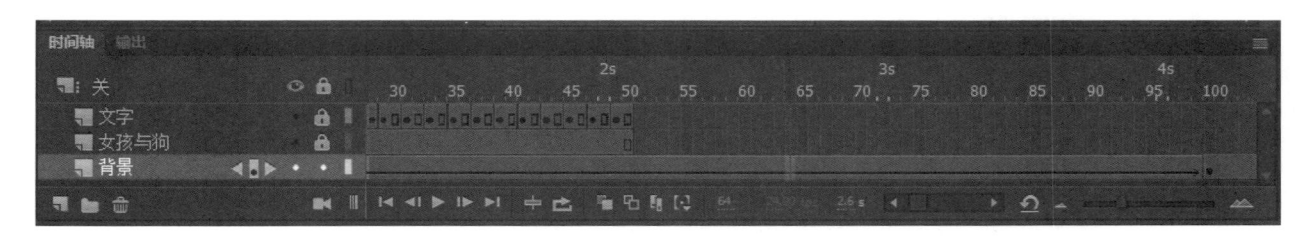

图 6-39

步骤7. 使用"Ctrl+Enter"快捷键测试动画，预览动画的效果。

三、淡入/淡出效果

范例中第二个动画效果是一种平滑的淡入效果，小女孩仿佛渐渐地走进山洞，然后山洞慢慢变得清晰。

步骤1. 在"时间轴"面板中点击"新建图层"按钮，新建"图层2"图层，并将其重命名为"背景2"，选取第180帧按F5插入帧，选取第120帧按F6转换成关键帧（图6-40）。

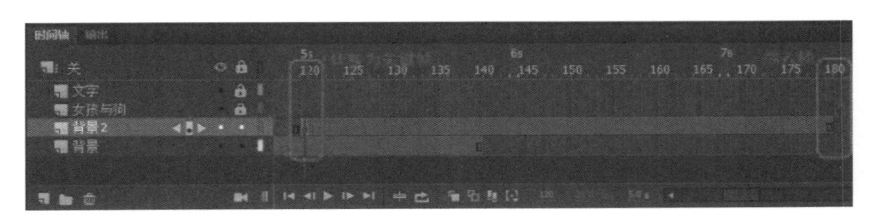

图 6-40

步骤2. 选取第120帧，将"背景2"图片从"库"面板中拖入舞台，在"属性"面板的"位置和大小"栏中将X、Y的值设置为0（图6-41），然后将其转换为图形元件，元件取名为"背景2"。

步骤3. 在"背景2"图层，选取第160帧按F6键转换成关键帧，点击第120帧，舞台中选取"背景2"实例，在"属性"面板的"色彩效果"栏中设置样式为Alpha且Alpha值为20%（图6-42），此时"舞台"上的实例将会变成半透明状，仿佛小女孩走进了山洞（图6-43）。（制作淡入的效果）

图 6-41 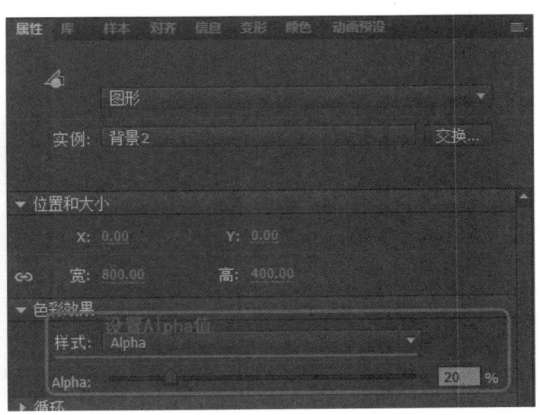　　　　　　　　图 6-42

图 6-43

步骤 4. 在第 120 至 159 帧之间任选一帧点击鼠标右键，在打开的菜单中选择"创建传统补间"命令或在菜单栏中选择"插入 | 创建传统补间"命令，创建传统补间动画。

步骤 5. 选取第 170 帧按 F6 键转换成关键帧，选取第 180 帧按 F6 键转换成关键帧，在舞台中选取"背景 2"实例，在"属性"面板的"色彩效果"栏中设置样式为 Alpha 且 Alpha 值为 0%，此时"舞台"上的实例将会变成透明状，仿佛山洞消失了（图 6-44）。（制作淡出的效果）

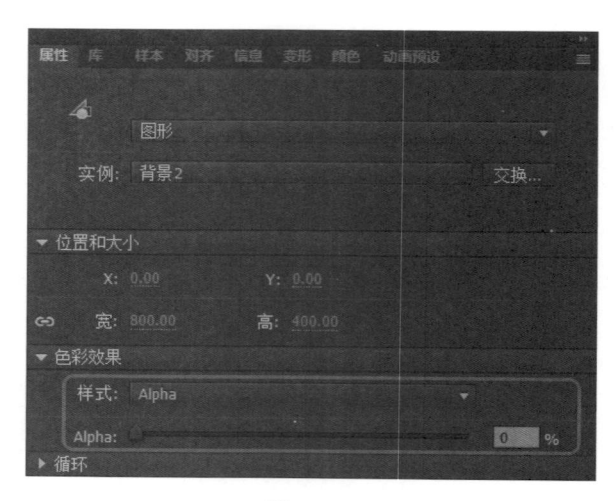

图 6-44

步骤 6. 在第 170 至 179 帧之间任选一帧点击鼠标右键，在打开的菜单中选择"创建传统补间"命令，创建传统补间动画（图 6-45）。

步骤 7. 在效果预览中，可能会发现动画过渡时间太快，可以更改补间的长度，以达到增加过渡时间的效果。选取"补间动画"的开始关键帧或中间的任何时间点，按"F5"键，每按一次添加一帧。

步骤 8. 制作完成后使用 Ctrl+Enter 快捷键测试动画效果。

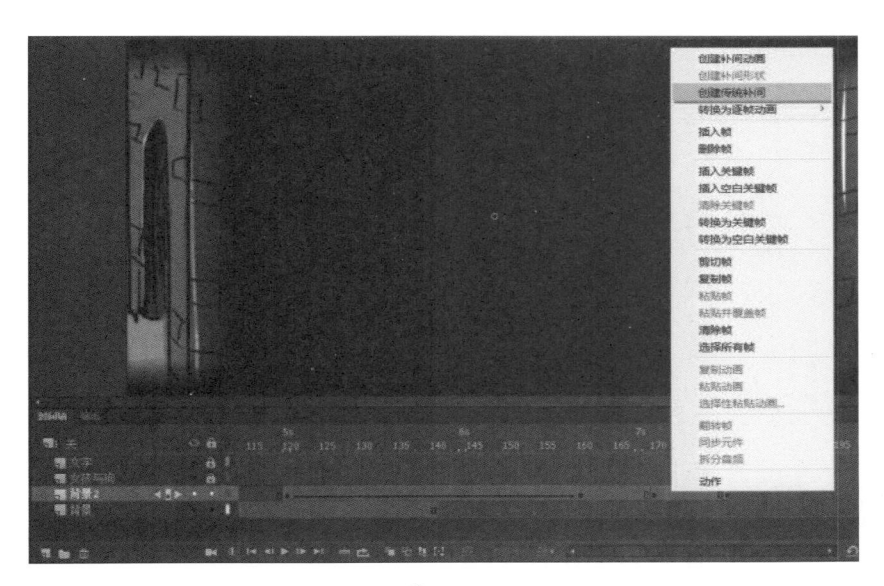

图 6-45

四、旋转效果

范例中第三个动画效果是场景旋转飞入，风景旋转着渐渐出现。

步骤1. 新建图层"背景3"，选取第220帧按F5插入帧，选取第170帧按F6转换成关键帧，将"背景3"图片从"库"面板中拖入舞台，在"属性"面板的"位置和大小"栏中将X、Y的值设置为0，然后将其转换为图形元件，元件取名为"背景3"。

步骤2. 选取第220帧按F6键转换成关键帧，点击第170帧，舞台中选取"背景3"实例，在"属性"面板的"色彩效果"栏中设置样式为Alpha且Alpha值为20%。

步骤3. 在第170至219帧之间任选一帧点击鼠标右键，在打开的菜单中选择"创建传统补间"命令，创建传统补间动画（图6-46）。

图 6-46

步骤 4. 选取第 170 至 219 帧之间任一帧，在"属性"面板的"补间"栏中将"旋转"设置为"顺时针"，将"旋转次数"设置为 1（图 6-47）。

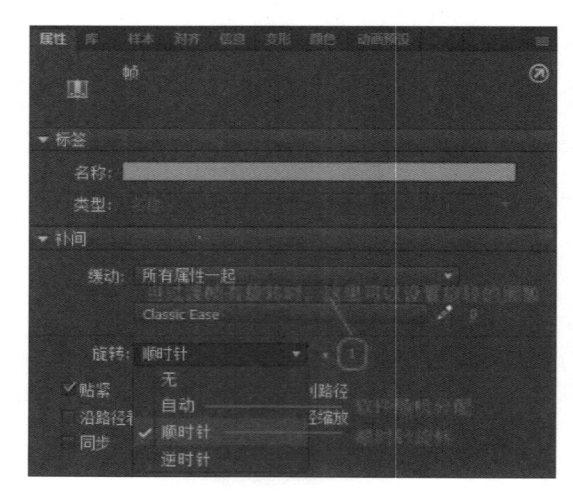

图 6-47

提示：在效果预览中，可能会发现图形旋转太慢，增大"旋转次数"值就能改变图形旋转速度。

步骤 5. 使用"Ctrl+Enter"快捷键测试动画效果。

■■■ 第四节　引导图层动画的制作 ■■■

传统补间动画只能制作实例的直线运动，而使用引导功能，在运动实例图层上方添加一个引导图层绘制路径引导线，可以允许运动实例沿该路径运动。

一、引导动画的概念

引导层动画是指沿着路径引导线运动的动画，这种动画类型制作起来至少需要两个图层，一个是用来绘制路径的引导图层，一个是运动对象被引导图层（图 6-48）。

引导图层位于被引导图层的上方，是用来放置实例运动的路径"引导线"的。"引导线"可以使用铅笔工具、钢笔工具、线条工具等绘图工具进行绘制，如果使用矩形工具或椭圆工具绘制引导路径，需要用橡皮擦工具擦除一部分，使闭合的图形成为开放路径。

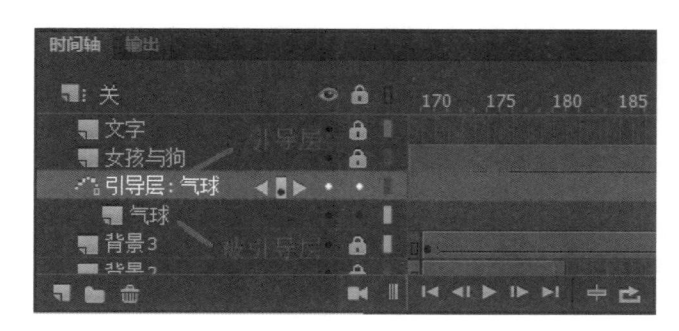

图 6-48

二、沿路径创建引导层动画

在范例中有这样一段动画场景，蔚蓝的天空中飘浮着白云，气球在空中沿着路径飘来飘去缓缓升高的画面。

步骤 1. 在菜单栏中选择"文件 | 导入 | 导入到库"命令，在打开的"导入到库"窗口中选择路径"第六章 / 范例 / 素材 /png"文件夹，在文件夹中选取"气球 .png"至"气球 3.png"文件（图 6—49），点击"打开"按钮，所选取的 3 张气球图片已经导入到"库"面板中。

步骤 2. 在"时间轴"面板中点击"新建图层"按钮，并将其重命名为"气球"。选取第 280 帧按 F5 键插入帧，选取第 220 帧按 F6 键转换成关键帧，将"气球"图片从"库"面板中拖入舞台，调整图形大小和位置，将图形"气球"转换为图形元件（图 6-49）。

步骤 3. 点击图层"背景 3"第 280 帧按 F5 插入帧，图层"背景 3"将作为"背景"层，为了防止在后面的操作中误操作该图层，点击该图层按钮锁定图层（图 6-50）。

图 6-49

图 6-50

步骤 4. 选择"气球"图层，点击第 280 帧按 F6 键转换成关键帧，将气球实例移动到舞台合适的位置，在第 220 至 279 帧之间任选一帧点击鼠标右键，在打开的菜单中选择"创建传统补间"命令（图 6-51），创建传统补间动画，在"属性"面板的"补间"栏中选取"调整到路径"复选框（图 6-52）。

图 6-51 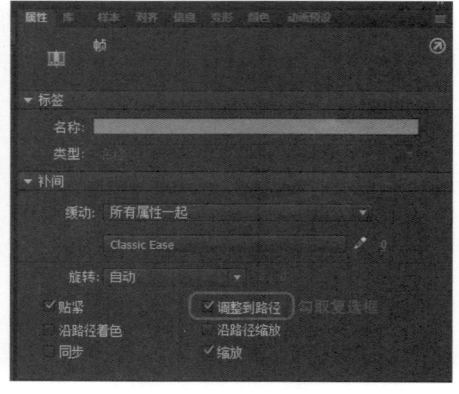　　　　　　　　　　图 6-52

提示：为了使被引导层中的实例，沿着引导线路径移动时与运动路径走向一致，勾选"调整到路径"复选框。

步骤 5. 鼠标右键点击"气球"图层，在打开的菜单中选取"添加传统运动引导层"命令，创建引导层（图 6-53）。这时在"气球"图层上方新增加了"引导层：气球"层（图 6-54）。

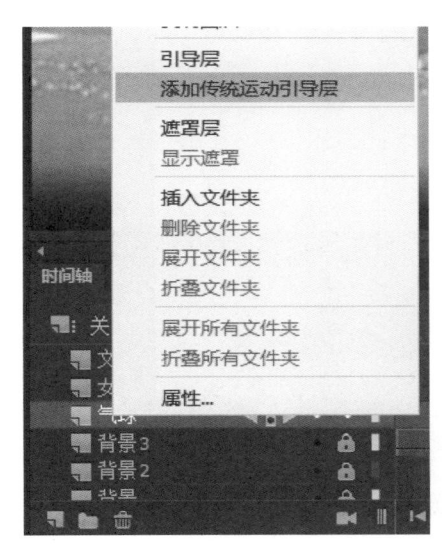

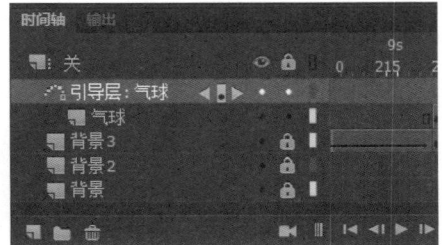

图 6-53　　　　　　　　　　　　　图 6-54

　　步骤 6. 选取"引导层：气球"层第 220 帧按 F6 键转换成关键帧，在舞台中使用绘图工具绘制一条平滑的曲线作为气球在天空飞翔的引导路径（图 6-55）。

图 6-55

　　提示：在使用铅笔工具 ✏ 绘制曲线时，在工具选项区中模式选为"平滑" 5.，也可使用钢笔工具绘制引导路径。由于引导线在动画播放的时候不会显示，在绘制引导线时不必设置它的颜色。但引导线的颜色应与被引导层的实例颜色有所区别，以便实例的中心点更容易对齐路径的端点。

　　注意：引导线是一种开放的路径，闭合的路径无法创建引导。例如圆形就是一个闭合路径，可以用橡皮擦工具擦除一个小口使其成为开放路径。

步骤 7. 选取"气球"图层的补间动画的开始帧第 220 帧，在舞台中将气球实例中心点移动到引导路径的起点，使用"任意变形工具" 调整实例的方向，使其与引导路径的方向保持一致（图 6-56）。选取结束帧第 280 帧，将气球实例中心点移动到引导路径的终点，并用"任意变形工具" 调整实例的方向（图 6-57）。

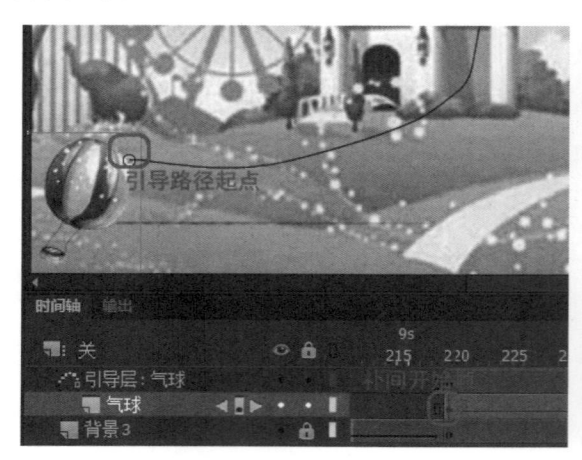

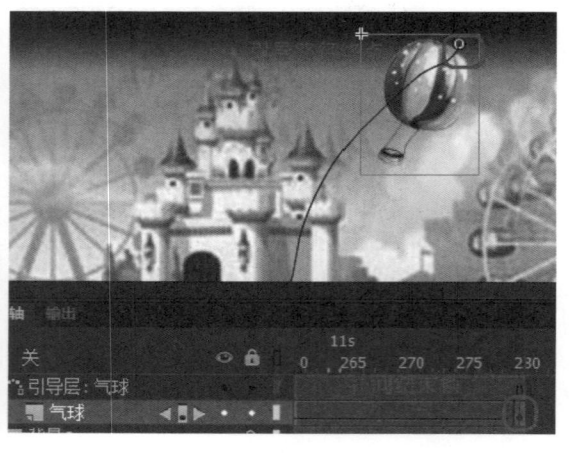

图 6-56　　　　　　　　　　图 6-57

提示：舞台中选取实例后，在"属性"面板的"补间"栏中选取"紧贴"复选框，使实例的中心点容易吸附到引导线上，只有将气球实例的中心点吸附到引导线上，气球才会沿着引导线的路径运动。不然气球还是沿传统补间动画方式直线运动。这是制作引导层动画的关键地方。如果，实例的运动有方向感，就要调整实例的方向。

引导层上可以绘制多条引导线，然后被引导的图层可以按引导线进行增加。

步骤 8. 点取"引导层：气球"层第 220 帧，在舞台中绘制新的引导线路径两条（图 6-58）。

图 6-58

步骤 9. "新建图层"并将图层重命名为"气球 2"。选取第 220 帧按 F6 键转换成关键帧，将"气球 2"图片从"库"面板中拖入舞台，调整图形大小和位置，将图形"气球 2"转换为图形元件，取

— 106 —

名为"气球2";点击第225帧按F6键转换成关键帧,点击第280帧按F6键转换成关键帧,在舞台中将气球实例2移动到合适的位置。

步骤10. 在第225至279帧之间任选一帧点击鼠标右键,创建传统补间动画。

步骤11. 点击"气球2"图层的补间动画的开始帧第225帧,在舞台中将气球2实例中心点移动到引导路径的起点;选取结束帧第280帧,在舞台中将气球2实例中心点移动到引导路径的终点(图6-59)。

步骤12. "新建图层"并将图层重命名为"气球3"。选取第220帧按F6键转换成关键帧,将"气球3"图片从"库"面板中拖入舞台,将图形"气球3"转换为图形元件,取名为"气球3";点击第230帧按F6键转换成关键帧,点击第280帧按F6键转换成关键帧,在舞台中将气球3实例移动到合适的位置;在第230帧至第279帧之间任选一帧点击鼠标右键,创建传统补间动画。

步骤13. 点击"气球3"图层的补间动画的开始帧第230帧,在舞台中将气球3实例中心点移动到引导路径的起点;选取结束帧第280帧,将气球3实例中心点移动到引导路径的终点(图6-59)。

图 6-59

步骤14. 点击"女孩与狗"图层第280帧,按F5键插入帧,使用"Ctrl+Enter"快捷键测试动画效果。

第五节　编辑传统补间动画

我们还可以通过"属性"面板,对传统补间动画进一步编辑。选取传统补间的任意过渡帧,在"属性"面板的补间栏中可以设置补间动画的缓动、旋转、贴紧、调整到路径等参数的属性(图6-60)。

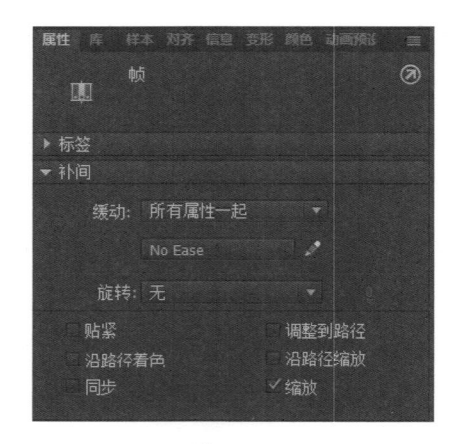

图 6-60

一、"属性"面板中补间栏的选项

1. 缓动：缓动用来设置对象移动时速度的变化，主要是实现动画的加速运动和减速运动，当缓动强度为负值时做加速运动，当缓动强度为正值时为减速运动。如果设置为 0 那么整个动画将以恒定的速度运动（图 6-61）。

（1）0：表示匀速，默认情况下缓动参数值为 0，补间帧之间的变化速率是不变的。

（2）1 至 100：表示减速（编辑缓动界面呈上弧线），在 1 至 100 的正值之间，动画运动的速度由快到慢，向补间动画结束的方向减速补间。

（3）-1 至 -100：表示加速（编辑缓动界面呈下弧线），在 -1 至 -100 的负值之间，动画运动的速度由慢到快，向补间动画结束的方向加速补间。

为了使气球在天空中飘浮的效果更逼真，需要给补间设置缓动参数，选取气球图层第 220 帧至第 279 帧之间的过渡帧。

在"属性"面板补间栏中点击"No Ease"缓动类型按钮（图 6-62），在打开菜单中选取"Classic Ease"，在缓动强度框中输入数值，负值为加速缓动，正值为减速缓动。

图 6-61 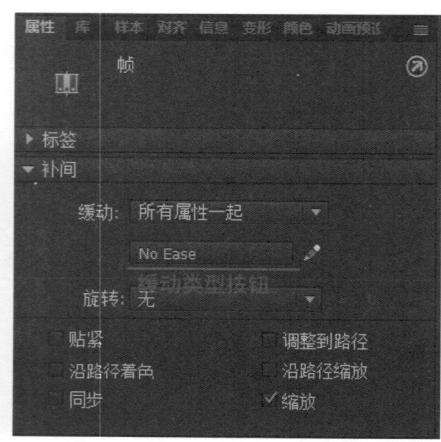　　　　　图 6-62

在缓动属性中还有一个很不错的功能，那就是编辑缓动，通过对缓动线条的调整，可以在一个传统补间动画上实现变速运动。帧"属性"面板中点击"编辑缓动"按钮（图6-63），打开"自定义缓动"窗口。

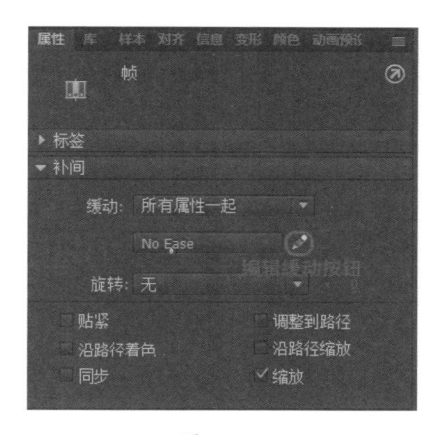

图 6-63

在"自定义缓动"窗口中若要增加对象的速度，需要向上拖动控制点，若要降低对象的速度，需要向下拖动控制点（图6-64）。

2. 旋转：我们使用"旋转工具"时无法做到精确地控制旋转圈数和方向，所以我们可以使用这里的属性来设置对象在运动的同时产生的旋转效果（图6-65）。

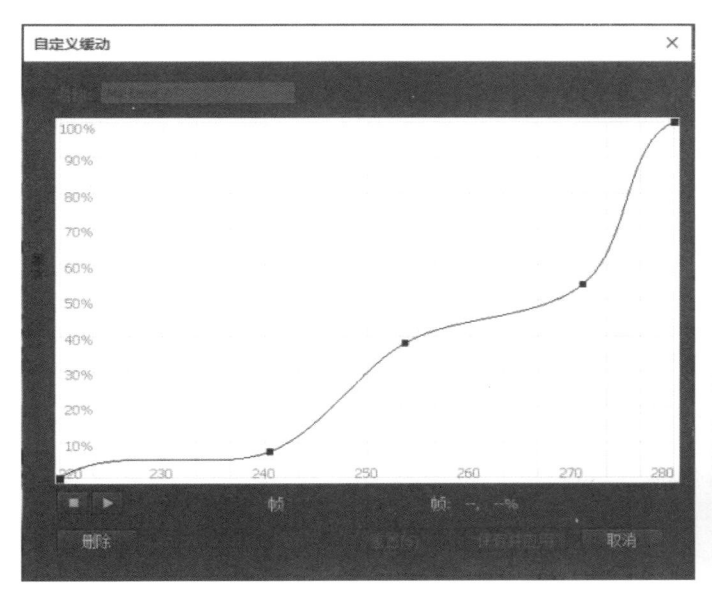

图 6-64　　　　　　　　　　　　　图 6-65

3. 贴紧：选中复选框，可以使动画中的实例贴紧引导线运动。
4. 调整到路径：选中复选框，可以使实例沿径改变方向与路径一致，通常在引导线动画中使用。
5. 同步：选中复选框，主要用于对实例进行替换时的同步操作。

6. 缩放：选中复选框，表示在动画运动过程中显示缩放效果。如果前后两个关键帧有缩放操作，但这个选项没有勾选，那么在运动过程中将不会体现缩放过程。

这四个选项一般选择默认就可以。

习题

1. 通过本章范例中"女孩与狗"图片制作逐帧动画。
2. 制作一个简单的文字逐帧动画。
3. 引导动画的特点是什么？
4. 绘制引导线可以使用什么工具？

第七章　制作补间动画

▶【本章重点】

补间动画是通过给某一个帧中的实例元件设置属性值，并在另一个帧中给相同实例元件设置同属性的不同值，然后由 Animate 自动计算出两个帧之间的补间值来创建动画效果，补间动画功能强大，易于创建。本章主要介绍运用补间动画制作动画的过程。

▶【学习目的】

本章着重讲解 Animate 动画的补间动画制作过程，掌握动画预设、调整动画路径和动画缓动、淡入/化入的动画、引导动画、3D 旋转动画和创建补间动画。

▶【本章案例介绍】

【范例】

本章的范例是一部中国水墨的动画，诗人站在山顶上吟诗。这段动画中主要涉及补间动画的制作以及文字的制作和 3D 旋转动画操作。如图 7-1 古诗《望岳》所示。

图 7-1　古诗《望岳》动画

学习之前，打开"第十章"/"范例"文件夹，点击古诗望岳.swf 文件，播放预览动画。
同学们还可以打开源件进行预览，启动 Animate 软件，在菜单栏中选择"文件 | 打开"命令或

使用 Ctrl+O 快捷键，在打开的窗口中选择路径"第七章"/"范例"文件夹中选取古诗望岳.fla 文件，点击"打开"按钮。

■■■ 第一节　创建新文件 ■■■

步骤 1. 在菜单栏中，选择"文件 | 新建"命令，在"新建文档"窗口中选择 ActionScript 3.0 类型，设置舞台的宽为 800px、高为 480px，帧频为 24fps，背景为白色，然后点击右下角"确定"按钮以创建一个新的 Animate 文档（图 7-2）。

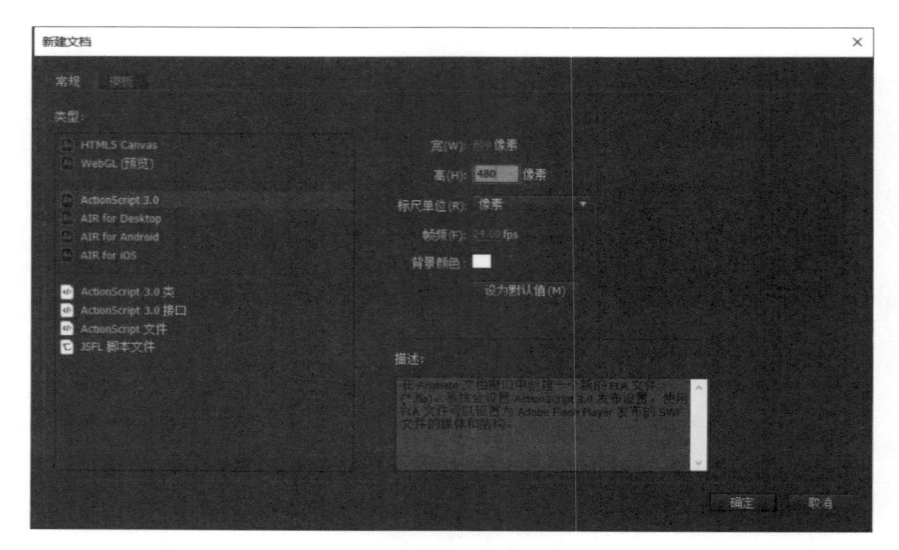

图 7-2

提示：若需要重新修改舞台的大小，可以在"属性"面板属性栏中设置宽和高的参数值即可。

步骤 2. 选择菜单栏"文件 | 保存"命令，把文件命名为"古诗望岳.fla"，并保存在练习文件夹中。

■■■ 第二节　素材导入与人物绘制 ■■■

在菜单栏选择"文件 | 导入 | 导入到库"命令，在打开的"导入到库"窗口中选择路径"第七章"/"范例"/"素材"文件夹中水墨画、大山、大山 2、天空与日出 4 个素材，点击"打开"按钮。此时，4 个素材文件被导入到库中（图 7-3）。

在菜单栏选择"插入|新建元件"命令，创建图形新元件取名为"诗人"，在打开的元件编辑窗口中使用"画笔工具（B）"绘制人物（图7-4）。

图 7-3 水墨画和日出　　　　　　　　　图 7-4

第三节　创建补间动画

补间动画主要以元件为核心，一切补间动作都是基于元件的。在制作补间动画之前首先要创建元件，然后使用鼠标右击对应关键帧，在打开的菜单中选择"创建补间动画"命令，此时在时间轴上将会创建补间动画范围，显示为一段浅蓝色背景的连续帧。范围内第1关键帧中的圆形黑点表示补间有实例元件，在补间范围内可以直接对帧的实例元件进行操作，Animate会自动生成"属性关键帧"菱形黑点（图7-5）。

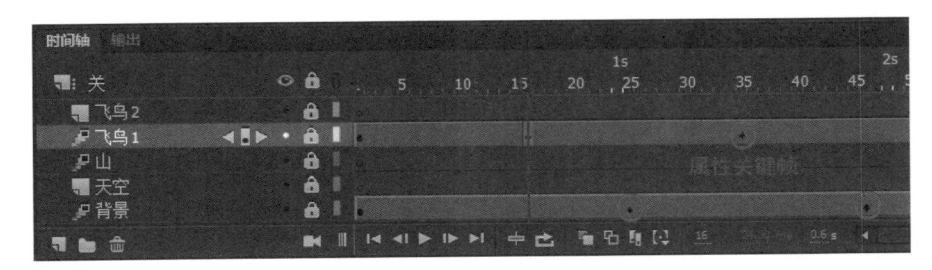

图 7-5　创建补间动画

提示：关键帧是指时间轴中图形对象首次在舞台上出现的帧，而属性关键帧是指在补间动画中定义相同图形实例的不同属性值的帧。

补间动画和传统补间动画之间有所差别。Animate 支持两种补间动画的创建，补间动画的功能强大，可在补间范围内进行最大程度的控制，传统补间的创建过程更为复杂。其差异主要包括以下几点：

1. 在时间轴上的表现不同。传统补间的背景是浅紫色的并有实心箭头，补间动画的背景是浅蓝色的。

2. 对插入的关键帧要求不同。传统补间要求插入的关键帧的开始和结束为同一实例对象。先将开始转为元件再建结束关键帧。而补间动画只需插入首关键帧即可。

3. 特性不同。传统补间既可以实现动画滤镜（让应用的滤镜动起来），也可以利用运动引导层来实现传统补间动画图层（被引导层）中对象按指定轨迹运动的动画。而补间动画只可实现动画滤镜。

4. 补间动画会将文本视为可补间的类型，而不会将文本对象转换为影片剪辑类型。传统补间则会将文本转换为图形元件。

5. 对于传统补间，缓动仅可应用于补间内关键帧之间的帧。而对于补间动画，缓动可应用于补间动画范围的整个长度。

6. 3D 实例创建动画效果只能在补间动画中实现，无法在传统补间中实现。

7. 在同一图层中不能同时出现两种补间类型。

一、位移放大效果

在本章范例中的开始部分，场景不是静止的画面，而是一种位移放大的效果。

步骤 1. 在"时间轴"面板中点击"新建图层"按钮，新建 7 个图层，分别命名为"背景""山""飞鸟""诗词""云""人物""天空"，并将"背景"图层以外的其他图层锁定起来（图 7-6）。

步骤 2. 在"背景"图层中，将水墨画图片从"库"面板拖入舞台，在舞台中选取背景，点击鼠标右键在打开的菜单中选择"转换为元件"命令，在打开的"转换为元件"窗口中，将元件命名为"水墨画"，类型设置为"图形"，点击"确定"按钮。

步骤 3. 在"时间轴"面板中，鼠标右键点击"背景"图层第 1 帧，在打开的菜单中选取"创建补间动画"命令，或者可以在舞台中选取"水墨画"实例点击鼠标右键，在打开的菜单中选取"创建补间动画"命令。这时 Animate 会在背景图层中自动确定帧长度，并将当前图层转换为"补间"图层。同时图层的图标将会变为形状，时间轴上的帧变成浅蓝色背景的连续帧（图 7-7）。

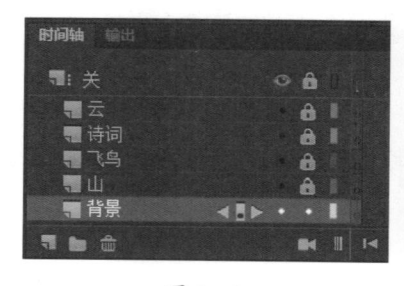

图 7-6　　　　　　　　　　　　图 7-7

步骤 4. 选取补间范围的最后一帧，然后在舞台上选取"水墨画"实例，使用任意变形工具，当光标移动到某个角控制点上时，光标显示为形状时拖动鼠标，同时按住 Shift 键，按比例放大"水墨画"实例（图 7-8）。补间范围的最后一帧会自动生成一个关键帧属性（图 7-9）。

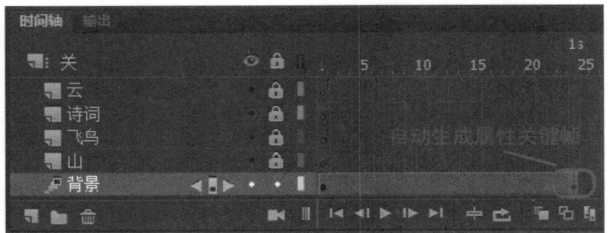

图 7-8

图 7-9

步骤 5. 完成"水墨画"实例放大的操作后，按"下方向键"在舞台中向下移动"水墨画"实例到合适的位置。在移动位置时，会出现移动轨迹（图 7-10）。

步骤 6. 缩放补间范围，在时间轴中拖动补间范围的一端，可以缩短或延长补间范围。将光标移动到补间范围的最后一帧属性关键帧一端时，光标显示为↔形状时，点击鼠标左键并拖动，就能改变缩放补间的范围（图 7-11）。

图 7-10

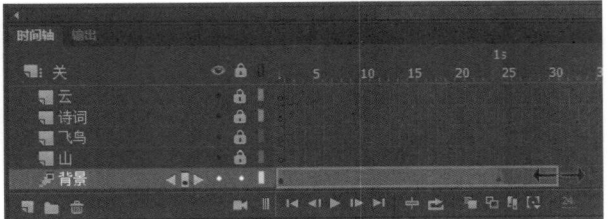

图 7-11

提示：按照步骤 6 的操作方式是缩短或延长补间开始帧与结束帧之间范围。若想让最后的属性关键帧位置不变且延长补间范围，使用"选择工具"选取最后一帧属性关键帧，当光标显示为↔形状时拖动鼠标，同时按住 Shift 键，此时，属性关键帧的位置不变且会向后延长补间范围。

步骤 7. 选取背景图层第 270 帧，按 F5 键插入帧，此时场景动画持续时间延长到 200 帧；选取第 45 帧（图 7-12），在舞台中向下移动"水墨画"实例；选取第 80 帧，在舞台中向左移动"水墨画"实例（图 7-13）；选取第 125 帧，在舞台中继续向左移动"水墨画"实例的同时按住 Shift 键，

- 115 -

按比例缩小"水墨画";选取第 175 帧,在舞台中继续向左移动"水墨画";选取第 205 帧,在舞台中向右移动"水墨画"(图 7-14)。

图 7-12　　　　　　　　　图 7-13　　　　　　　　　图 7-14

步骤 8. 使用"Ctrl+Enter"快捷键测试动画效果。

二、引导动画效果

在本章范例中的开头部分,一只鸟儿展翅飞翔在天空,它优美的飞翔姿态在整个动画中是亮点。

步骤 1. 新建图形元件取名为"小鸟",在元件编辑窗口中使用"画笔工具(B)"绘制小鸟(图 7-15)。

步骤 2. 选择"飞鸟"图层解锁图层,在"库"面板中选取"小鸟"图形元件,将"小鸟"拖入到舞台外左下方(图 7-16)。

步骤 3. 右键点击"背景"图层第 1 帧,在打开的菜单中选取"创建补间动画"命令,创建补间动画。点击第 115 帧按 F5 键插入帧,延长补间范围。

图 7-15　　　　　　　　　　　　　　　图 7-16

步骤 4. 右键点击第 16 帧,在打开的菜单中选择"插入关键帧丨位置"命令,插入属性关键帧(图 7-17)。

步骤 5. 调整"小鸟"实例在舞台中的位置,改变路径,使小鸟从左下角飞入舞台(图 7-18)。

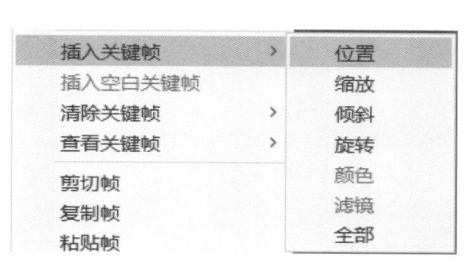

图 7-17　　　　　　　　　　　　　　图 7-18

步骤 6. 使用步骤 4、步骤 5 相同的方法，在第 15 帧、第 60 帧、第 80 帧、第 90 帧和第 105 帧插入属性关键帧，分别调整这五个帧上的实例，在舞台中的位置（图 7-19）。

步骤 7. 使用"选择工具"，调整运动路径。将光标移至路径线条上，这时光标下方会出现一个半弧形状，点击鼠标左键拖动就能调整路径的曲线弧度，使其变为弧形（图 7-20）。

图 7-19　　　　　　　　　　　　　　图 7-20

步骤 8. 使用"部分选择工具"编辑路径的形状，在"工具"面板中选取"部分选择工具"。在时间轴中选取属性关键帧，然后在舞台中，将光标移动到实例的中心圆点上方光标显示形状（图 7-21），点击鼠标左键这时会出现路径的曲线方向控制杆，调节曲线方向控制杆就能对路径进行曲线绘制（图 7-22）。

图 7-21　　　　　　　　　　　　　　图 7-22

提示：如果要删除补间动画，使用"选择工具"选取补间范围内的任意一帧，点击鼠标右键，在打开的菜单中间选择"删除动作"命令即可。

步骤 9. 使用 Ctrl+Enter 快捷键测试动画效果，小鸟顺着路径在天空中飞翔。

三、动画预设

动画预设是指预先设置补间动画，可以将这些预设的补间动画应用于舞台中的对象。当我们经常使用相似类型的补间时，动画预设是添加动画的快捷方法。只需在"动画预设"窗口中选取动画并点击"应用"按钮即可。

注意：动画预设只能包含补间动画。传统补间不能保存为动画预设。

（一）预览动画预设

Animate 随附的每个动画预设都可以在"动画预设"面板中查看其预览。这样就可以了解将预设动画应用于文件中的对象时所获得的效果。

在菜单栏中选择"窗口｜动画预设"命令，打开"动画预设"面板，从面板选择一个动画预设，即可在窗口上方的"预览"窗格中播放（图 7-23）。

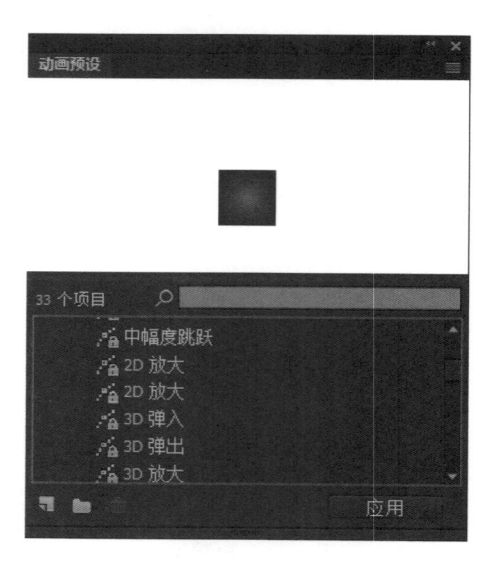

图 7-23

（二）应用动画预设

在"时间轴"面板选取"山"图层，点击第 83 帧按 F6 键插入空白关键帧，将"大山.jpg"图形从"库"面板中拖入舞台右外侧，并将其转换为图形元件（图 7-24）。

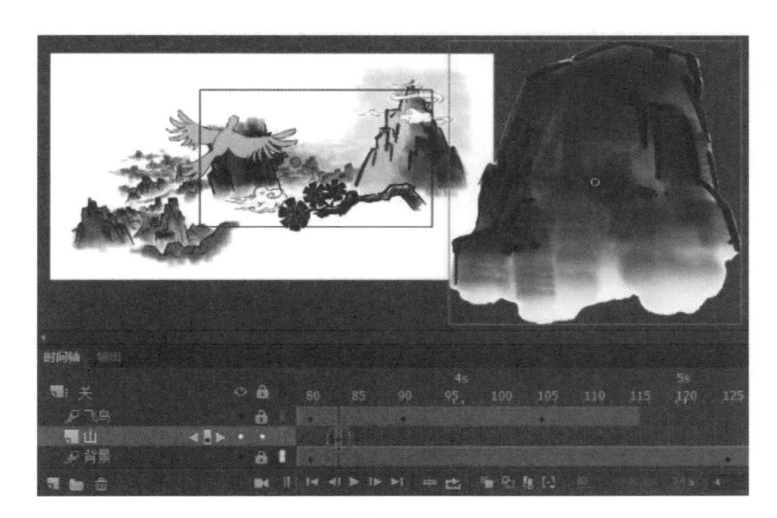

图 7-24

在舞台中选中"大山"实例,选择"窗口 | 动画预设"命令,打开"动画预设"面板,在面板中选取"从右边飞入"动画预设效果,点击"应用"按钮即可(图 7-25)。

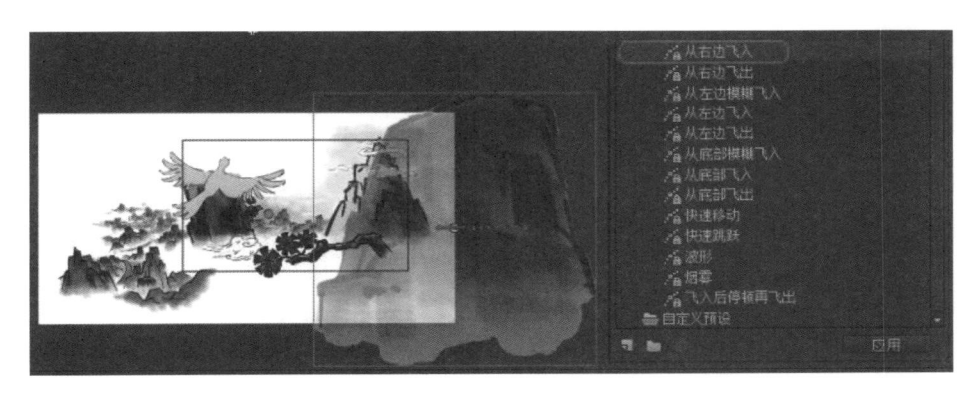

图 7-25

现在舞台上的大山从舞台右边进入到舞台,同时在时间轴的"山"图层中会自动地创建一段补间动画(图 7-26)。如果要更好的动画效果,点击第 132 帧按 F5 键插入帧,并将大山从左侧移出舞台(图 7-27)。

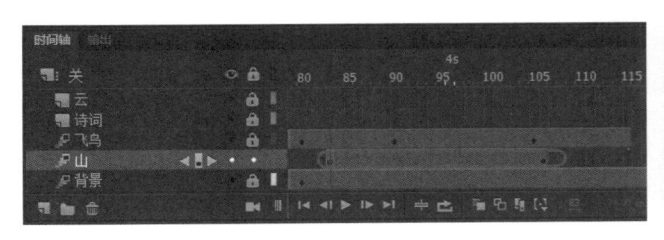

图 7-26

图 7-27

（三）创建动画预设

在"动画预设"面板中除了自带的预设动画外，用户还可以将创建的补间动画保存为动画预设。在制作动画时应用这些预设动画，可以大大地节省时间。

在舞台中选取要保存为自定义动画预设的实例、运动路径或在时间轴选取补间范围，点击"动画预设"面板中的"将选区另存为预设"按钮，或点击鼠标右键在打开的菜单中选取"另存为动画预设"命令。

在打开的"将预设另存为"窗口中为新建的预设输入名称"飞翔"，点击"确定"按钮（图7-28），即可保存动画预设。这时在"动画预设"面板中的自定义预设文件夹中会显示已保存的动画（图7-29）。

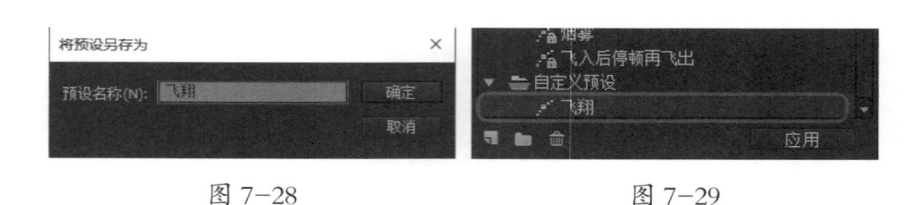

图 7-28　　　　　　　　图 7-29

（四）导入和导出预设

使用"动画预设"面板还可以导入和导出预设，这样用户之间就可以共享预设动画。

在"动画预设"面板"自定义预设"文件夹中选取预设，鼠标右键点击预设，打开的菜单中选择"导出"命令（图7-30），在打开的"另存为"窗口中输入导出的动画预设名称为飞翔，默认的保存文件格式为XML，选择保存的地址点击"保存"按钮，完成导出预设动画文件（图7-31）。

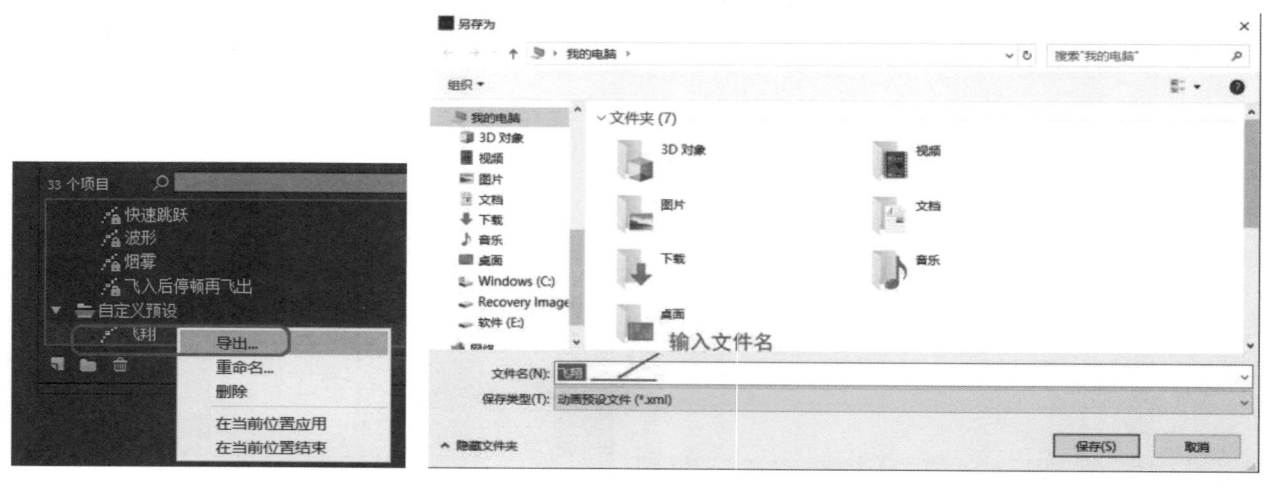

图 7-30　　　　　　　　图 7-31

导入预设动画，点击"动画预设"面板右上角的按钮，在打开的菜单中选取"导入"命令（图7-32），在打开的"导入动画预设"窗口中，找到要导入的预设动画文件，点击"打开"按钮（图7-33），被选取的预设动画将会导入到"动画预设"面板中。

图 7-32 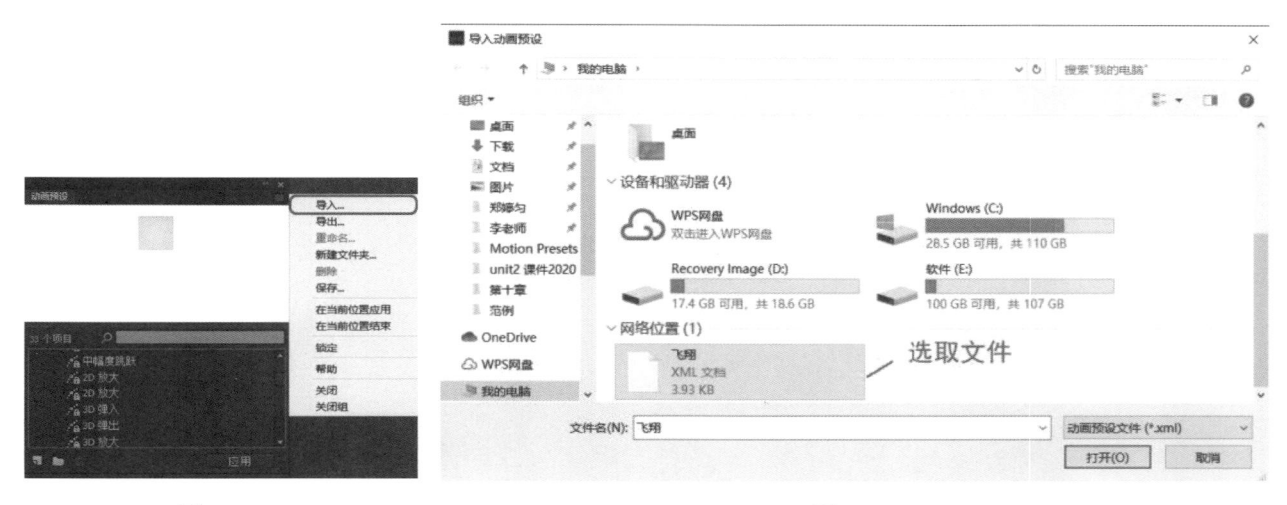　　　　　　　　　　　　　　　　图 7-33

四、淡出 / 化入效果

范例中云朵从左上角和右上角飞入舞台是一种平滑的淡入效果，同时完成动画与动画之间的过渡，仿佛是云渐渐地飞入，进而切换到一个新的动画画面。

（一）制作淡出的效果

淡出又称为渐隐，指画面由正常的光度，逐渐慢慢地变淡。

步骤 1. 在"时间轴"面板选取云 1 图层，点击第 300 帧按 F5 键插入帧，点击第 216 帧按 F6 键插入空白关键帧。

步骤 2. 将云 1 元件拖入到舞台的左上外侧，调整好位置。

步骤 3. 选取舞台左上外侧的云 1 实例，点击鼠标右键在打开菜单中选择"创建补间动画"命令，创建补间动画（图 7-34）。

步骤 4. 选取第 300 帧，制成从舞台飘过的动画。将云 1 实例拖移到舞台的右下外侧（图 7-35）。

图 7-34 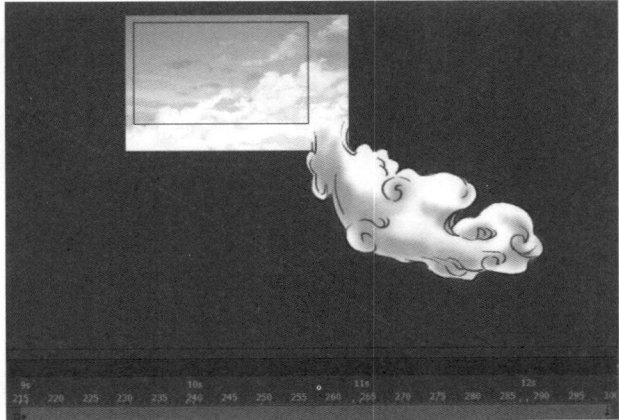　　　　　　　　　　　　　　　　图 7-35

步骤 5. 选取第 300 帧，在舞台中选取云 1 实例，在"属性"面板的"色彩效果"栏中设置样式为 Alpha，且将 Alpha 值调为 50%，此时"舞台"上的实例将会变成半透明状，仿佛云朵要消失了（图 7-36）。（制作淡出的效果）

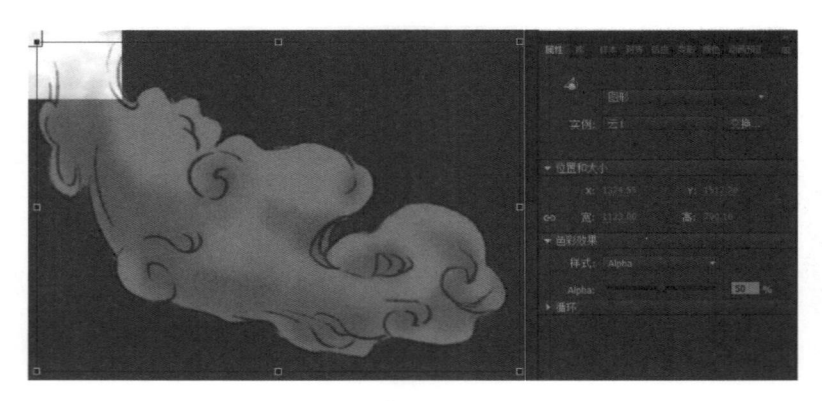

图 7-36

步骤 6. 按 Enter 键测试新动作的效果。

步骤 7. 在"时间轴"面板选取云图层，点击第 310 帧按 F5 键插入帧，点击第 225 帧按 F6 键插入空白关键帧。云图层后面的制作方法，与步骤 2 至步骤 5 相同。

（二）制作化入的效果

化入是指在前一个画面逐渐淡出的同时，下一个画面逐渐显示出来，在中间过程中两个画面相互叠化在一起，是一种画面内容更替的效果。

步骤 1. 在"时间轴"面板选取天空图层，点击第 714 帧按 F5 键插入帧，点击第 263 帧按 F6 键插入关键帧。

步骤 2. 将天空元件拖入到舞台，调整好位置（图 7-37）。点击鼠标右键在打开菜单中选择"创建补间动画"命令，创建补间动画。

步骤 3. 在"时间轴"面板点击第 270 帧，点击鼠标右键在打开的菜单中选择"插关键入帧 | 颜色"命令，创建属性关键帧（图 7-38）。

图 7-37 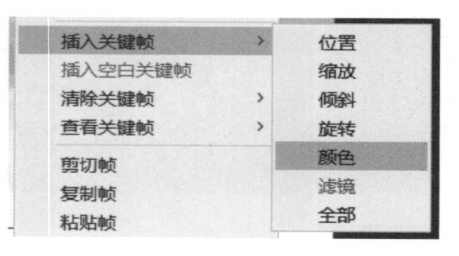   图 7-38

步骤 4. 在"时间轴"面板点击第 263 帧，在舞台中选取天空实例，在"属性"面板的"色彩效果"栏中设置样式为 Alpha 且将 Alpha 值调为 50%（图 7-39），此时"舞台"上的实例将会变成半透明状，仿佛天空快要消失了，背景的图片也渐渐出现（图 7-40）。（制作化入的效果）

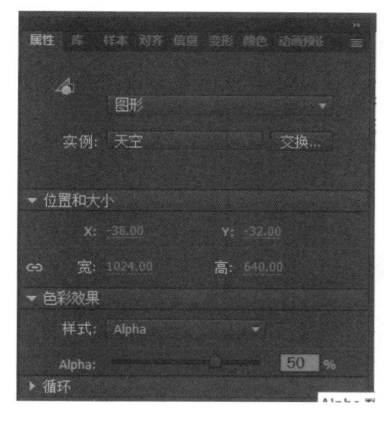

图 7-39 　　　　　　　　　　图 7-40

步骤 5. 选取第 271 帧，点击鼠标右键在打开菜单中选择"拆分动画"命令（图 7-41）。此时补间动画会被分成两段，一段从第 263 帧开始，另一段从第 271 帧开始（图 7-42）。

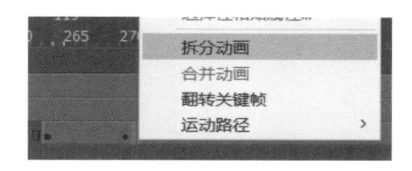

图 7-41 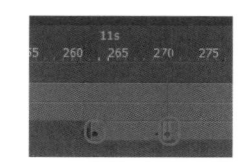　　　　图 7-42　拆分动画后的结果

步骤 6. 在第 271 帧处点击鼠标右键在打开菜单中选择"删除动作"命令（图 7-43）。天空图层从第 271 帧至最后一帧的补间动画被删除，转变为灰色的普通帧（图 7-44）。

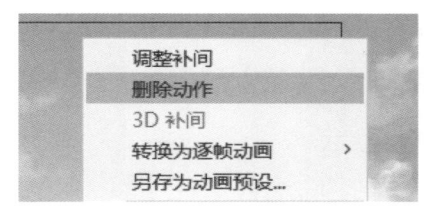

图 7-43 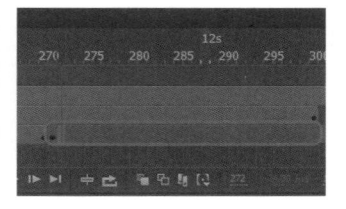　　　　图 7-44

步骤 7. 按 Enter 键测试新动作的效果。

第四节　使用动画编辑器编辑曲线

在 Animate 中除了可以通过修改运动曲线来编辑动画的运动路径外，还可以通过"动画编辑器"面板对补间属性及其属性关键帧进行精确的调整。创建完补间动画后，双击飞鸟图层补间范围内的任意帧，即可在"时间轴"面板中打开"动画编辑器"。动画编辑器将在网格上显示小鸟补间动画的属性曲线，该网格表示选定补间实例在时间轴上的各个帧（图7-45）。

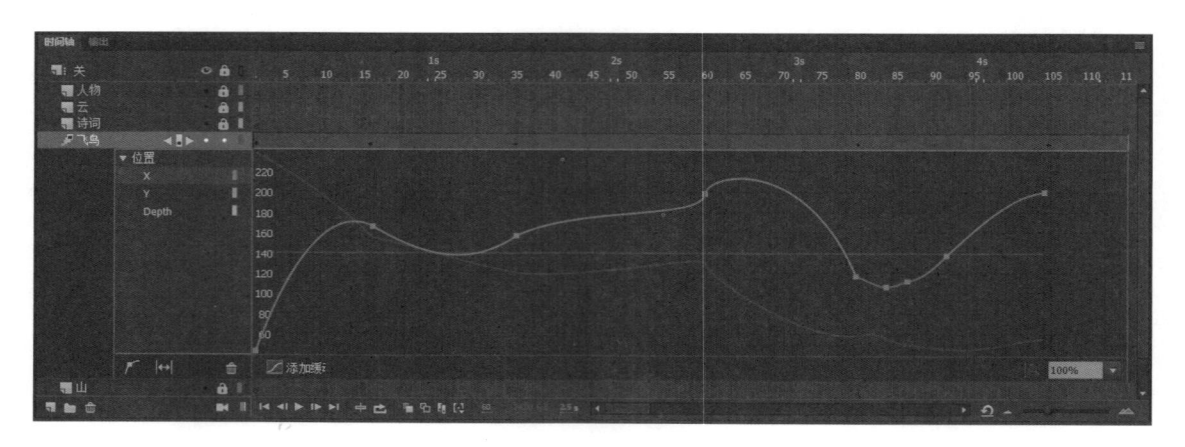

图 7-45

动画编辑器使用二维曲线图形表示补间的属性，这些曲线图形组合在动画编辑器的网格中。每个属性都有自己的属性曲线，X 横轴为时间，Y 纵轴为属性值的改变。

可以通过在动画编辑器中编辑 Y 属性曲线来操作补间动画。因此，动画编辑器使得属性曲线的编辑更为顺畅和容易，从而使用户可以对补间进行精确控制。

一、调节曲线的曲率

每一个补间范围内的属性关键帧在"动画编辑器"面板曲线图中都有其对应的锚点（图7-46），每个锚点都带有曲线方向控制杆，拖动控制杆可以改变该锚点的曲率。锚点和控制杆的操作与钢笔工具一样。

步骤1. 将播放头移动到第16属性关键帧，使用"部分选择工具"点击 Y 轴属性曲线上的锚点，该锚点处将出现曲线方向控制杆。

步骤2. 调节右曲线方向控制杆的点向上45°，属性曲线在第16帧处曲线弧度变大（图7-47），这使得小鸟进入舞台的飞翔效果更加的自然。

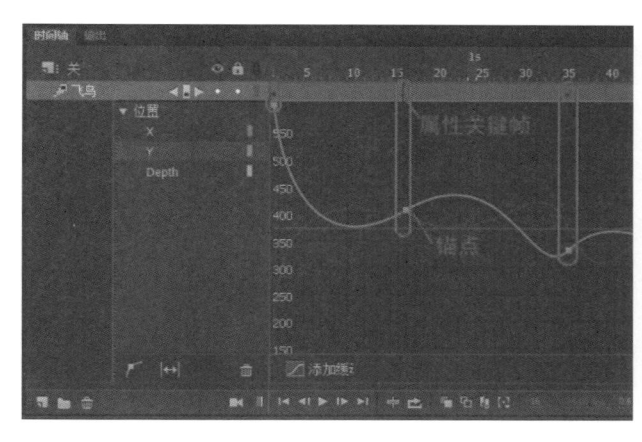

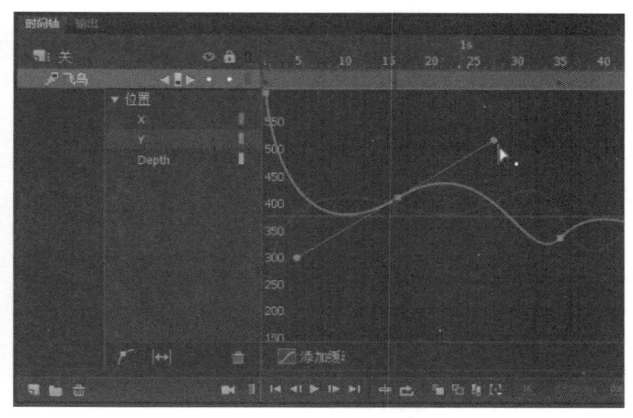

图 7-46　　　　　　　　　　　　　　　图 7-47

步骤 3. 按 Enter 键测试新动作的效果。

二、移动锚点

可以将补间范围内任何锚点沿 Y 纵轴上下移动到新的属性值，还可以沿着补间动画水平移动到新的时间点上（除了第一个锚点之外）。将锚点移动到新的时间点时，补间范围内对应的属性关键帧也会同时移动。

步骤 1. 播放头移动到第 35 属性关键帧，在"动画编辑器"面板选取对应的锚点。

步骤 2. 将锚点向上和向右移动至第 37 帧，同时第 35 属性关键帧移动到第 37 帧（图 7-48）。

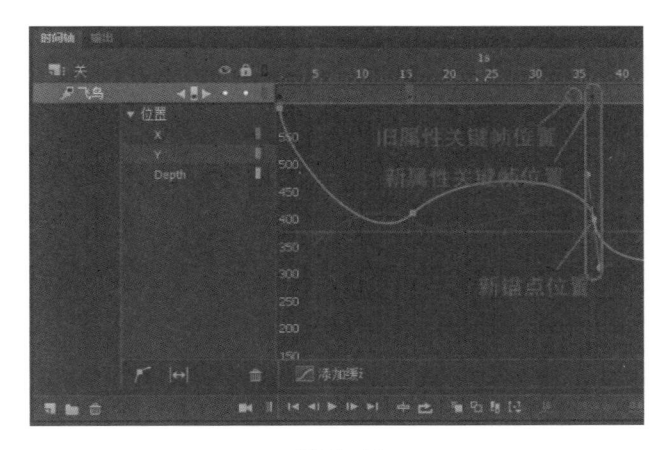

图 7-48

属性曲线变长，从而延长了该段补间效果，这会使得小鸟在舞台中飞翔效果更加的平滑。

三、添加锚点

可以在曲线上添加新锚点来改变补间动画的运动轨迹。

步骤 1. 在"动画编辑器"面板左下角点击添加锚点图标，确定 Y 轴属性曲线被选中，将光标移动到属性曲线上，当光标显示为 形状时，表示可以在属性曲线上添加锚点（图7-49）。

步骤2. 将播放头移动到第25属性帧，选取对应的曲线点，点击鼠标左键这时曲线上将添加一个新的锚点，同时在补间范围第25帧添加一个新的属性关键帧（图7-50）。

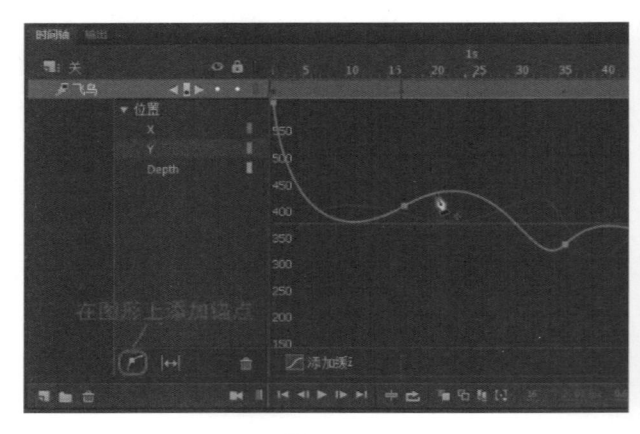

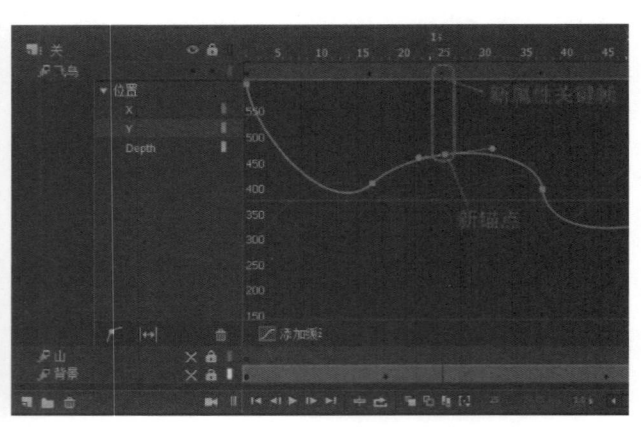

图7-49　　　　　　　　　　　图7-50

步骤3. 调节新锚点的曲线方向控制杆，增加动画的运动方向。

四、添加缓动

Animate在计算补间动画范围内的属性值时，每一帧的属性值都是相同的。使用缓动可以调节每个属性值，从而实现更加自然复杂的动画。

（一）添加新补间动画

新的补间动画将用于人物站立于大鸟身上，在天空中飞舞的动画效果，人物从舞台的右侧进入。

步骤1. 在"时间轴"面板选取人物图层，点击第714帧按F5键插入帧，点击第318帧按F6键插入空白关键帧。

步骤2. 在"库"面板中将人物元件拖入到舞台的右外侧（图7-51）。

图7-51

步骤3. 选取舞台右侧的人物实例，点击鼠标右键在打开菜单中选择"创建补间动画"命令，创建补间动画。

步骤4. 将播放头移动到第489帧，准备制作人物从右侧进入舞台的动画效果。

步骤5.使人物实例从右侧进入舞台，使用键盘上"向左方向键"水平方向移动人物进入舞台右侧的位置（图7-52）。从第318帧到第489帧创建补间动画。

图7-52

（二）添加缓入

动画编辑器提供了许多不同的缓动类型，下面我们通过人物实例来演示缓动补间动画的制作方法。

步骤1.双击人物图层补间范围内的任意帧，即可在"时间轴"面板中打开"动画编辑器"。"动画编辑器"面板打开显示了X轴和Y轴的属性曲线。X轴曲线属性向下倾斜，Y轴属性曲线为水平直线（图7-53）。

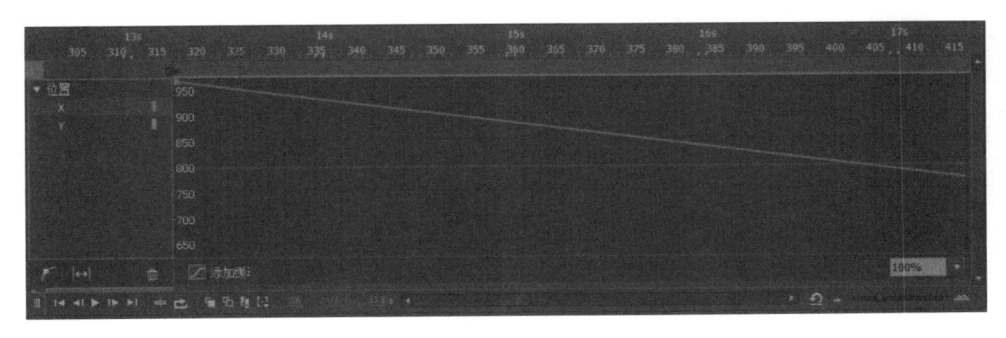

图7-53

步骤2.选取X轴属性曲线，在"动画编辑器"面板中点击左下角"为选定属性适用缓动"按钮。打开"缓动"面板，在默认状态下，所有的属性都是"无缓动"状态的（图7-54）。

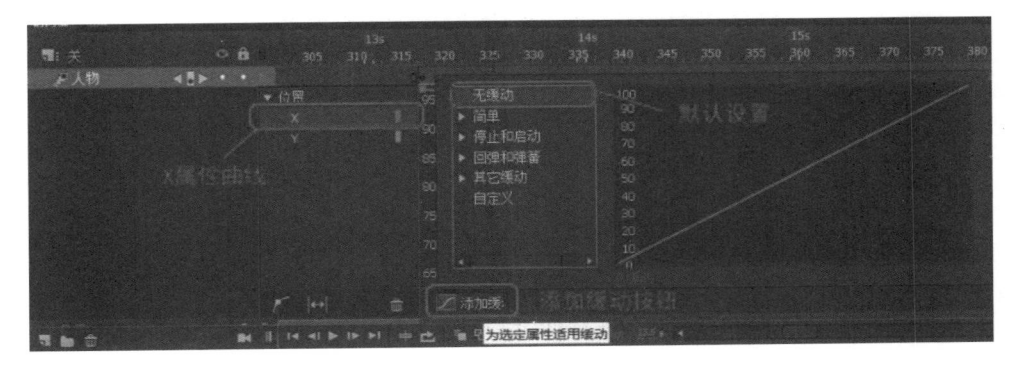

图7-54

Animate 案例教学动画制作

步骤 3."缓动"面板中选择"简单"类别,在打开的菜单中显示有慢速、中、快速和最快4种预设(图7-55)。该补间动画中,只有 X 轴位移有变化,我们将 X 轴属性的缓动设置为"简单 | 慢速"。预览动画,人物缓缓地从右匀速状态进入舞台。

图 7-55

"慢速"缓动的曲线接近直线,"中"缓动、"快速"缓动的曲线弧度相对要大一些,而"最快"缓动的曲线弧度更大(图7-56)。

"慢速"缓动曲线 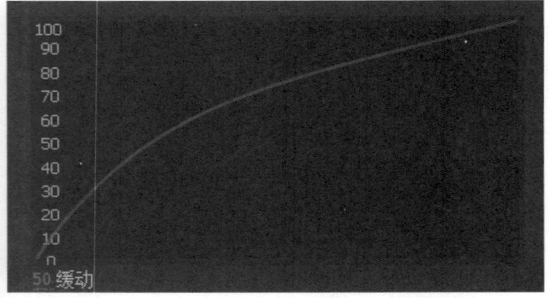　　　　　　　"最快"缓动曲线

图 7-56　曲线对比

步骤 4.在"缓动"面板左下角缓动值左右拖动鼠标,可以改变缓动值。当值为 0 至 100 之间时,从缓动曲线或是舞台上的运动路径都可以看出,人物是快速进入舞台。当值为 0～100 之间时,从缓动曲线和路径都显示人物以慢速进入舞台。预览动画,设置缓动值(图7-57)。

图 7-57

步骤 5. 回到舞台,开始编辑人物在天空中的一系列动画。在"时间轴"面板选取人物图层,点击第 515 帧、第 535 帧、第 555 帧移动人物在舞台中的位置(图 7-58)。

步骤 6. 在第 556 帧点击鼠标右键,在打开的菜单中选择"拆分动画"命令,点击第 600 帧使用任意变形工具 ,缩小人物(图 7-59)。

图 7-58　　　　　　　　　　　　　图 7-59

步骤 7. 在菜单栏选择"插入 | 新建元件"命令,创建图形新元件取名为"飞鸟",在打开的元件编辑窗口中使用"画笔工具(B)" 绘制飞鸟(图 7-60)。

步骤 8. 在"时间轴"面板点击新建图层 按钮,创建新图层取名为"飞鸟1",点击第 600 帧按 F6 键插入关键帧,保持第 600 帧为被选取状态,将飞鸟元件从"库"面板中拖入到舞台中人物下方(图 7-61)。

图 7-60　　　　　　　　　　　　　图 7-61

步骤 9. 在舞台中选取飞鸟实例,点击鼠标右键在打开菜单中选择"创建补间动画"命令,创建补间动画。

步骤 10. 将播放头移动到第 635 帧(图 7-62),在舞台中选取飞鸟实例,将飞鸟实例移动到舞台中心位置,并使用"任意变形工具",按比例缩小飞鸟实例(图 7-63)。

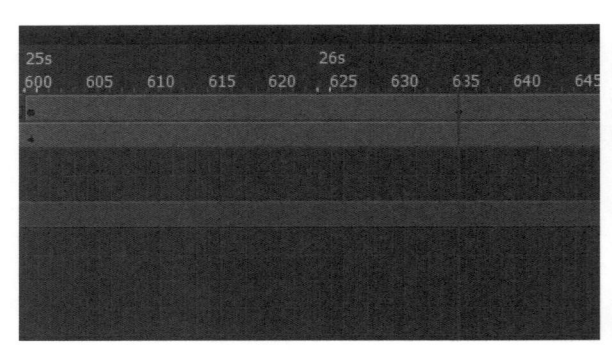

图 7-62　　　　　　　　　　　　　　图 7-63

步骤 11. 在舞台中选取人物实例，将人物实例移动到飞鸟的上方，并使用"任意变形工具"，按比例缩小人物实例（图 7-64）。

图 7-64

步骤 12. 在"时间轴"面板分别选取天空图层、人物图层和飞鸟 1 图层的第 734 帧，按 F5 键插入帧。

步骤 13. 使用 Enter 键测试新动画的效果，新动画中人物站立于大鸟身上，在天空中飞翔。

第五节　3D 旋转动画效果

本章范例是一个诗人站在山顶上欣赏日出吟诗的场景，因此需要在场景中添加古诗《望岳》。在动画中应用 3D 旋转工具制作三维效果的动画，这样会使得动画效果更加生动。

一、创建文本

Animate在文字处理方面有着出色的表现，功能强大可以制作出绚丽的文字动画。我们先使用"文本"工具完成古诗《望岳》的创建。

步骤1.在菜单栏选择"插入丨新建元件"命令，创建"影片剪辑"新元件取名为"古诗"。

步骤2."工具"面板中选取"文本工具" T ，在元件编辑窗口中光标显示形状时，点击鼠标左键不放拖动，得到一个虚线文本框（图7-65）。调整文本框的宽度，释放鼠标，得到文本输入框（图7-66）。

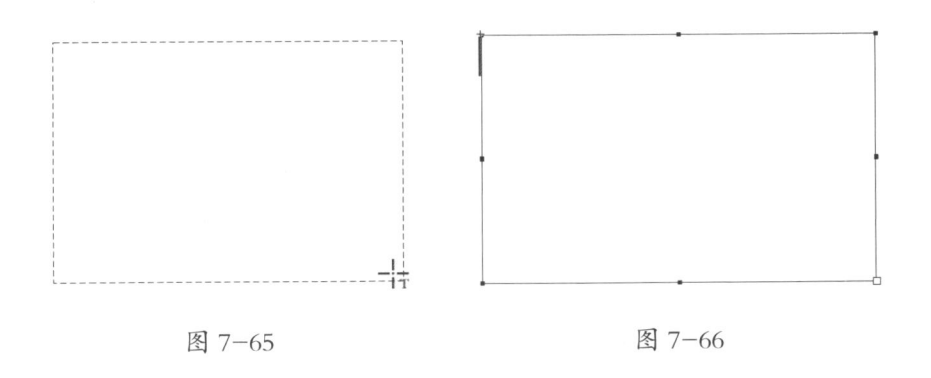

图 7-65　　　　　　　　　　图 7-66

步骤3.在"属性"面板字符栏中设置文本参数"系列"字体样式菜单中选择字体"微软雅黑"（图7-67），"样式"为"Bold"，"大小"为"30磅"，"颜色"为"黑色"（图7-68）。

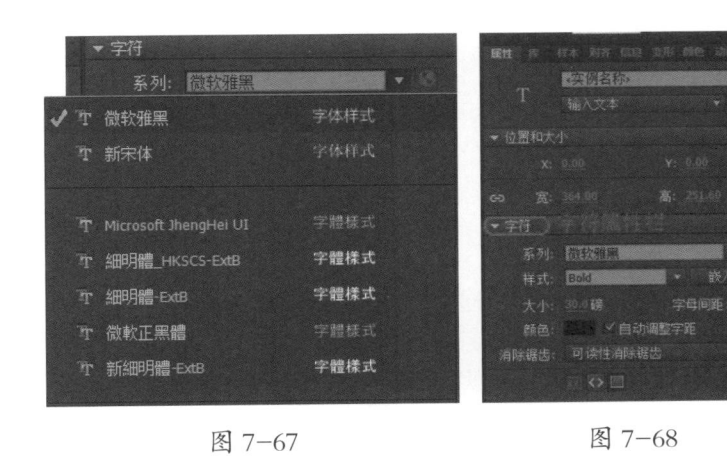

图 7-67　　　　　　　　　　图 7-68

步骤4.在文本框中输入古诗《望岳》，文字的数量到达文本框的边缘时将会自动换行（图7-69）。

步骤5.为了方便后期制作动画，需要打散文本，选择文本古诗《望岳》，使用快捷键Ctrl+B命令，此时文本只是文本分离状态，打散不够彻底（图7-70），需要使用快捷键Ctrl+B命令再次打散（图7-71）。完成古诗《望岳》的文字录入。

图 7-69　　　　　　　　图 7-70　分离　　　　　　　图 7-71　打散

二、添加新补间动画

创建新的补间动画用于展示诗人站在山顶上看日出时，远处地平线上缓缓升起的红日。

步骤 1. 在"时间轴"面板选取云 1 图层第 216 帧属性关键帧，按下 Shift 键的同时选取云图层第 318 帧。此时云 1 图层与云图层从第 216 帧至云图层第 318 帧被选取。在第 216 帧至云图层第 318 帧任意位置点击鼠标右键，在打开的菜单中选择"复制帧"命令，复制选取的帧（图 7-72）。

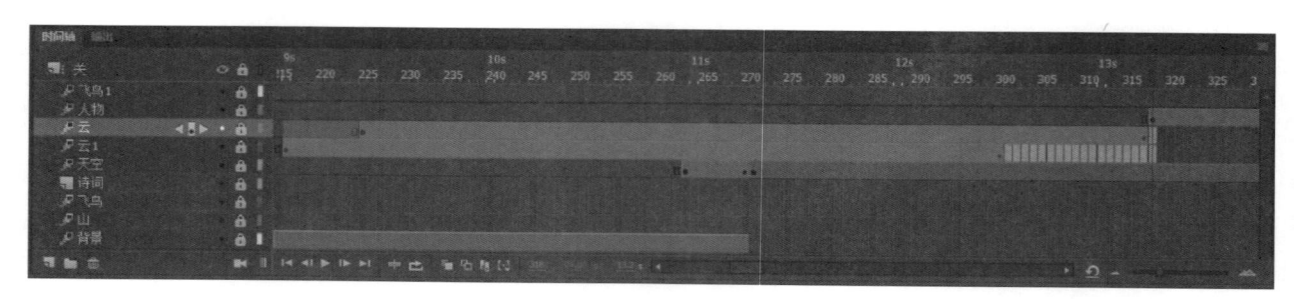

图 7-72

步骤 2. 在"时间轴"面板点击新建图层按钮，创建新图层"图层 1"，选取第 685 帧点击鼠标右键在打开的菜单中选择"粘贴"命令，此时 Animate 软件会将云 1 图层与云图层的帧粘贴过来，并创建重复的云 1 图层和云图层（图 7-73）。

图 7-73

步骤 3. 在"时间轴"面板点击新建图层按钮，创建日出图层、山顶图层和人物背图层（图 7-74），分别在第 795 帧按 F5 键插入帧，在第 735 帧按 F6 键插入关键帧（图 7-75）。

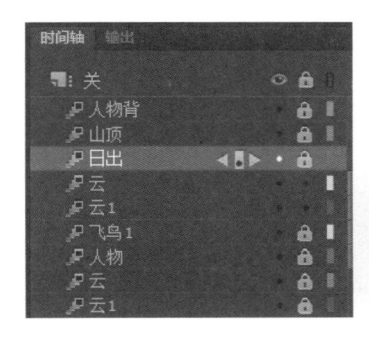

图 7-74 　　　　　　　　图 7-75

步骤 4. 选取日出图层第 735 帧，将日出元件拖入到舞台。选取山顶图层第 735 帧，将山顶元件拖入到舞台。选取人物背图层第 735 帧，将人物背元件拖入到舞台（图 7-76）。分别为三个图层创建补间动画。

步骤 5. 将播放头移动到第 795 帧，准备制作人物站在山顶观看日出的动画。

步骤 6. 在舞台中选取人物实例或山顶实例，使用键盘上的"向下方向键"将人物和山顶向下移出舞台（图 7-77）。

步骤 7. 在舞台中选取日出实例，使用"任意变形"工具，按比例放大日出实例，制作红日缓缓升起的动画（图 7-78）。

图 7-76 　　　　　　　　图 7-77 　　　　　　　　图 7-78

三、制作 3D 旋转动画

"3D 旋转"工具，仅仅对影片剪辑实例有效，可以在三维空间中任意旋转影片剪辑实例。

步骤 1. 选取"诗词"图层，同时鼠标左键不放，将"诗词"图层拖动到图层的顶部，在拖动的过程中会出现黑色"定位线"，拖动到正确位置后松开鼠标即可（图 7-79）。

步骤 2. 点击第 795 帧按 F5 键插入帧，在第 735 帧按 F6 键插入关键帧，将诗词影片剪辑元件从"库"面板中拖入到舞台外右上方，调整大小和位置，为其创建补间动画（图 7-80）。

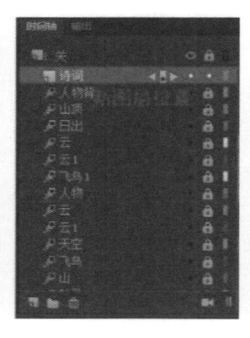

图 7-79　　　　　　　　　　　　　　　　　　图 7-80

步骤 3. 将播放头移动到第 735 帧，在"工具"面板中选择"3D 旋转"工具，并在"工具"面板底部取消选中"全局转换"，舞台中选取诗词实例，拖动自由旋转控件（外侧橙色圆圈）将诗词实例旋转，使其看上去消失，在"属性"面板"色彩效果"栏中修改"样式"为 Alpha，且其值为 0（图 7-81）。

图 7-81

步骤 4. 将播放头移动到第 795 帧，舞台中选取诗词实例移动到舞台的右上角，在"属性"面板"色彩效果"栏中修改"样式"为 Alpha，且其值为 70%，使用"3D 旋转"工具，拖动自由旋转控件（外侧橙色圆圈）将诗词实例旋转平铺显示（图 7-82）。

图 7-82

步骤 5. 使用 Ctrl+Enter 快捷键测试新动作的效果。

习题

1. 补间动画一切动作都是基于什么完成？

2. 补间动画和传统补间动画之间有什么差别？

3. 本章范例中背景不是静止的画面，而是一种位移放大的效果，导入范例中的水墨画、大山、大山2、天空与日出（图7-83）素材，运用补间动画创作补间位移放大效果动画。

4. 运用"3D旋转"工具创作3D旋转动画如图7-84。

5. 创作太阳从大海一边升起，从另一边落下。

6. 元件从可见到不可见的转变，是将Alpha值从多少调节到多少？

图 7-83

图 7-84

Animate 案例教学动画制作

第八章 制作形状补间动画和遮罩动画

▶【本章重点】

本章从形状补间动画基本概念入手，讲解补间动画的创建方法，学会应用"形状补间动画"，让图形的形变自然流畅。掌握遮罩图层动画的原理和制作方法，理解"遮罩图层"和"被遮罩图层"的关系。

▶【学习目的】

本章着重讲解 Animate 动画的形状补间动画和遮罩动画的制作过程，掌握两种动画的制作方法。

▶【本章案例介绍】

【范例】

本章的范例是中国神话故事西游记主角孙悟空的动画，孙悟空运用他的法术变变变。这段动画中主要涉及形状补间动画和遮罩动画的制作以及文字的制作。如图 8-1 范例所示。

图 8-1 齐天大圣变变变动画

学习之前，打开"第八章"/"范例"文件夹，点击变变变 .swf 文件，播放预览动画。

可以启动 Animate 软件打开动画的源文件进行预览，在菜单栏中选择"文件 | 打开"命令或按 Ctrl+O 快捷键，在打开的窗口中选择路径"第十一章"/"范例"文件夹中选取变变变 .fla 文件，点击"打

开"按钮（图8-2）。

图 8-2

第一节　认识形状补间动画

形状补间动画是 Animate 中一种常见的动画手法，是一种矢量图形状随着帧的运动转变为新形状的动画。形状补间动画制作，必须是矢量图形。矢量图形的绘制可以使用直线工具、铅笔工具、毛笔工具、钢笔工具和椭圆工具等绘图工具来完成。外部导入的图形在制作形状补间动画之前，要将其转换为矢量图，才能完成形状补间动画的制作。如果使用元件实例、文字、按钮制作形状补间动画，则先要将其"打散"再制作形状补间动画。

形状补间动画不仅仅可以实现图形形状的交换，还可以实现两个图形之间颜色、形状、大小、位置、透明度的相互变化。

形状补间动画建好后，时间帧面板的背景色变为绿色，在开始帧和结束帧之间有一个长长的箭头线（图8-3）。

图 8-3

第二节 创建新文件

1. 在菜单栏中，选择"文件｜新建"命令，在"新建文档"窗口中选择 ActionScript 3.0 类型，设置舞台的宽为 800px、高为 480px，帧频为 24fps，背景为白色，然后点击右下角"确定"按钮以创建一个新的 Animate 文档（图 8-4）。

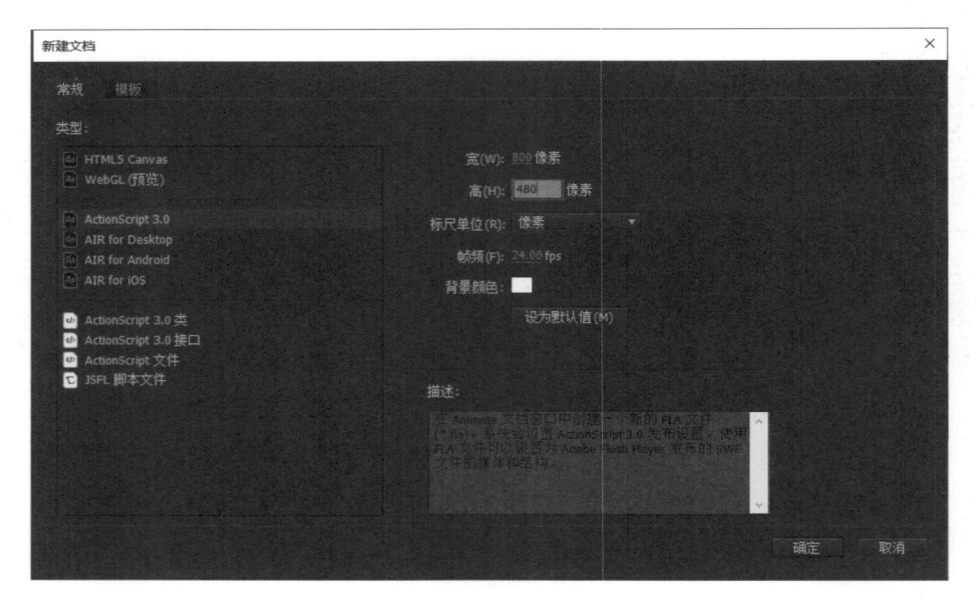

图 8-4

2. 选择菜单栏"文件｜保存"命令，把文件命名为"练习 1.fla"。将它保存在"第八章"/"范例"练习文件夹中。

第三节 制作形状补间动画

形状补间动画是通过给关键帧中绘制一个矢量图形状，并在另一个关键帧更改该矢量图或者绘制一个新的矢量图形状，然后，由 Animate 计算出两个关键帧之间的形状，创建变形动画。

一、巧用绘图工具创建形状补间动画

使用绘图工具绘制矢量图形，为创建形状补间动画做准备。

步骤 1. 在"时间轴"面板中选取"图 1"，将其重命名为"背景"，鼠标左键点击第 255 帧按 F5 键插入帧，将背景图形拖入到舞台，调整大小和位置，锁定该图层。

步骤2. 在"时间轴"面板点击新建图层■按钮,创建新的图层,取名为"变1"。

步骤3. 在"变1"图层选取第15帧,按F6键插入关键帧。选取第1帧,在"工具"面板中选取"画笔工具(B)"，打开"颜色"面板在颜色类型栏中选取"径向渐变",设置渐变条颜色为白色#FFFFFF,红色#FF0000(图8-5),在舞台绘画桃子,设置颜色为绿色#009900,在舞台绘画桃叶(图8-6)。

步骤4. 在舞台中选取仙桃矢量图形,打开"属性"面板在位置和大小栏中设置,X为79,Y为15,宽为102,高为89。

图 8-5 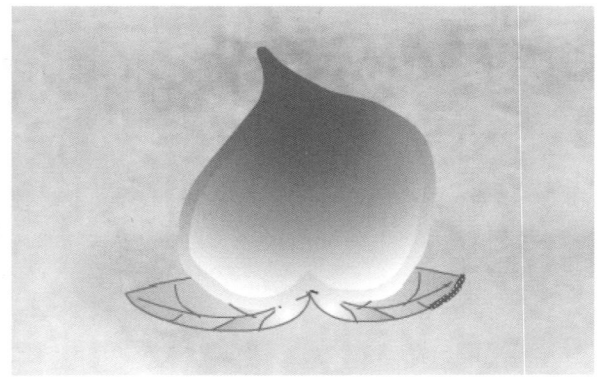   图 8-6

步骤5. 选取第15帧,在"工具"面板中选取"文本工具"，在"属性"面板"字符"栏中设置"系列"字体为微软雅黑,"样式"为Bold,"大小"为75磅,"颜色"为红色#FF0000(图8-7)。

步骤6. 在舞台中拖出文本框,输入文本"变",为后期制作的动画,需要打散文本,选择文本"变",使用快捷键Ctrl+B命令,打散文本(图8-8)。

步骤7. 在舞台中选取变字,打开"属性"面板在位置和大小栏中设置,宽为73,高为73,X为79,Y为15。

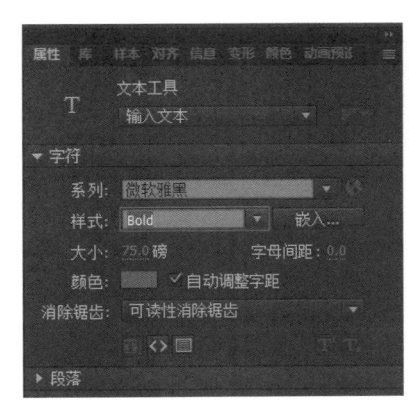

图 8-7    图 8-8

步骤8. 在第1关键帧和第15关键帧之间的任意一帧上点击鼠标右键,在打开的菜单中选择"创建补间形状"(图8-9)或者选择菜单栏"插入 | 创建补间形状"命令,创建补间形状动画。此时

帧的背景色变为绿色，在开始关键帧和结束帧之间有一个长长的箭头线（图 8-10）。这表示创建形状补间动画成功。

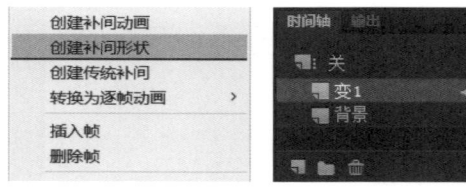

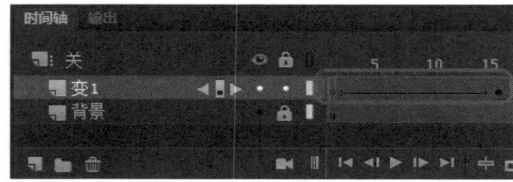

图 8-9　　　　　　　　图 8-10

步骤 9. 按 Enter 键测试新动画的效果，可以从图 8-11 看出"仙桃"形变过程，是如何变成了红色的"变"字。

图 8-11

步骤 10. 选取变 1 图层第 1 帧，在舞台中选取仙桃矢量图形，图形上方点击鼠标右键，打开的菜单中选取"复制"命令或按 Ctrl+C 快捷键复制仙桃矢量图形（图 8-12）。

步骤 11. 在"时间轴"面板点击新建图层按钮，创建新的图层"图层 3"和"图层 4"，分别重命名为"变 2"和"变 3"（图 8-13）。

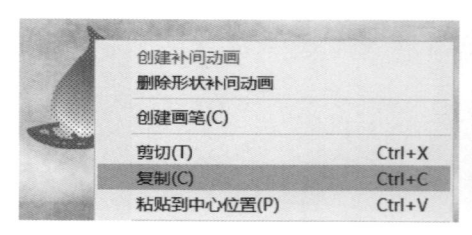

图 8-12　　　　　　　　图 8-13

步骤 12. 选取变 2 图层，点击第 21 帧，按 F6 键插入关键帧。点击第 1 帧，在舞台中按快捷键 Ctrl+V 粘贴仙桃图形，在"属性"面板位置和大小栏中设置，X 为 79，Y 为 125。点击第 5 帧，按 F6 键插入关键帧。

步骤 13. 选取第 21 帧，在"工具"面板中选取"文本工具"，在"属性"面板"字符"栏中设置"系列"字体为楷体，"样式"为 Bold，"大小"为 75 磅，"颜色"为黄色 #FFFF00。

步骤 14. 在舞台中拖出文本框，输入文本"变"字，为后期制作的动画，使用快捷键 Ctrl+B 命令，打散文本。在"属性"面板位置和大小栏中设置，X 为 79，Y 为 125。

步骤 15. 在变 2 图层的第 5 关键帧和第 21 关键帧之间的任意一帧上点击鼠标右键，在打开的菜单中选择"创建补间形状"命令，创建补间动画。

步骤 16. 选取变 3 图层，点击第 26 帧，按 F6 键插入关键帧。点击第 1 帧，在舞台中按快捷键 Ctrl+V 粘贴仙桃图形，在"属性"面板位置和大小栏中设置，X 为 79，Y 为 236。点击第 10 帧，按 F6 键插入关键帧。

步骤 17. 选取第 26 帧，在"工具"面板中选取"文本工具"，在"属性"面板"字符"栏中设置"系列"字体为方正粗黑宋简体，"样式"为 Bold，"大小"为 75 磅，"颜色"为蓝色 #0000FF。

步骤 18. 在舞台中拖出文本框，输入文本"变"字，为后期制作的动画，使用快捷键 Ctrl+B 命令，打散文本。在"属性"面板位置和大小栏中设置，X 为 79，Y 为 236。

步骤 19. 在变 3 图层的第 10 关键帧和第 26 关键帧之间的任意一帧上点击鼠标右键，在打开的菜单中选择"创建补间形状"命令，创建形状补间动画。

步骤 20. 按 Enter 键测试新动画的效果，从动画中看到 3 颗"仙桃"分先后的顺序形变为"变"字（图 8-14）。

图 8-14

二、导入位图创建形状补间动画

创建形状补间动画还可以从外部导入位图进行制作，"库"面板中已经导入了图形素材（图 8-15）。

步骤 1. 在"时间轴"面板中点击新建图层按钮，创建新的图层取名为"变变变"，同时锁定除"变变变"图层之外的图层，防止在制作形状补间动画时的误操作（图 8-16）。

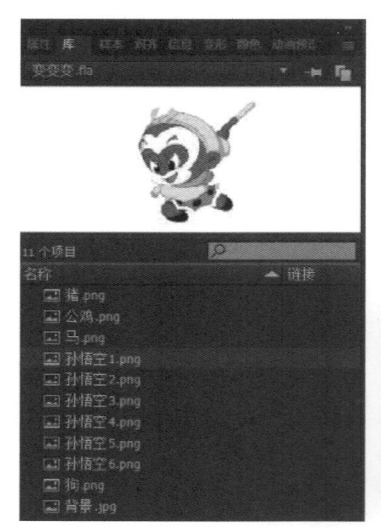

图 8-15　　　　　　　图 8-16

步骤 2. 在"变变变"图层点击第 1 帧，将孙悟空 1 图形从"库"面板中拖入到舞台。

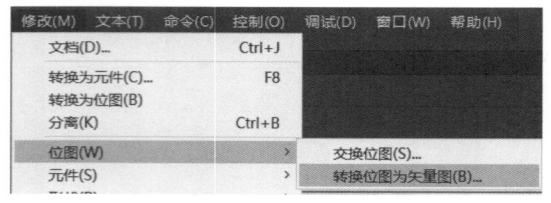

图 8-17　　　　　　　图 8-18

步骤 3. 外部导入的图形在制作形状补间动画之前，要将其转换为矢量图，在舞台选取孙悟空图形（图 8-17），在菜单栏中选择"修改｜位图｜转换位图为矢量图"命令（图 8-18），在打开"转换位图为矢量图"窗口中点击"确定"按钮即可（图 8-19）。此时，Animate 会自动将位图转换为矢量图（图 8-20）。

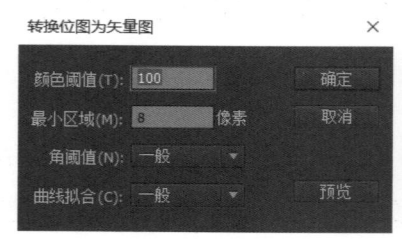

图 8-19　　　　　　　图 8-20

步骤 4. 在舞台中选取孙悟空图形，在"属性"面板位置和大小栏中设置参数，宽为 203，高为 220，X 为 305，Y 为 245，设置孙悟空图形在舞台中的大小和位置。

步骤 5. 选取第 16 帧按 F6 键插入关键帧，鼠标右键点击第 46 帧，在打开的菜单中选择"转换为空白关键帧"命令，将第 46 帧转换为空白关键帧（图 8-21）。

步骤6. 保持第46帧被选取,将公鸡图形从"库"面板中拖入到舞台,同时转换位图为矢量图。

步骤7. 选取公鸡图形,在"属性"面板位置和大小栏中设置参数,宽为203,高为220,X为305,Y为245,设置公鸡图形在舞台中的大小和位置(图8-22)。

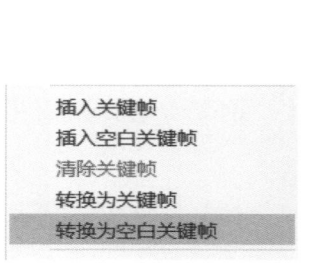

图 8-21   图 8-22

步骤8. 在第16关键帧和第41关键帧之间的任意一帧上点击鼠标右键,在打开的菜单中选择"创建补间形状"命令,创建形状补间动画。

步骤9. 按Enter键测试新动画的效果。

重复步骤2至步骤8的操作方法,完成孙悟空变变变动画的制作,直至将导入的素材图形全部安插在"变变变"图层中。

测试新的动画,在动画中孙悟空一会儿变为大公鸡,一会儿变为小猪等动物,整个过程实现了形变动画效果(图8-23)。

图 8-23

第四节　认识遮罩层动画

遮罩动画是 Animate 中的一个重要的动画类型，很多效果丰富的动画都是通过遮罩动画来完成的。

遮罩动画的原理是，能够透过"遮罩层"中的对象形状，看到"被遮罩层"中的内容。将遮罩层上的对象形状看成是一个"窗口"，导出动画后，只显示"窗口"内的内容，其他不在"窗口"内的内容将不会显示。如图 8-24 所示。

图 8-24

第五节　制作遮罩动画

遮罩动画至少由 2 个图层组成，其中一个为"遮罩图层"，另一个图层为"被遮罩图层"。遮罩图层和被遮罩图层可以用图层前面的图标来区分（图 8-25）。

图 8-25

一、创建遮罩层动画

通过遮罩图层对象形状区域可以看到被遮罩图层的内容。遮罩图层中的对象可以是矢量图、文字、实例等。

步骤 1. 在"时间轴"面板点击新建图层█按钮，创建新的图层取名为被遮罩图层。

步骤 2. 将"库"面板中的"孙悟空 1"图形拖入舞台，选取孙悟空图形，在菜单栏中选择"修改 | 位图 | 转换位图为矢量图"命令，将位图转换为矢量图。

步骤 3. 在"属性"面板位置和大小栏中，设置"孙悟空 1"图形的大小，宽为 66，高为 78，设置"孙悟空 1"图形在舞台中的位置，X 为 251，Y 为 17。

步骤 4. 将"孙悟空 2"图形拖入舞台，同时转换位图为矢量图，设置"孙悟空 2"图形在舞台的大小和位置，宽为 72，高为 78，X 为 325，Y 为 17。

步骤 5. 将"孙悟空 3"图形拖入舞台，同时转换位图为矢量图，设置"孙悟空 3"图形在舞台的大小和位置，宽为 72，高为 78，X 为 391，Y 为 17。

步骤 6. 将"孙悟空 4"图形拖入舞台，同时转换位图为矢量图，设置"孙悟空 4"图形在舞台的大小和位置，宽为 72，高为 78，X 为 460，Y 为 17。

步骤 7. 将"孙悟空 5"图形拖入舞台，同时转换位图为矢量图，设置"孙悟空 5"图形在舞台的大小和位置，宽为 72，高为 78，X 为 530，Y 为 17。

步骤 8. 将"孙悟空 6"图形拖入舞台，同时转换位图为矢量图，设置"孙悟空 6"图形在舞台的大小和位置，宽为 66，高为 78，X 为 602，Y 为 17。

完成被遮罩图层的制作，在舞台中能见到一排不同动作的孙悟空（图 8-26）。

图 8-26

步骤 1. 在"时间轴"面板点击新建图层按钮，创建新的图层取名为遮罩图层。

步骤 2. 选取"遮罩图层"的第 1 帧，在"工具"面板中选择"多角星形工具"，设置填充色为红色 #FF0000，笔触色为无（图 8-27）。在"属性"面板工具设置栏中点击"选项"按钮，在打开"工具设置"窗口中，设置"样式"为星形，"边数"为 8（图 8-28）。

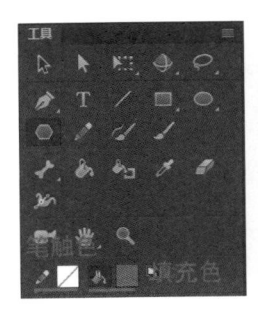

图 8-27 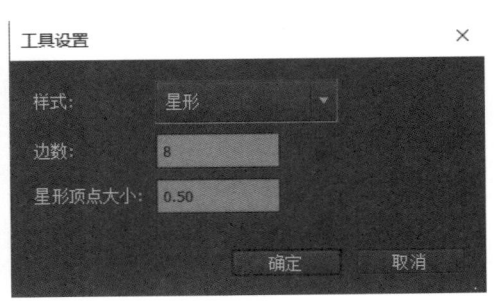   图 8-28

Animate 案例教学动画制作

步骤 3. 选择"遮罩层"图层第 1 帧，在舞台中绘制一个星形图案，使用"任意变形工具"调整该图形的大小，调整至孙悟空组图的上方位置（图 8-29）。

步骤 4. 在"遮罩层"图层选取第 50 帧按 F6 键插入关键帧，在舞台中选取星形图形，使用"任意变形工具"放大该图形（图 8-30）。

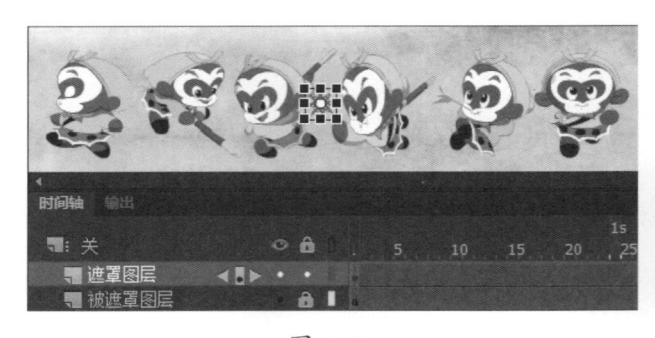

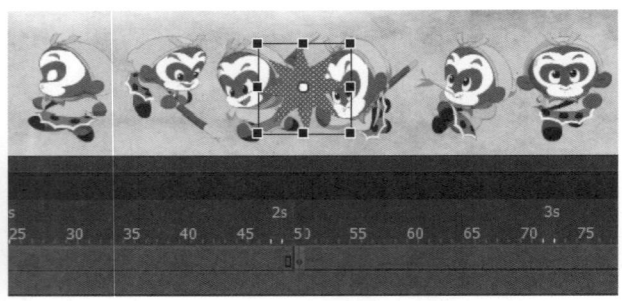

图 8-29   图 8-30

步骤 5. 在该图层第 120 帧位置，点击鼠标右键，在打开的菜单中选择"转换为空白关键帧"（图 8-31）。

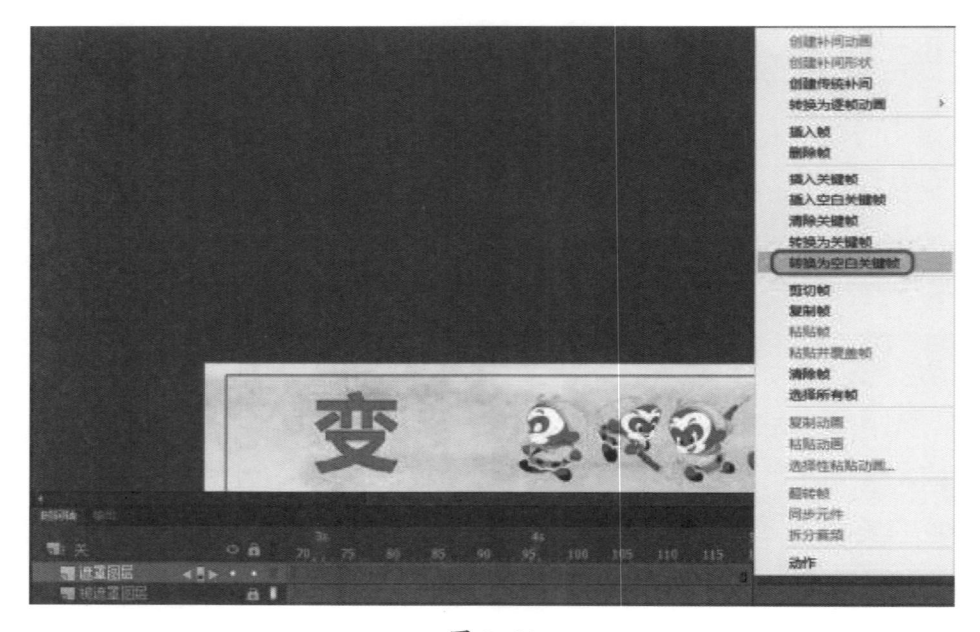

图 8-31

步骤 6. 保持第 120 帧被选取状态，在"工具"面板中选择"椭圆形工具"，设置填充色为红色 #FF0000，笔触色为无。在舞台中绘制一个椭圆形。

步骤 7. 使用"任意变形工具"放大该图形，调整该图形的位置于孙悟空组图的上方（图 8-32）。

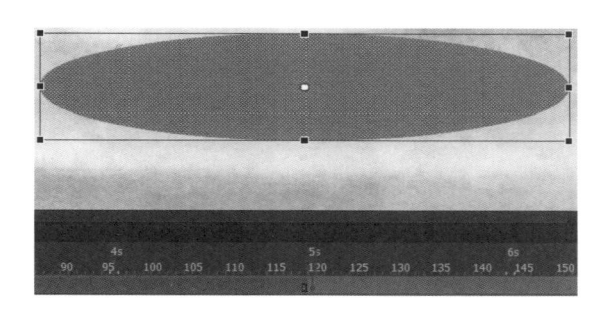

图 8-32

步骤 8. 选取第 1 至 50 帧中的任意一帧，选择菜单栏"插入｜创建补间形状"命令，创建补间形状动画。

步骤 9. 使用相同的方法在第 50 至 120 帧之间创建补间形状动画。

步骤 10. 在"遮罩图层"名称位置，点击鼠标右键，在打开的菜单中选择"遮罩层"命令（图 8-33），创建遮罩图层。此时"遮罩图层"转换为了遮罩层，"被遮罩图层"转换为遮罩层的下属图层（图 8-34）。

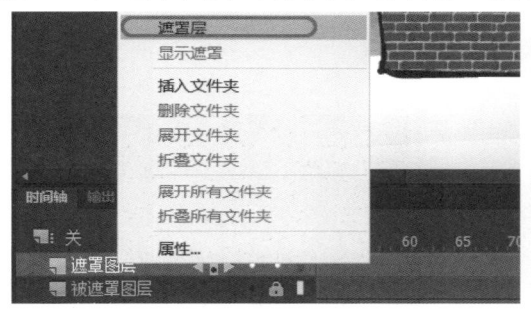

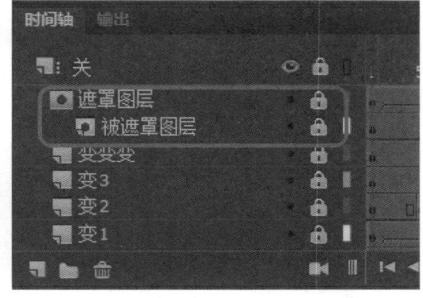

图 8-33　　　　　　　　　　图 8-34

步骤 11. 按 Enter 键测试预览动画，发现孙悟空组图是逐渐显示出来的。

二、创建被遮罩层动画

被遮罩图层位于遮罩图层的下方，被遮罩图层的内容可以通过遮罩图层上的对象形状区域显示出来。创建被遮罩图层的具体操作步骤如下：

步骤 1. 在菜单栏选择"文件｜导入｜导入到库"命令，在"导入到库"窗口中，选择路径"第十一章"/"资源"/"素材"文件夹中的遮罩.jpg 文件，单击"打开"按钮导入所选的 jpg 图片到"库"面板中。

步骤 2. "时间轴"面板点击新建图层按钮，创建新的图层取名为被遮罩图层 2。

步骤 3. 在"库"面板中选取"遮罩"图形，将其拖入到舞台中，打开"属性"面板在位置和大小栏中设置图形的大小和位置，宽为 342，高为 480，X 为 458，Y 为 -189。

步骤 4. 舞台中选取"遮罩"图形，在菜单栏中选择"修改｜转换为元件"（图 8-35），在打开的"转换为元件"窗口中"名称"设置为"遮罩"，"类型"设置为"图形"（图 8-36）。

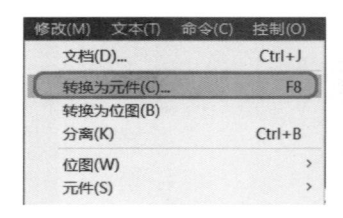

图 8-35 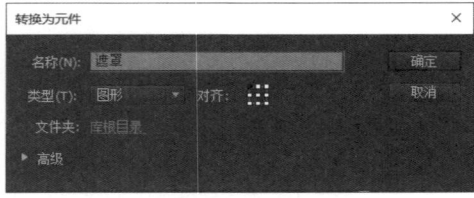　　　　　　　　　图 8-36

步骤 5. 选取该图层第 1 帧点击鼠标右键，在打开的菜单中选择"创建补间动画"（图 8-37）。

步骤 6. 将播放头移到第 241 帧，舞台中选取"遮罩"实例，在"属性"面板位置和大小栏中设置图形的位置，Y 为 0（图 8-38）。

图 8-37 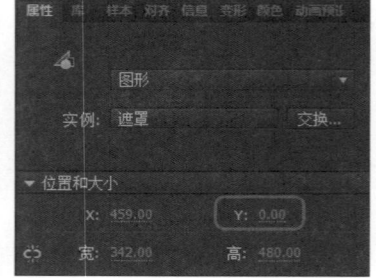　　　　　　　　　图 8-38

步骤 7. 在"时间轴"面板中点击新建图层按钮，创建新的图层取名为遮罩图层 2。

步骤 8. 选取第 1 帧，在"工具"面板中选取"矩形工具"，设置填充色为白色 #FFFFFF，笔触色为"无"，在"属性"面板矩形选项栏中设置"矩形圆角半径"为 50（图 8-39），在舞台中绘制一个矩形（图 8-40）。

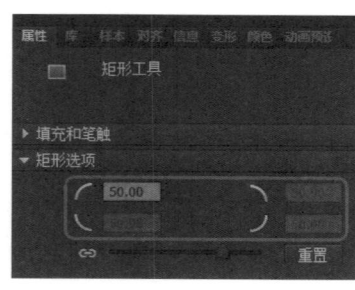

图 8-39 　　　　　　　　　图 8-40

步骤 9. 在"遮罩图层 2"名称位置，点击鼠标右键，在打开的菜单中选择"遮罩层"命令，创建遮罩图层。此时"遮罩图层2"和"被遮罩图层2"同时被锁定（图8-41），被遮罩层动画创建完成。预览就会看见祥云在矩形框中向下飘动（图8-42）。

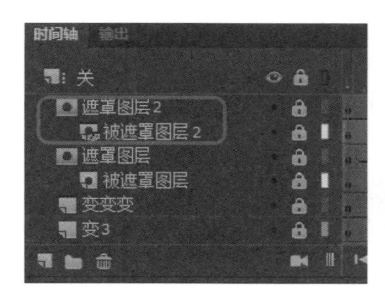

图 8-41　　　　　　　　　　图 8-42

步骤10.在"时间轴"面板中点击新建图层按钮，创建新的图层取名为"字幕"。

步骤11.选取字幕图层第1帧，在"工具"面板中选取"文本工具"，在"属性"面板"字符"栏中设置"系列"字体为汉仪乐喵体简，"大小"为50磅，"颜色"为黑色#000000。

步骤12.在舞台中拖出文本框，输入文本"齐天大圣"，为后期制作的动画需要打散文本，按Ctrl+B快捷键，第一次是分离字（图8-43），再按Ctrl+B快捷键打散文本（图8-44）。

图 8-43　　　　　　　　　　图 8-44

步骤13.完成动画的制作，按Ctrl+Enter快捷键测试动画的效果。

习题

1. 形状补间创作孙悟空七十二变的动画。
2. 形状补间的特点是什么？
3. 遮罩动画至少由几个图层组成？其中包含哪两个图层？
4. 遮罩动画的特点是什么？
5. 运用遮罩动画原理，创作放大镜效果的动画。

第九章 创建骨骼动画

▶【本章重点】

本章从学习骨骼工具 入手，掌握骨骼工具创建动画的方法，使用骨骼工具能更加方便地创建自然运动。例如人和动物的行走、跑步、挥手和腿部等动作的动画。

▶【学习目的】

本章着重讲解 Animate 动画的骨骼工具 制作动画过程，掌握向元件添加骨骼和向形状添加骨骼的方法。

▶【本章案例介绍】

【范例】

本章的范例是教室中老师挥舞着教棒上课的场景，墙上时钟中一个时间小人不停地行走着。这段动画中主要涉及向元件添加骨骼动画和向形状中添加骨骼动画的操作。如图 9-1 范例所示。

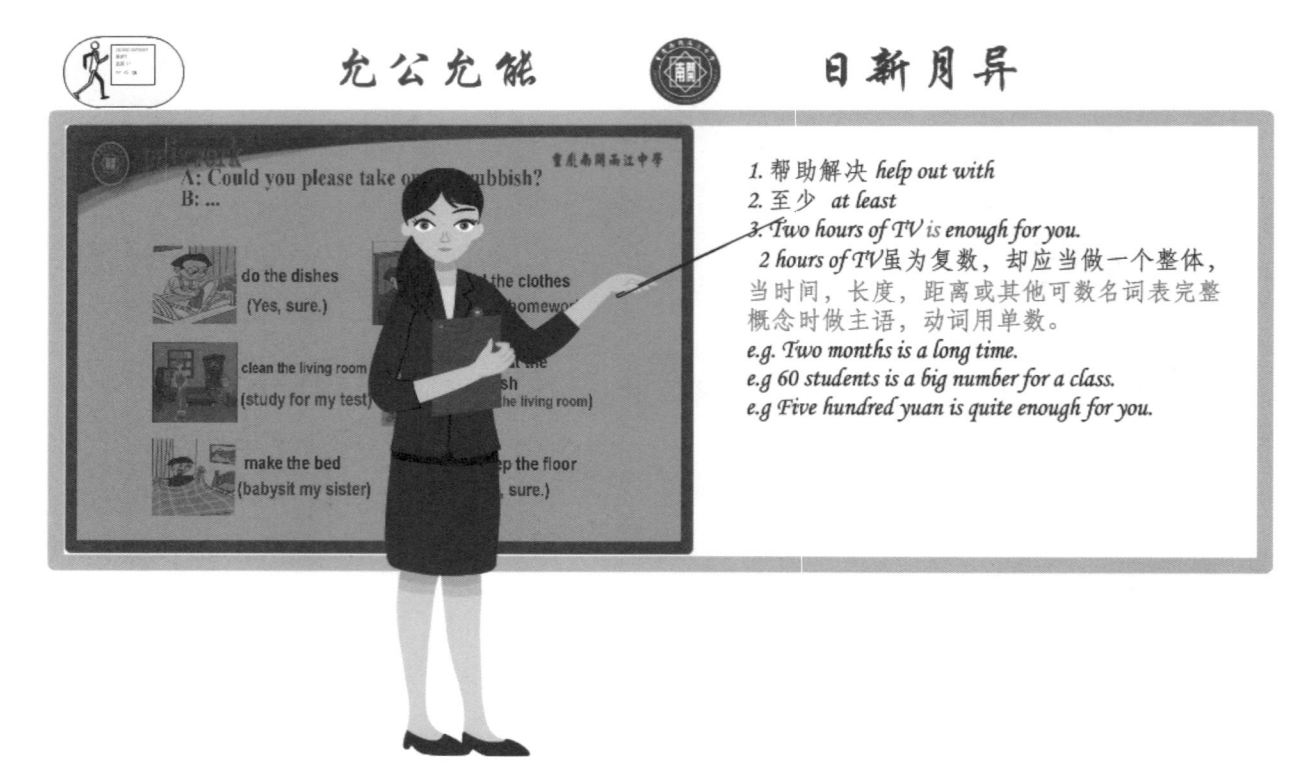

图 9-1 课堂

学习之前，打开"第九章"/"范例"文件夹，点击骨骼动画.swf 文件，播放预览动画。

可以启动 Animate 软件打开动画的源文件进行预览，在菜单栏中选择"文件 | 打开"命令或按 Ctrl+O 快捷键，在打开的窗口中选择路径"第九章 / 范例"文件夹中选取骨骼动画 .fla 文件，点击"打开"按钮（图 9-2）。

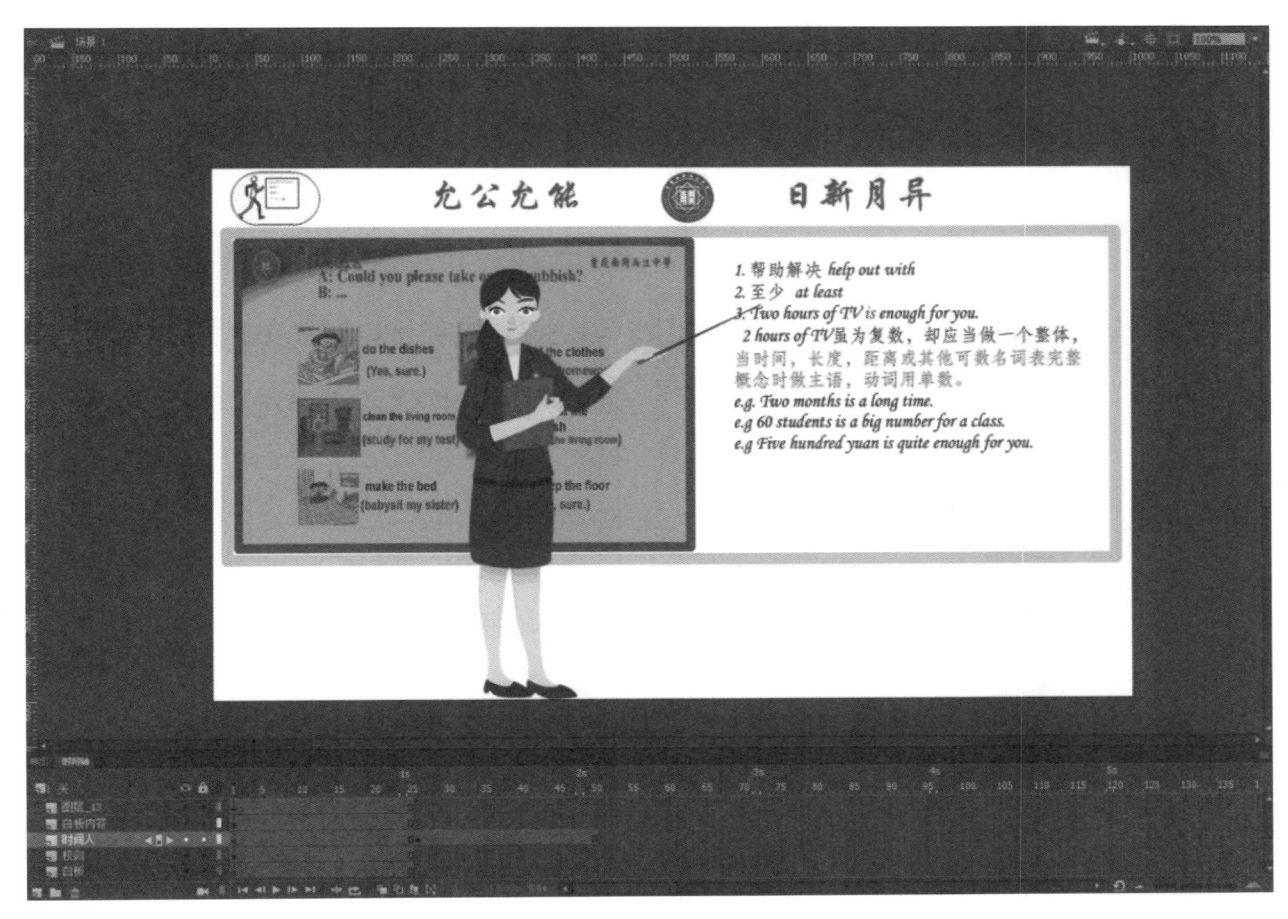

图 9-2

■■■ 第一节　认识骨骼动画 ■■■

在 Animate 软件中骨骼动画是一种依靠运动学原理应用于电脑动画的技术。骨骼动画是模拟人物、动物和机械的复杂运动，使动画中的动作更加逼真自然，符合真实的效果。

在学习骨骼动画之前，首先要了解正向运动学和反向运动学。

一、正向运动学

正向运动学（Forward Kinematics，简称 FK），指的是对于有层级关系的对象来说，子对象跟随父对象的运动规律。以矢量图老师为例,在人物中,手膀为父对象,手臂和手为子对象(图9-3)。

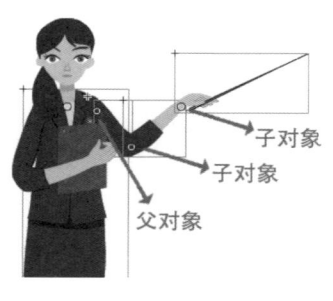

图 9-3

在正向运动时,父对象的动作将影响到子对象,子对象保持与父对象一致的动作方向(图9-4)。

而在正向运动中,子对象的运动将不会对父对象造成任何影响,无论子对象如何移动,父对象都保持不变(图9-5)。

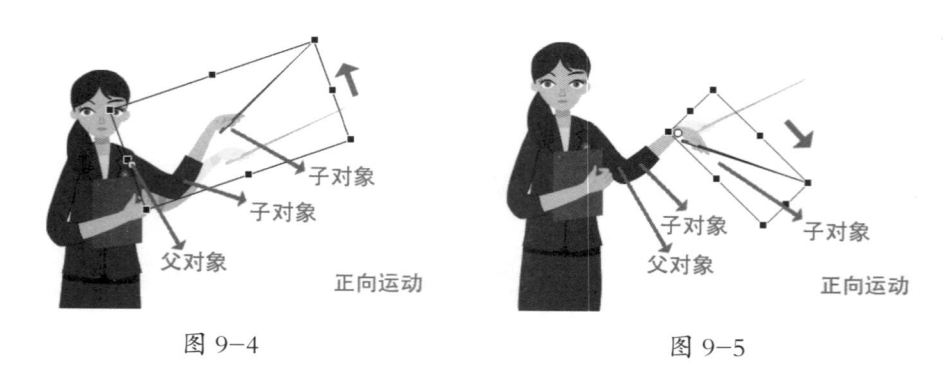

图 9-4

图 9-5

提示:由于正向运动的制作十分简单,因此Animate并没有设计正向运动动画工具。正向运动的制作只要运用好时间轴,使用"任意变形工具"改变舞台中实例的方向就能完成。

当对父对象进行移动时,子对象也会同时随着移动。而子对象移动时,父对象不会产生移动。由此可见,正向运动中的动作是向下传递的。

二、反向运动学

反向运动学(Inverse Kinematics,简称IK),与正向运动学不同,反向运动学中需要在子对象和父对象之间建立连接,Animate软件会在子对象和父对象上添加一种算法,从而使父对象能够随着子对象的动作而进行相反方向的动作,动作传递是双向的(图9-6)。

当父对象进行位移、旋转或缩放等动作时,正向运动和反向运动是完全相同的,其子对象会受到这些动作的影响。然而在子对象运动时,正向运动与反向运动则完全相反,反向运动将会影响到父对象。

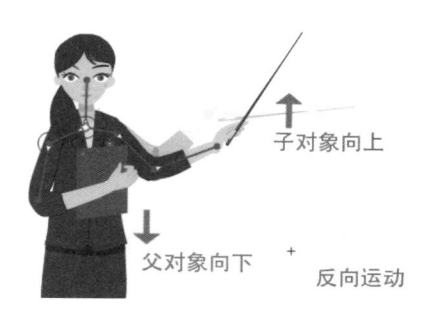

图 9-6

反向运动是通过一种连接各种物体的辅助工具来实现的运动，这种工具就是骨骼工具，也称为反向运动骨骼。因此使用骨骼工具制作反向运动学动画时，当子对象进行动作时，父对象也会进行相应的反向移动。

反向运动学可以模拟各种肢体运动，以及一些简单的机械运动。如：工程挖车等。

三、骨骼动画

在 Animate 中，是通过一个辅助工具在舞台中连接各个实例对象来实现反向运动，这种工具就是骨骼工具，也可称为 IK 骨骼。

骨骼工具也被称为反向运动骨骼。使用骨骼工具制作的动画被称作反向运动学动画，又被称作骨骼动画。

在骨骼动画中，Animate 提供了一种算法，根据子对象的运动，计算父对象的运动变化。然后，根据骨骼运动算法，将子对象与父对象通过骨骼进行连接，使父对象根据子对象的运动而发生改变。因此，加入骨骼制作的动画属于反向运动学。

■■■ 第二节　骨骼动画工具 ■■■

骨骼动画工具组包括 2 个工具：骨骼工具和绑定工具（图 9-7）。

图 9-7

使用骨骼工具可以向实例元件和形状添加骨骼，使用绑定工具可以调整形状对象的各个骨骼和连接点之间的关系。

第三节 骨骼动画的创建

在 Animate 中，创建骨骼动画一般有两种方式。一种方式是为元件实例添加与其他元件实例相连接的骨骼，使用关节连接这些骨骼。骨骼允许实例链一起运动。另一种方式是在形状对象（即各种矢量图形对象）的内部添加骨骼，通过骨骼来移动形状的各个部分以实现动画效果。这样操作的优势在于无需绘制运动中该形状的不同状态，也无需使用补间形状来创建动画。

一、向元件添加骨骼

在 Animate 中可以向图形元件、影片剪辑元件和按钮元件添加骨骼。向实例元件添加骨骼时，根据动画的需要实例元件的骨骼链可以是线性骨骼链或分支结构骨骼链，当实例对象是无四肢的爬行动物时，一条简单的线性骨骼链就能控制它们的运动，当实例对象有四肢时，我们就需要分支结构骨骼链来控制实例对象的运动。

通过本章范例中一位老师站在讲台上，挥舞着教棒上课的情景，讲解使用元件制作动画的过程。

步骤 1. 在第九章 / 范例文件夹中选择"练习 .flv"文件，打开文件，启动 Animate 软件。

步骤 2. 打开练习文件后，在"库"面板中找到"人物"元件，将其拖入到舞台，为分割图形制作骨骼动画做准备。

步骤 3. 使用骨骼工具制作平面运动动画前，首先要确定角色运动的肢体和连接点（关节点），将角色的各肢体转换为图形元件（图 9-8）。

图 9-8 肢体和连接点的示意图

步骤 4. 按连接点分割好角色的各个肢体部分（图 9-9），然后将每个肢体部分转换为图形元件，图形元件分别为"头""右膀""右臂""左手""左膀""左臂""躯干"（图 9-10）。

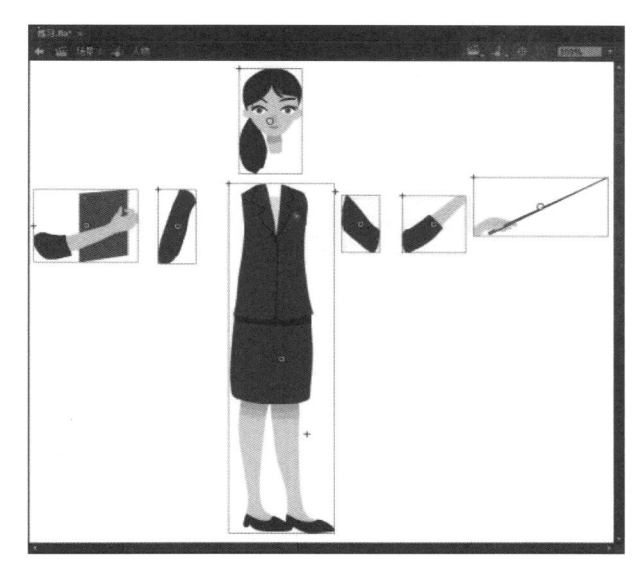

图 9-9 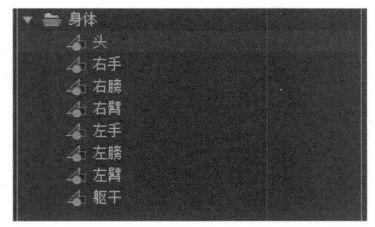　　　　　　　　　　　　　图 9-10

步骤 5. 在菜单栏中选择"插入｜新建元件"命令，创建新图形元件，取名为"老师"。

步骤 6. 在元件编辑窗口中，点击"时间轴"面板新建图层按钮，创建新的图层"左膀""左臂""左手""身体""右臂""右膀""头"（图 9-11）。将角色的各个肢体元件按图层拖入到元件编辑窗口中放置好（图 9-12）。

图 9-11 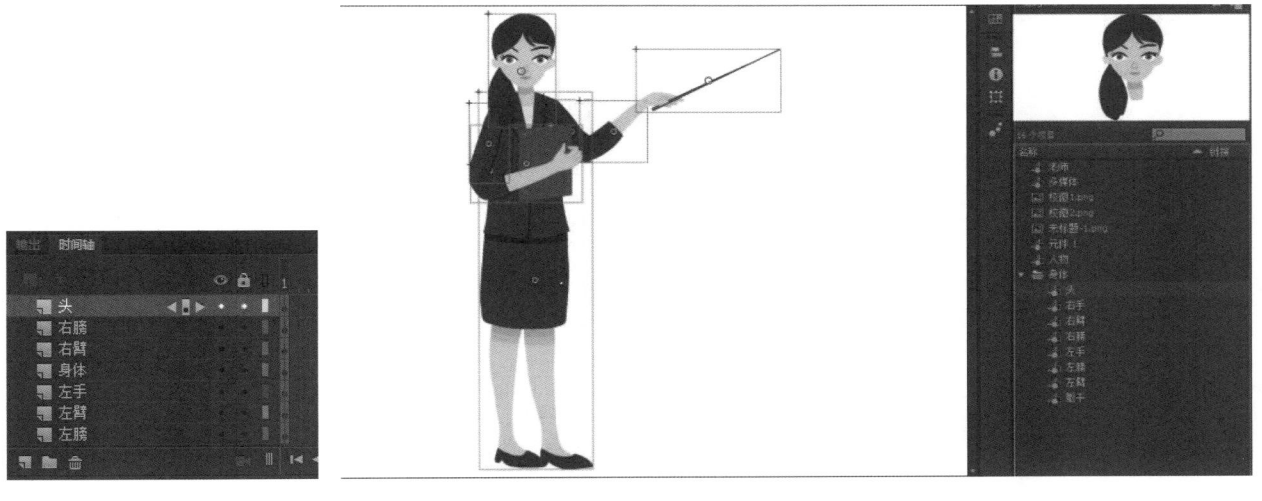　　　　　　　　　　　　　图 9-12

提示：在舞台中放置人物肢体元件时，要注意图层上下级的遮挡关系。

步骤 7. 在"工具"面板中选取"骨骼工具"，使用骨骼工具在肢体实例之间创建骨骼。骨骼的创建过程中参照步骤 3 连接点的示意图进行，在舞台中选择老师躯干实例，当光标显示形状时点击鼠标左键不放，并拖拉鼠标到下一个实例左膀的连接点（图 9-13），放开鼠标得到一个骨骼（图 9-14）。

图 9-13　　　　　　　　图 9-14

注意：此时，"时间轴"面板中会自动添加一个"骨架_1"图层，并且"身体"图层和"左膀"图层中的实例图形移动到"骨架_1"图层中，"身体"图层和"左膀"图层中关键帧变为空白关键帧（图9-15）。

图 9-15

步骤 8. 在舞台中移动光标到实例左膀的连接点，点击鼠标左键不放，并拖拉鼠标到实例左臂的连接点，放开鼠标得到一个新的骨骼，然后继续点击实例左臂的连接点，拖拉鼠标到实例手，得到了一条骨骼链（图 9-16）。

步骤 9. 用同样的方法，从老师躯干实例连接点开始，向左拖拉出另一条骨骼链（图 9-17）。

图 9-16　　　　　　　　图 9-17

步骤 10. 采用同样的方法，从老师躯干实例连接点开始，往上拖拉出骨骼链连接颈部和头部。整个分支结构的骨骼搭建完成（图 9-18）。

图 9-18

步骤 11. 完成骨架的搭建，下面开始制作骨骼动画。在"时间轴"面板"骨架_1"图层选取第 30 帧，点击鼠标右键，在打开的菜单中选择"插入姿势"命令（图 9-19），此时在时间轴上将会创建骨骼动画范围，显示为一段浅绿色背景的连续帧，骨骼动画范围内第 1 关键帧中的菱形黑点，第 30 帧 Animate 会自动生成"姿势关键帧"菱形黑点（图 9-20），在骨骼动画范围内可以直接对帧的实例元件进行操作。

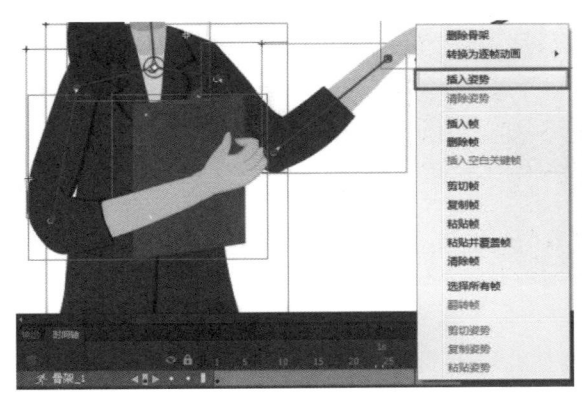

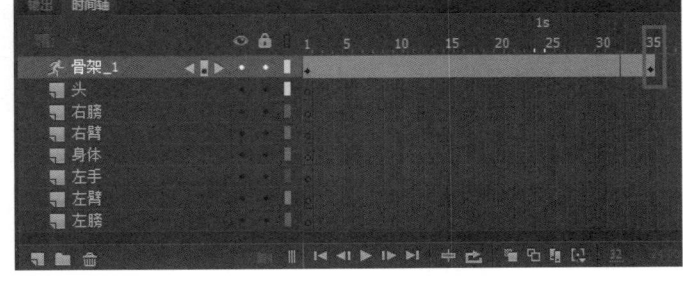

图 9-19　　　　　　　　　　　图 9-20

步骤 12. 第 30 帧处，在"工具"面板中选取"选择工具"。在舞台中，将光标移动到左手图形上方，光标显示形状时，点击鼠标左键不放向上调整左手的角度（图 9-21）。

步骤 13. 在第 7 帧处"插入姿势"，在舞台中向下调整右臂的角度（图 9-22），同时向下调整左手的角度（图 9-23）。

图 9-21　　　　　　　　图 9-22　　　　　　　　图 9-23

步骤14. 在第13帧处"插入姿势"，在舞台中向右调整头部的角度（图9-24）。

步骤15. 在第19帧处"插入姿势"，在舞台中向下调整右臂的角度（图9-25）。

图 9-24　　　　　　　　图 9-25

步骤16. 在第25帧处"插入姿势"，在舞台中向上调整左手的角度（图9-26）。完成插入帧的制作（图9-27）。

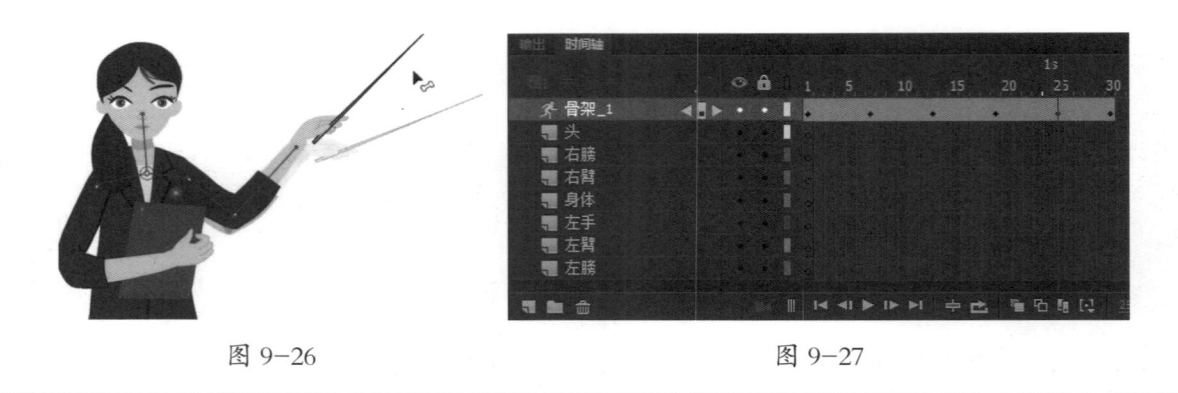

图 9-26　　　　　　　　图 9-27

提示：当在拖拉骨架来调整姿势动作时，可能会发现因为骨骼链导致很难控制单个骨骼的旋转。在对单个骨骼进行调节动作时按住Shift键，可以将其隔离单独操作。如选择老师的左手，使用"选择工具"拖拉手时，整个手臂都会跟随手移动。按住Shift键，拖拉老师的左手，就会单独调节左手的姿势（图9-28）。

图 9-28

步骤17. 按Enter键测试新动画的效果，从动画中可以看到老师挥舞教棒上课的场景。

二、向形状添加骨骼

使用骨骼工具向形状图形上添加 IK 骨骼时，可以向形状图形添加多个骨骼形成一条骨骼链。骨骼链添加完成后，Animate 将会自动生成一个"姿势"图层，将原图层的形状图形和骨骼链移动到新图层中（图 9-29）。

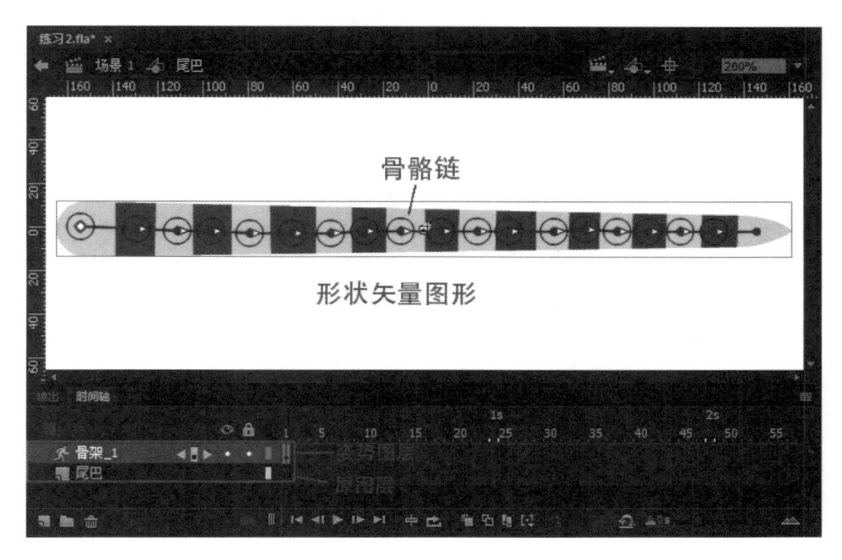

图 9-29

注意：在向单个形状图形或一组形状图形添加骨骼之前必须使用"选择工具"选取所有形状图形，这样才能有效地完成添加骨骼（图 9-30）。

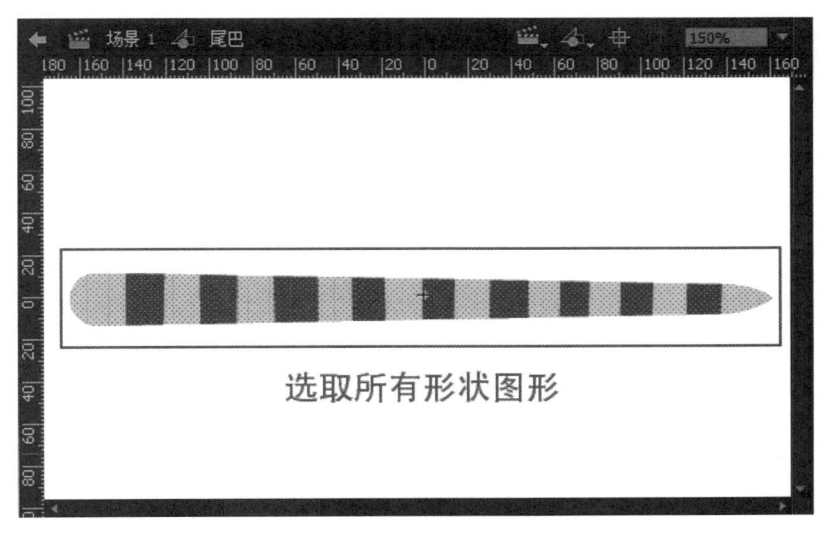

图 9-30

下面以本章范例中墙上行走的时间小人为例，讲解使用形状图形创作人物行走动画的步骤。

步骤 1. 在菜单栏选择"插入 | 新建元件"命令，创建图形新元件取名为"时间小人"。

步骤2.在打开的元件编辑窗口中,点击"时间轴"面板新建图层 按钮,创建新的图层"右手""右脚""躯干""左脚"和"左手"(图9-31)。

步骤3.在"工具"面板中选取"矩形工具" ,打开"属性"面板在矩形选项栏设置"矩形边角半径"为50(图9-32)。

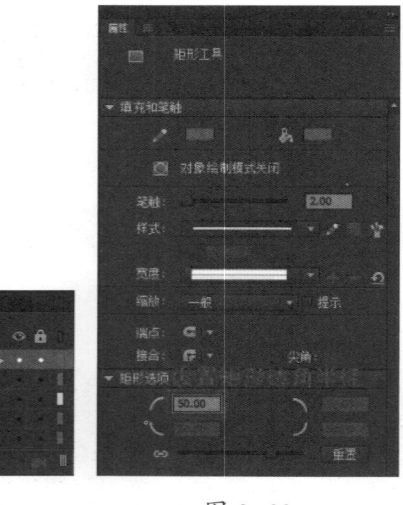

图 9-31　　　　图 9-32

步骤4.在对应的图层中使用"矩形工具" ,绘制"时间小人"的肢体,如在躯干图层中绘制人物的头部和躯干(图9-33)。

步骤5.绘制完成"时间小人"的肢体后,将"时间小人"图形组合起来(图9-34),在组合图形的过程中要注意图层上下级的关系。

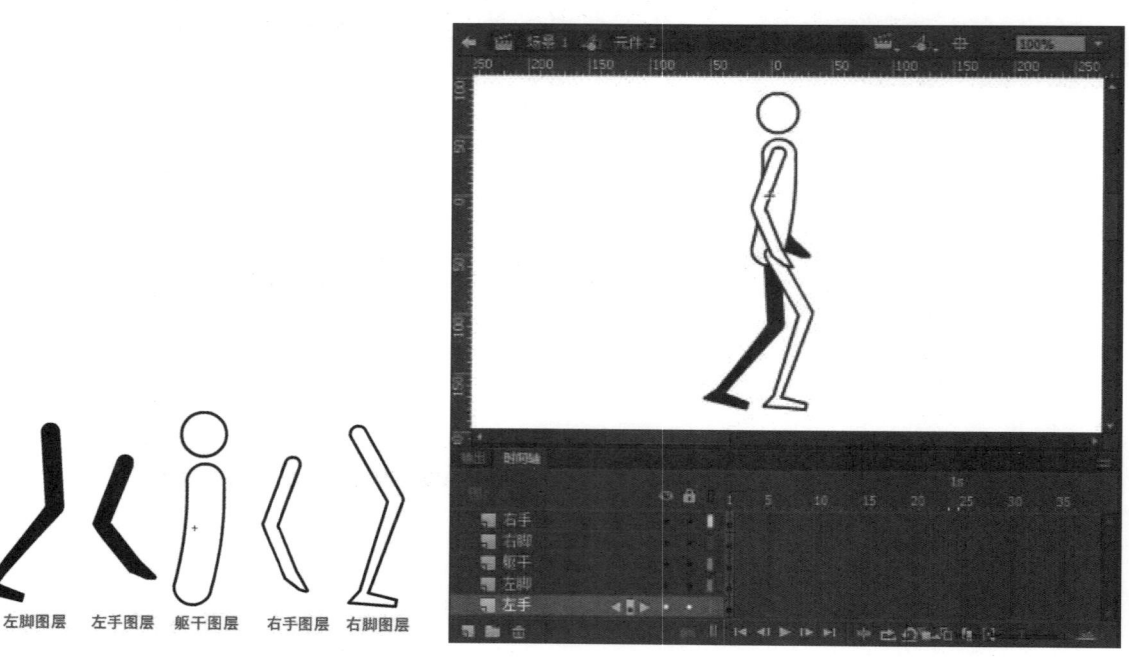

图 9-33　　　　图 9-34

步骤 6. 在"时间轴"面板选取右手图层，锁定🔒除右手图层以外的图层以更好地向形状图形添加骨骼。

步骤 7. 向形状添加骨骼，使用"选择工具"▶在舞台中全选右手图形，然后使用"骨骼工具"✎从右手膀的顶部点击鼠标左键不放，拖拉鼠标到肘关节点放开鼠标，得到第一个骨骼，然后从第一个骨骼的肘关节点，点击拖拉鼠标到手腕节点，得到第二个骨骼，从第二个骨骼的手腕关节点，点击拖拉到手指尖点，得到第三个骨骼（图 9-35）。完成右手骨骼链的制作，"右手"图层中的形状图形和骨骼链都被移入到"骨架_1"姿势图层中（图 9-36）。

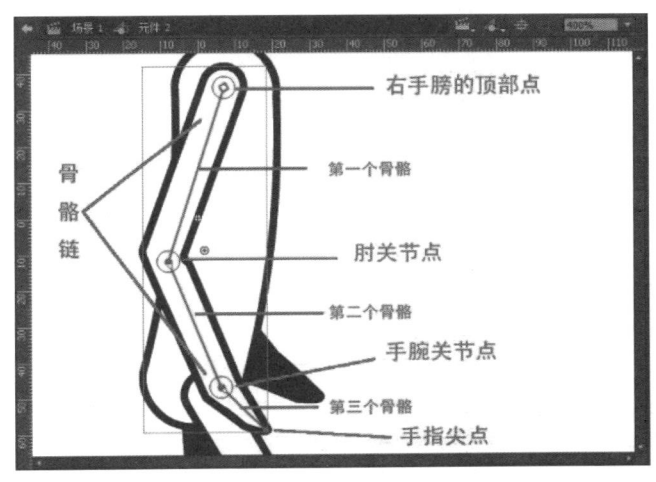

图 9-35 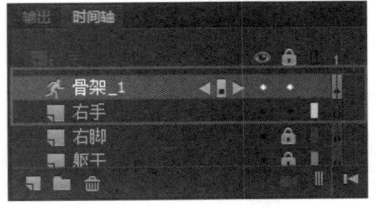　　　　　　　　　图 9-36

步骤 8. 采用步骤 7 相同的方法创建出右脚、左手和左脚的骨骼（图 9-37）。将"时间轴"面板中空白图层删除，同时将姿势图层更名为对应的名称（图 9-38）。

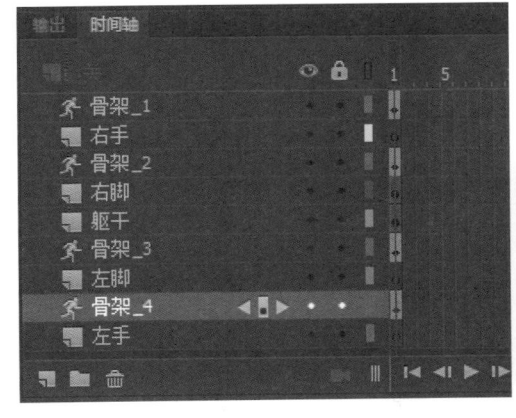

图 9-37 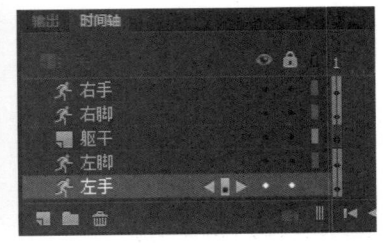　　　　　　　　　图 9-38

步骤 9. 创建时间小人动画前，先观察行走分解图，从图中我们能看到行走分为 4 个步骤完成（图 9-39）。在 1 号姿势图中，右手和左脚向前，左手和右脚向后。在 2 号姿势图中，右手和左手与身体齐平，右脚弯曲与左脚彼此相交。在 3 号姿势图中，左手和右脚向前，右手和左脚向后。在 4 号

Animate 案例教学动画制作

姿势图中，右手和左手与身体齐平，左脚弯曲与右脚彼此相交。

图 9-39　行走分解图

步骤 10. 开始创建时间小人行走的动画，在右手图层、右脚图层、左手图层和左脚图层的第 30 帧插入姿势（图 9-40），在躯干图层第 30 帧插入关键帧（图 9-41）。

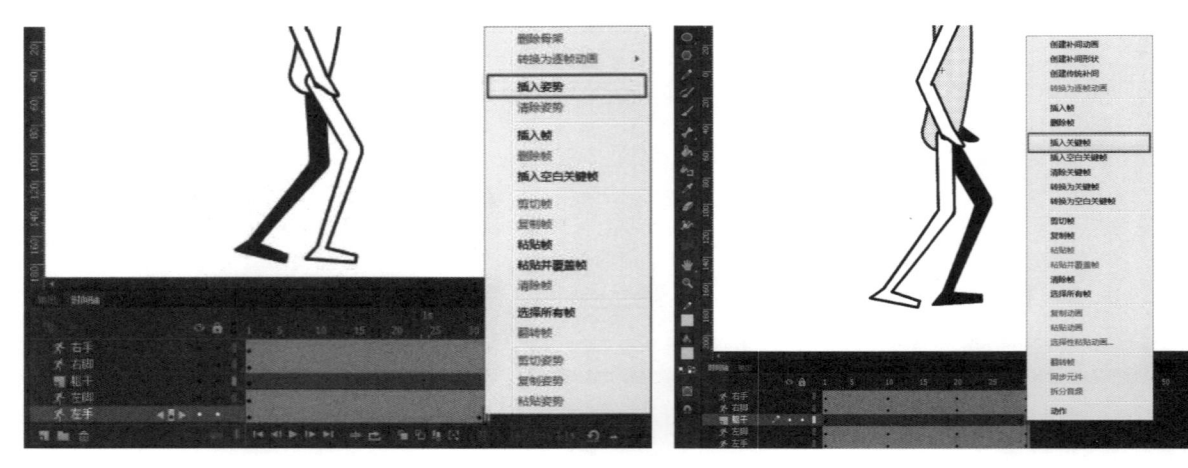

图 9-40　　　　　　　　　　　　　　图 9-41　插入关键帧

步骤 11. 根据行走分解图中 4 个姿势动作，在右手图层、右脚图层、左手图层和左脚图层的第 10 帧、第 20 帧插入姿势（图 9-42），在躯干图层第 10 帧、第 20 帧插入关键帧（图 9-43），完成了行走姿势关键帧的创建。

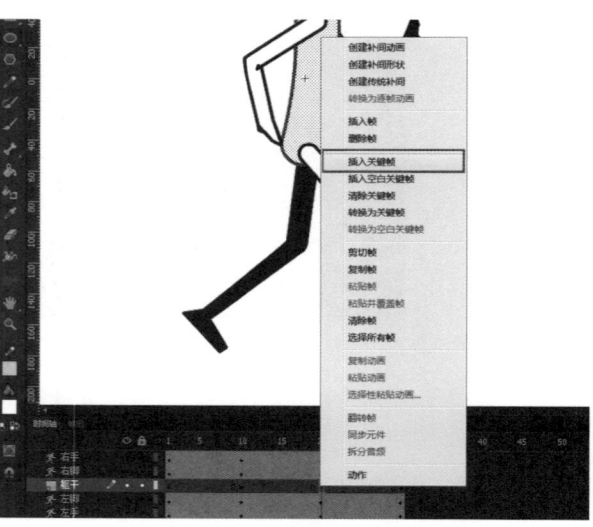

图 9-42　插入姿势　　　　　　　　　图 9-43　插入关键帧

- 162 -

步骤 12. 根据行走分解图中 1 号姿势图，使用"选择工具"，在舞台中调整右手图层（图 9-44）、右脚图层、左手图层和左脚图层的第 1 帧的姿势动作（图 9-45）。

图 9-44 调整右手图形姿势动作　　　图 9-45 第 1 帧姿势动作

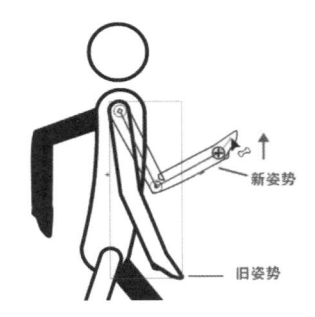

步骤 13. 根据行走分解图中 2 号姿势图，在舞台中调整右手图层、右脚图层、左手图层和左脚图层第 10 帧的姿势动作（图 9-46）。

步骤 14. 根据行走分解图中 3 号姿势图，在舞台中调整右手图层、右脚图层、左手图层和左脚图层第 20 帧的姿势动作（图 9-47）。

步骤 15. 根据行走分解图中 4 号姿势图，在舞台中调整右手图层、右脚图层、左手图层和左脚图层第 30 帧的姿势动作（图 9-48）。

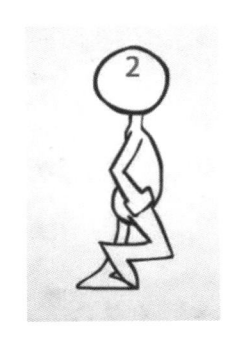

图 9-46 第 10 帧姿势动作　　　图 9-47 第 20 帧姿势动作　　　图 9-48 第 30 帧姿势动作

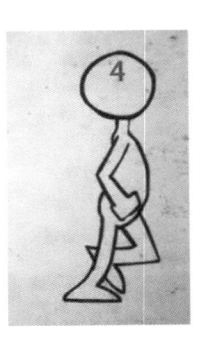

步骤 16. 调整完四肢的姿势动作，使角色在原地行走，然后创建"躯干"在行走时起伏动作的形状补间动画，将第 10 帧、第 30 帧的"躯干"图形向下移动 3 个像素，创建形状补间（图 9-49）。

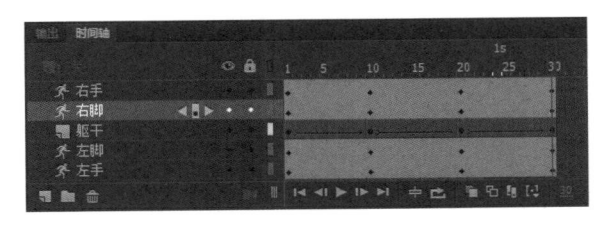

图 9-49 行走分解图

步骤 17. 按 Enter 键测试新动画的效果，从动画中可以看到墙上的时间小人不停地行走着，好像是在告诉教室里的同学们，时间小人不等人，珍惜时间认真读书。

习题

1. 在 Animate 中可以向哪些元件添加骨骼？

2. 范例中老师挥舞着教棒上课的场景，在第十一章 / 范例文件夹中打开"练习 .flv"文件，使用骨骼工具创作老师挥舞着教棒上课的动画。

3. 绘制一条爬行的小蛇。

第十章　Animate 按钮的创建与应用

▶【本章重点】

按钮是一种元件,是在动画的创作过程中必不可少的元素之一。本章主要讲解 Animate 按钮,通过范例我们一步一步学习按钮的制作方法与技巧。

▶【学习目的】

学习在 Animate 动画中按钮的创建与应用,掌握本章制作交互式动画的基础。

▶【本章案例介绍】

【范例】

本章范例的交互式按钮动画,是学校传鉴图书馆到馆新书推荐,移动鼠标指针到新书画面上,将会出现新书的介绍和作者的个人简介。这段动画中主要涉及按钮的制作以及文字的制作。如图 10-1 范例所示。

图 10-1

学习之前,打开"第十章 / 范例"文件夹,选择按钮范例 .swf 文件,播放预览动画,使用鼠标感受交互式按钮信息是如何出现的。

可以启动 Animate 软件打开动画的源文件进行预览，在菜单栏中选择"文件 | 打开"命令或按 Ctrl+O 快捷键，在打开的窗口中选择路径"第十章"/"范例"文件夹中选取按钮范例.fla 文件，点击"打开"按钮（图 10-2）。

图 10-2

第一节　认识按钮元件

按钮是一种特殊的元件，是进行人机信息交互的基础，当我们使用鼠标单击按钮进行交互时，它能够执行某种特定的功能，总共对应四种不同的状态，弹起（按钮静止状态）、指针经过（将光标指针移动到按钮上状态）、按下（按下按钮状态）、点击（定义按钮响应区域状态）。这四种状态定义了按钮的 4 个关键帧。其四种状态如下：

— 166 —

1. "弹起"帧：在"弹起"帧中定义按钮的正常显示效果，鼠标不在按钮上时的一种状态。

2. "指针经过"帧：光标移动到按钮上方，但没有按下鼠标左键的状态。该帧在光标经过时有所改变。如当光标移到按钮上时按钮可以发生变色、放大和缩小的变化。

3. "按下"帧：鼠标在按钮上按下左键时的状态。"按下"帧上的图形一般会比"弹起"帧上的图形要小一些，这样，当按下按钮时，按钮变小，出现动态的效果。

4. "点击"帧：定义相应鼠标事件的区域范围，在响应区域按下按钮时，系统才能响应按钮按下的事件，但这个区域不会在动画中显示出来。

注意：按钮虽然有4种状态，但可根据需要定义这4种帧状态，也可只定义一部分，但一些基本的帧必须定义，比如"弹起"和"指针经过"帧。

第二节　按钮的制作方法

按钮是一种特殊的元件，当我们用鼠标单击按钮进行交互时，它能够执行某种特定的功能，而且可以对应不同的状态，其显示的外观也都可以不同。

一、创建图形交互式按钮

步骤1. 菜单栏中选择"插入 | 新建元件"命令，在打开的"创建新元件"窗口（图10-3），设置类型为按钮，名称取名为按钮。

步骤2. 点击"确定"按钮进入按钮元件编辑区，在时间轴中将出现按钮的4个状态帧（图10-4）。定义按钮的4个帧，在按钮中可以使用影片剪辑元件、图形元件或素材库中的组件对象。在这里我们利用导入的图形和文字制作按钮。

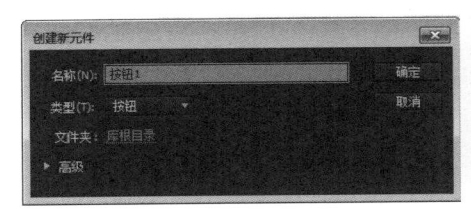

图 10-3 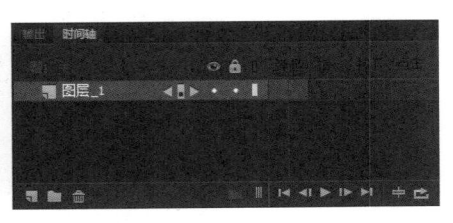　　　　　　　　图 10-4

步骤3. 定义"弹起"帧，"时间轴"面板选取图层_1中的"弹起"帧，在"库"面板中将图形"丛林故事"拖入到按钮元件编辑区中。

步骤4. 在"属性"面板"位置和大小"中设置X、Y的值为0，宽设置为433，高设置为570。这时"丛林故事"图形左上角与元件的中心点对齐（图10-5）。

图 10-5

步骤5. 在"时间轴"面板中选取"点击"帧，按F5键插入帧。"丛林故事"图形将会出现在"弹起"帧、"指针经过"帧、"按下"帧和"点击"帧状态（图10-6）。

步骤6. 点击"时间轴"面板新建图层按钮，创建新的图层2，选取"指针经过"帧，按F6插入关键帧。（图10-7）

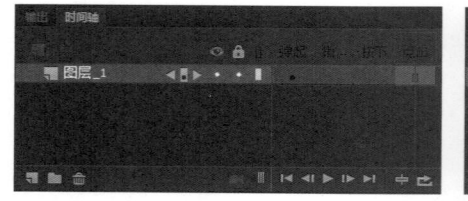

图 10-6　　　　　　　　　　图 10-7

步骤7. 在"工具"面板中选取"矩形工具"，在"属性"面板"填充和笔触"栏中设置"笔触颜色"为无色，设置"填充颜色"为白色，Alpha值为70%（图10-8）。

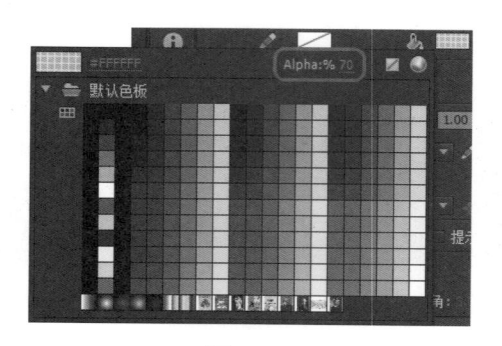

图 10-8

步骤8. 在按钮元件编辑区中绘制矩形，在"属性"面板"位置和大小"中设置X和Y的值为0，宽设置为 433，高设置为 570。

步骤 9. 还是使用"矩形工具"，在"属性"面板"填充和笔触"栏中设置"填充颜色"为白色，Alpha 值为 80%。

步骤 10. 在按钮元件编辑区中绘制矩形，在"属性"面板"位置和大小"中设置 X 值为 0，Y 值为 310，宽设置为 433，高设置为 260（图 10-9）。

图 10-9

步骤 11. 打开"第十章"/"范例"/"素材"文件夹，点击文字 .docx 文件，在文件中复制对应的文字内容，制作交互式按钮（图 10-10）。

图 10-10 制作交互式按钮的文字内容

步骤 12. 在"工具"面板中选取"文本工具"，在"属性"面板"字符"栏中设置"系列"字体为华文细黑，"大小"为 12 磅，"颜色"为红色 #FF0000。

步骤 13. 在"属性"面板中选择垂直排列（图 10-11），在按钮元件编辑区竖列输入文字"诺贝尔文学奖大系"，设置文字的位置 X 值为 388，Y 值为 12。

步骤 14. 在"属性"面板"字符"栏中设置"大小"为 18 磅，"颜色"为黑色 #000000。在按钮元件编辑区竖列输入文字"鲁德亚德·吉卜林的代表作"，设置文字的位置 X 值为 358，Y 值为 12。

步骤 15. 在"属性"面板"字符"栏中设置"大小"为 10 磅，"颜色"为咖啡色 #333300。在按钮元件编辑区竖列输入文字"作品以观察入微、想象独特、气概雄浑、叙述卓越见长",设置文字的位置 X 值为 332,Y 值为 12。

步骤 16. 在"属性"面板"字符"栏中设置"系列"字体为微软雅黑,"大小"为 40 磅,"颜色"为黑色 #000000。在按钮元件编辑区竖列输入文字"丛林故事",设置文字的位置 X 值为 41,Y 值为 12(图 10-12)。

图 10-11 　　　　　　　　　　　　图 10-12

步骤 17. 在"属性"面板中选择水平排列,"字符"栏中设置"系列"字体为华文细黑,"大小"为 12 磅,"颜色"为黑色 #000000。在按钮元件编辑区横列输入文字"鲁德亚德·吉卜林(Joseph Rudyard Kipling)……",设置文字的位置 X 值为 198,Y 值为 328。

步骤 18. 在"库"面板中将图形"约瑟夫·鲁德亚德·吉卜林"拖入到按钮元件编辑区中。在"属性"面板"位置和大小"栏中设置 X 的值为 12,Y 的值为 320,宽设置为 180,高设置为 240(图 10-13)。

步骤 19. 点击"时间轴"面板新建图层按钮,创建新的图层 3,选取"按下"帧,按 F6 插入关键帧(图 10-14)。

图 10-13 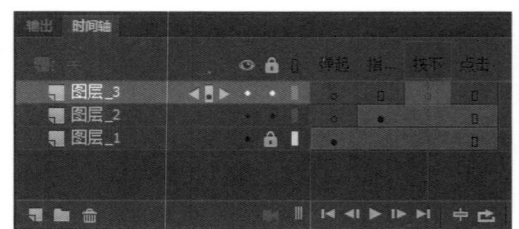　　　　　　　　　　　　图 10-14

步骤 20. 在"库"面板中将声音文件"CLICK_16.WAV"（图 10-15）拖入到按钮元件编辑区中（图 10-16）。

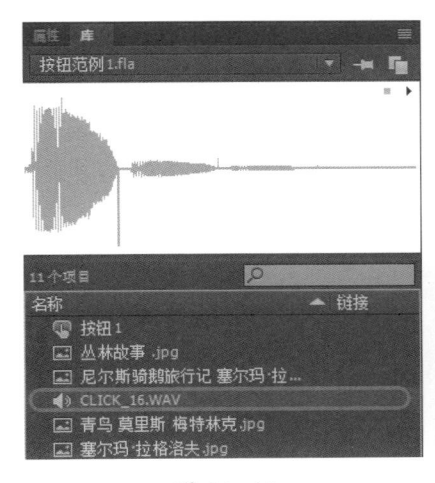

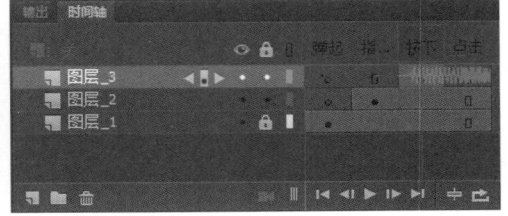

图 10-15

图 10-16

步骤 21. 选取"按下"关键帧，在"属性"面板"声音栏"设置"同步"为"事件"，设置为"事件"才能在播放动画时按下按钮时发出声音（图 10-17）。

步骤 22. 退出元件编辑模式，完成交互式按钮的制作，可以在"库"面板中查看到新建的按钮元件（图 10-18）。

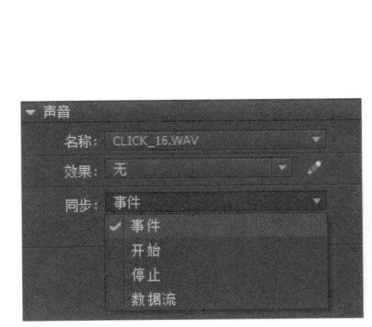

图 10-17

图 10-18

步骤 23. 创建出了一个按钮，其他同类型的按钮就容易创建了。在"库"面板中选取"按钮 1"按钮元件，点击鼠标右键。在打开的菜单中选择"直接复制"命令（图 10-19）。

步骤 24. 在打开的"直接复制元件"窗口中将按钮元件命名为"按钮 2"，然后点击"确定"按钮，创建按钮（图 10-20）。

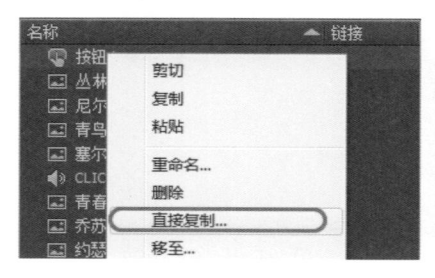

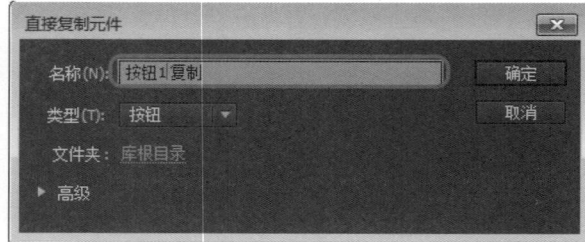

图 10-19

图 10-20

步骤 25. 使用与步骤 22 和步骤 23 相同的方法，创建"按钮 3"和"按钮 4"（图 10-21）。

图 10-21

步骤 26. 在编辑元件的过程中替换图形很容易，并且可大大提高制作的工作效率。在"库"面板中选取"按钮 2"按钮元件，双击打开按钮元件编辑窗口。

步骤 27. 在"时间轴"面板选取"弹起"关键帧，在按钮元件编辑窗口中选取"丛林故事"图形，在"属性"面板中点击"交换"按钮（图 10-22）。

步骤 28. 在打开的"交换位图"窗口中，选取"青鸟.jpg"图形，点击"确定"按钮。将"青鸟"图形替换"丛林故事"图形（图 10-23）。

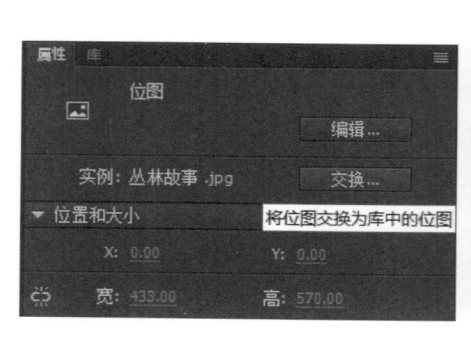

图 10-22

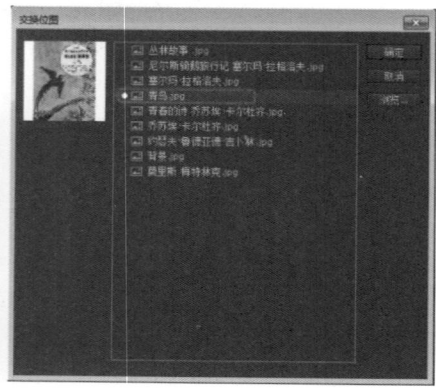

图 10-23

步骤 29. 在"属性"面板"位置和大小"栏中设置"青鸟"图形大小，宽设置为 433，高设置为 570。

步骤 30. 在"时间轴"面板选取"指针经过"关键帧，在按钮元件编辑窗口中选取"约瑟夫·鲁德亚德·吉卜林"图形，在"属性"面板中点击"交换"按钮，将"约瑟夫·鲁德亚德·吉卜林"图形替换为"莫里斯·梅特林克"图形，设置"莫里斯·梅特林克"图形大小，宽设置为 180，高设置为 240（图 10-24）。

步骤 31. 在文字 .docx 文件中复制对应的文字内容，替换"指针经过"关键帧中的文字内容（图 10-25）。完成"按钮 2"按钮元件的制作。

图 10-24   图 10-25

步骤 32. 按照上面的方法依次制作"按钮 3"按钮元件和"按钮 4"按钮元件。完成按钮元件的制作。

步骤 33. 回到场景 1，在主"时间轴"上插入一新图层，取名为"按钮"。

步骤 34. 在"库"面板中将创建的"按钮 1"按钮元件、"按钮 2"按钮元件、"按钮 3"按钮元件和"按钮 4"按钮元件依次拖入到舞台。

步骤 35. 在舞台中选取"按钮 1"按钮实例设置位置 X 的值为 1464，Y 的值为 316，选取"按钮 2"按钮实例设置位置 X 的值为 985，Y 的值为 316，选取"按钮 3"按钮实例设置位置 X 的值为 499，Y 的值为 316，选取"按钮 3"按钮实例设置位置 X 的值为 26，Y 的值为 316（图 10-26）。

图 10-26

步骤 36. 完成交互式按钮的制作，Ctrl+Enter 测试按钮的效果，当鼠标光标经过书籍按钮时会自动呈现书籍的简介和诺贝尔文学奖获得者的简介，点击按钮会触发声音（图 10-27）。

图 10-27

二、创建文字开始播放按钮

为第十章古诗"望岳"动画制作文字开始播放按钮，首先在菜单栏中选择"文件｜打开"命令或按 Ctrl+O 快捷键，在打开的窗口中选择路径"第十三章"/"范例"文件夹中选取古诗望岳.fla 文件，点击"打开"按钮。

步骤 1. 菜单栏中选择"插入｜新建元件"命令，在打开的"创建新元件"窗口（图 10-28），设置类型为按钮，名称取名为文字按钮。

步骤 2. 单击"确定"按钮进入按钮元件编辑区，时间轴中将出现按钮的 4 个状态帧（图 10-29）。

图 10-28 　　　　　　　　图 10-29

开始定义按钮的 4 个帧。在按钮中可以使用影片剪辑元件、图形元件或素材库中的组件对象。在这里我们利用文本工具 T 制作按钮的 4 个帧。

步骤 3. 定义"弹起"帧：利用文字工具 T 和前面所学知识在工作区域中输入文字，在"属性"

面板中选择水平排列，"字符"栏中设置"系列"字体为华文细黑，"大小"为25磅，"颜色"为蓝色#0000FF。在按钮元件编辑区横列输入文字"开始播放"，设置文字的位置X值为0，Y值为0。

步骤4.定义"指针经过"帧：用鼠标在"指针经过"帧处插入一个关键帧，在"弹起"帧的文字被复制到"指针经过"帧的工作区。确保文字被选中，设置文字的位置X值为0，Y值为0。在文字属性面板中进行色彩调整，将文字设置为红色#FF0000。

步骤5.定义"按下"帧：用鼠标在"按下"帧处插入一个关键帧，此时"指针经过"帧文字被复制到"按下"的工作区。确保"按下"帧中的文字被选中，在文字属性面板中进行色彩和大小调整，将文字设置为绿色#00FF00，文字的大小设置为28磅。此处放大了"按下"帧的文字，是对按钮组件进行了动态效果的制作。

步骤6.定义"点击"帧：用鼠标在"点击"帧处插入一个关键帧，并进行大小调整。该帧主要是定义按钮的有效单击范围，在有效范围里按下按钮时，系统才认为该事件已经发生。如果不定义该帧，则Animate默认"弹起"帧为响应区域（图10-30）。

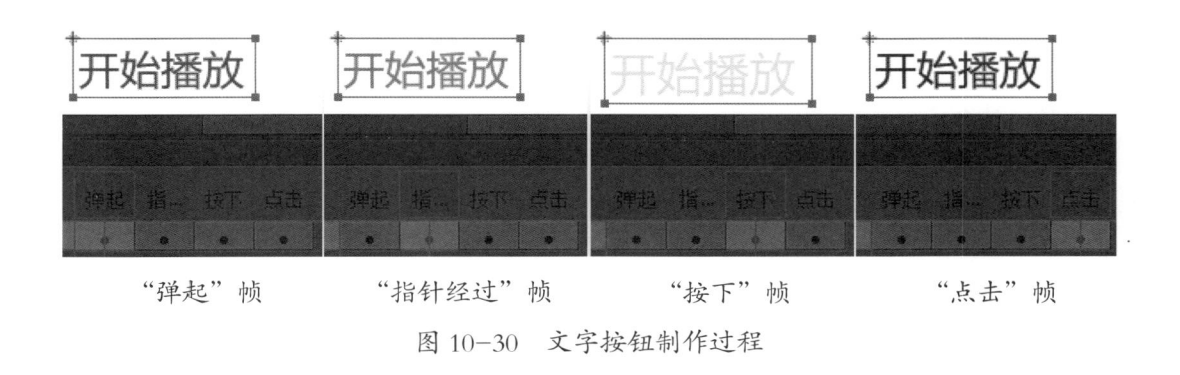

"弹起"帧　　"指针经过"帧　　"按下"帧　　"点击"帧

图 10-30　文字按钮制作过程

步骤7.完成"开始播放"按钮的制作，回到场景1。在"时间轴"面板选取"背景"图层，点击新建图层按钮，将创建新的图层取名为"按钮"，选取第2帧，按F6插入关键帧（图10-31）。

步骤8.选取"按钮"图层的第1帧，把"开始播放"按钮从"库"面板中拖动到舞台中，设置位置X值为670，Y值为422（图10-32）。

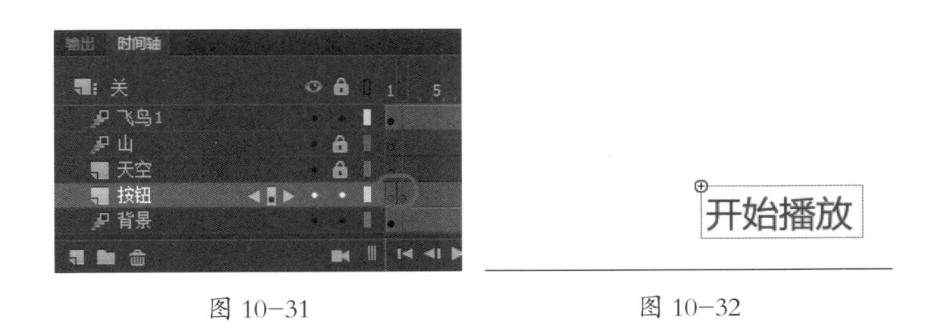

图 10-31　　　　　　　　图 10-32

步骤9.在舞台中选取"开始播放"按钮实例，"属性"面板中为实例按钮命名"开始播放"（图

10-33),以便 ActionScript 3.0 代码控制交互。

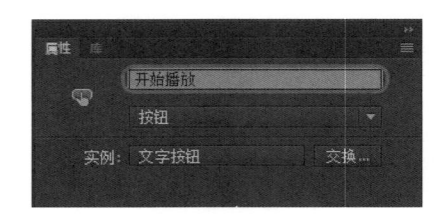

图 10-33

注意实例命名规则：

在"库"面板中称为元件，将元件拖放到舞台中称为实例，一个元件可以有很多实例。如果要用 ActionScript 3.0 代码对实例进行控制就必须为对应的实例命名。实例名称不同于"库"面板中的元件名称，元件名称是用来在"库"面板中管理元件的，实例名称是在代码中使用。

实例命名遵循下列规则：

除下画线外，不能使用空格和特殊标点符号。

名称不能以数字开头。

英文字母区分大小写。

不能使用 ActionScript 3.0 命令关键字和预留的任何单词。

为每个按钮实例命名其实是为了更好地被 ActionScript 3.0 引用，这容易被初学者们忽略，但是它确实是至关重要的步骤，所以希望大家能够牢记。

步骤 10. 为动画添加停止动作代码，本章的范例"古诗望岳"动画一共有 1140 帧，影片预览将会从第 1 帧播放到第 1140 帧。然而，本章的范例需要停止在第 1 帧点击"开始播放"按钮开始播放，所以需要在第 1 帧暂停动画。在"时间轴"面板选取"按钮"图层的第 1 帧或任意图层的第 1 帧，在菜单栏中选择"窗口｜动作"命令（图 10-34），将会打开"动作"面板（图 10-35）。

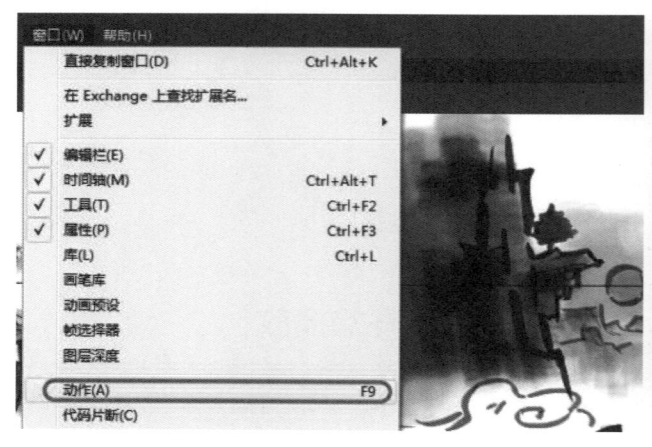

图 10-34   图 10-35 "动作"面板

步骤 11. 在"动作"面板中点击代码片断<>按钮，会打开代码片断窗口，在代码片断窗口选择"ActionScript"文件夹（图 10-36）。

步骤 12. 在打开的"ActionScript"文件夹中，选择"时间轴导航"文件夹，在打开的文件夹中双击鼠标左键选取"在此帧处停止"命令（图 10-37）。添加停止命令。

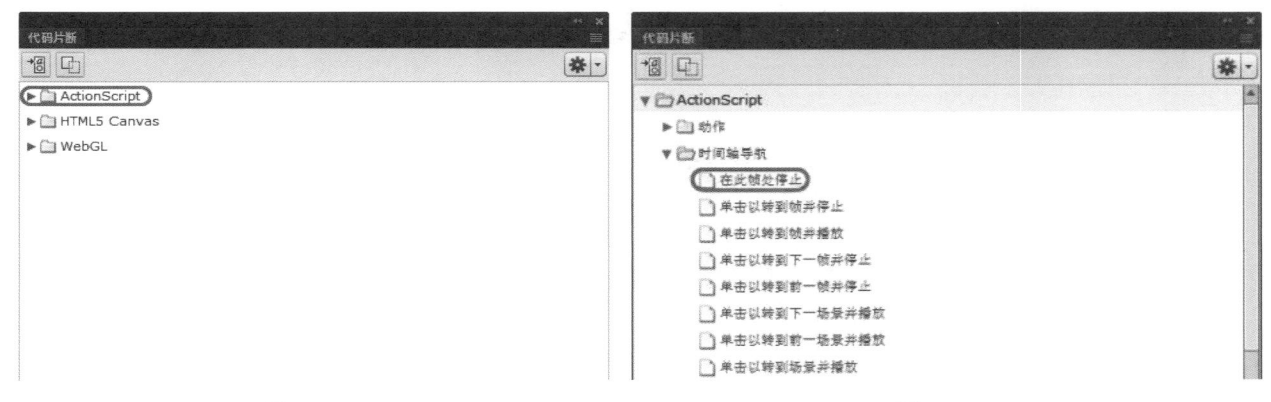

图 10-36　　　　　　　　　　　　　　　图 10-37

步骤 13. 此时"动作"面板"当前帧"栏中，Animate 自动添加"stop（）;"命令（图 10-38）。并且在"时间轴"面板顶层 Animate 自动插入一个"Actions"图层，同时"Actions"图层的第一个关键帧中出现了一个小字 a，它表示该帧中包含 ActionScript（图 10-39）。

代码"stop（）;"放在第 1 帧时，在播放在动画时将会停留在第 1 帧的位置，以便等待点击交互按钮开始播放。

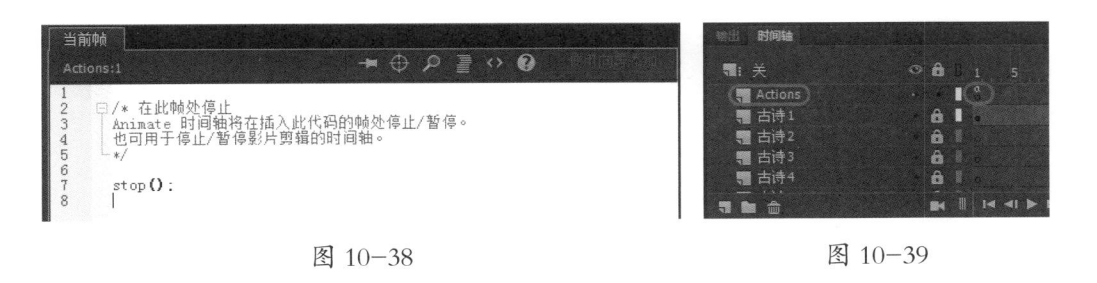

图 10-38　　　　　　　　　　　　　　　图 10-39

注意：也可以"当前帧"栏中输入代码，在输入代码时要把输入法切换到英文状态。

Animate 的交互采用的是事件机制，即发生了什么事然后触发什么响应。事件可以由鼠标单击、鼠标经过以及键盘上的按键发出。

步骤 14. 为按钮创建事件处理，本章范例中是当我们点击"开始播放"按钮开始播放。在"时间轴"面板将播放头移动到第 1 帧位置，舞台中选取"开始播放"实例。

步骤 15. 在菜单栏中选择"窗口 | 动作"命令，打开"动作"面板，点击代码片断按钮<>，打开代码片断窗口。

步骤 16. 在代码片断窗口选择"ActionScript"文件夹，在打开的文件夹中选择"时间轴导航"文件夹，在打开的文件夹中选取"单击以转到帧并播放"命令（图10-40）。

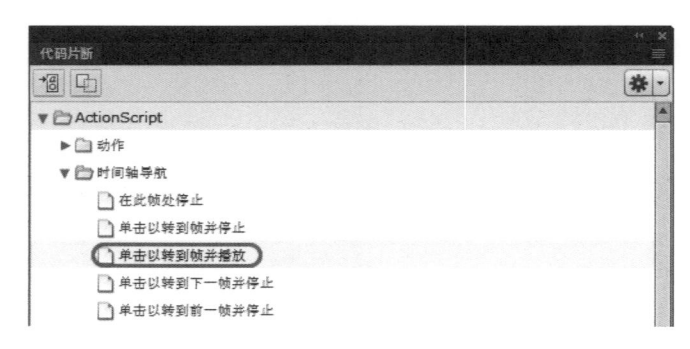

图 10-40

注意：ActionScript 3.0 只能在关键帧上添加代码，ActionScript 3.0 之前的版本是在按钮上右键进行添加代码。

注意：如果还没有给实例按钮取名，Animate 就会发出警告窗口（图10-41），提示需要对实例按钮命名，以便在代码中引用。

图 10-41

步骤 17. 此时"动作"面板"当前帧"栏中，Animate 自动添加"单击以转到帧并播放"命令。

/* 单击以转到帧并播放

单击指定的元件实例会将播放头移动到时间轴中的指定帧并继续从该帧回放。

可在主时间轴或影片剪辑时间轴上使用。

说明：

1. 单击元件实例时，用希望播放头移动到的帧编号替换以下代码中的数字5。

*/

开始播放 .addEventListener(MouseEvent.CLICK, fl_ClickToGoToAndPlayFromFrame_2);

function fl_ClickToGoToAndPlayFromFrame_2(event:MouseEvent):void

{

gotoAndPlay(5);

}

"单击以转到帧并播放"命令 gotoAndPlay（）的功能是，点击此对象会将播放头移动到场景中指定的帧上并开始播放。

Animate 自定义的命令是"gotoAndPlay（5）"，意思是将播放头移动到场景中第 5 帧开始播放（图 10-42）。

步骤 18. 之前在"Actions"图层的第 1 关键帧中创建了"stop（）；"命令，动画因此停留在第 1 帧等待交互命令。在"动作"面板"当前帧"栏中修改"gotoAndPlay（5）"为"gotoAndPlay（2）"，点击按钮从第 2 帧开始播放（图 10-43）。

图 10-42　　　　　　　　　　　　　　图 10-43

步骤 19. 完成"开始播放"按钮的制作，Ctrl+Enter 测试按钮的效果。此时动画处在停留状态，等待用户点击交互按钮开始。鼠标点击右下角的按钮，开始播放动画。

习题

1. 按钮元件的时间轴是由几个帧组成，分别是哪几个帧？

2.Animate 视频文件格式是什么？源文件格式是什么？

3. 制作一个按钮动画，功能有开始和回看。

4. 制作一个椭圆按钮。按钮显示为紫色；鼠标经过时按钮显示为红色；单击鼠标时，显示文字"欢迎光临"。

第十一章　在动画中导入和处理声音

▶【本章重点】

声音是 Animate 动画的重要组成元素之一，它可以增添动画的表现能力。在 Animate 中可以使用多种方法在动画中添加音频文件，从而创建出有声动画。

▶【学习目的】

学习在 Animate 动画中加入声音，并进行声音的编辑、优化和输出，掌握在动画中添加声音的方法。

▶【本章案例介绍】

【范例】

本章的范例是一段与第十章范例相同的动画，但不同之处是本章动画加入了音频文件背景音乐和人物朗诵古诗，无声动画中添加了声音，使动画变得更加生动。这段动画中主要涉及音频文件的导入和编辑。如图 11-1 范例所示。

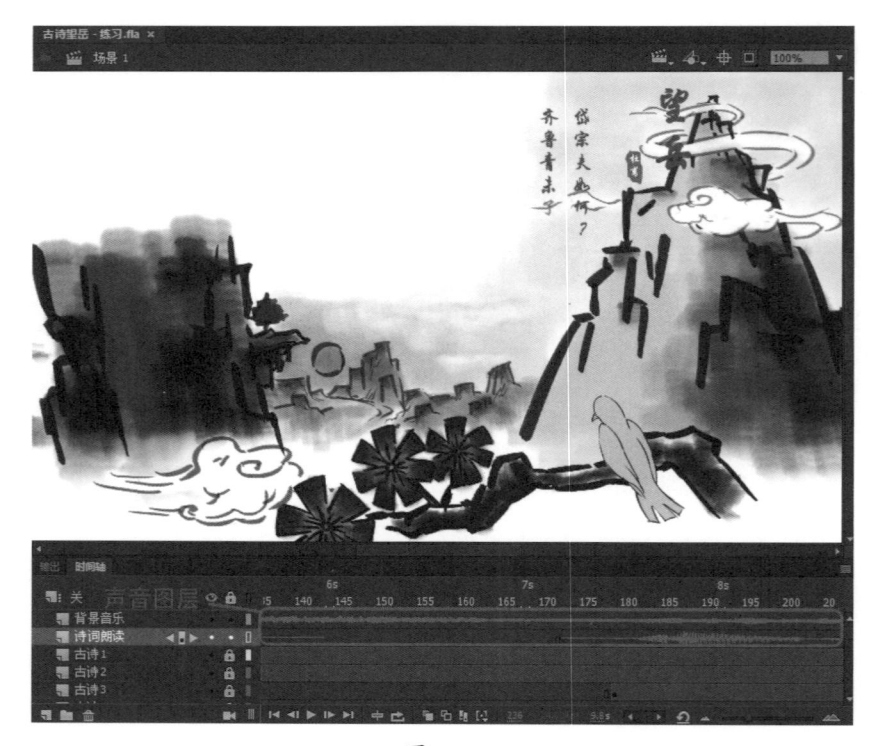

图 11-1

学习之前，打开"第十四章 / 范例"文件夹，选择古诗望岳 .swf 动画文件，播放动画，动画中男声同步朗读古诗望岳的声音，使动画更加有趣形象生动。

打开"第十四章/范例"文件夹，选择望岳.wav 声音文件，播放声音文件，感受无画面的效果。

Animate 通过导入的方式就可以将声音文件添加到"库"面板中，编辑 Animate 可以为按钮添加音效，也可以将声音插入到时间轴中，作为人物的配音或动画的背景音乐。

第一节 声音类型

Animate 中有两种常用的声音类型，事件声音和音频流声音两种。

事件声音：这类声音必须全部下载完成后才能播放，在播放过程中没有明确的停止命令，将会连续播放。Animate 中常将事件声音用作点击按钮的音效，也可以作为循环播放的背景音乐，事件声音在播放前必须全部下载才能播放，所以此类声音不能过长。

音频流声音：只要下载了一定的帧数后就可以播放，而且声音的播放可以与时间轴上的动画保持同步。

声音的采样率是指录音设备在一秒钟内采集声音信号的次数，声音采样频率越高，声音品质的还原就越真实越自然。声音采样率与声音品质关系如表 11-1 所示。

表 11-1 声音采样率与声音品质关系

采样率	声音品质
48kHz	专业音频所用的数字声音所用采样率
44.1kHz	音频 CD 所用采样率
32kHz	miniDV 数码视频 所用采样率
22.05kHz	FM 调频广播所用采样率
11.025kHz	AM 调幅广播所用采样率
8kHz	电话所用采样率，对于人的说话已经足够

人类声带发出的最高音频在 3.2kHz，所以一般来说只要采样率超过 5kHz 就足够了。

提示：电脑的声卡采样频率为 44.1kHz，所以在 Animate 动画中播放的声音的采样率应该是 44.1 的倍数，如 22.05、11.025 等。

声音的录制和播放还有声道的概念，声道是指声音在录制或播放时在不同空间位置采集或回放相互独立的音频信号，所以声道数也就是声音录制时的音源数量或回放时相应的扬声器数量。为了减小动画文件的大小，Animate 通常使用单声道。

第二节 将声音导入到库

Animate 可以导入 WAV、MP3 等格式的声音文件，导入的声音文件保存在"库"面板中，声音文件的导入方式同图片元件一样。

步骤 1. 在"第十四章 / 范例"文件夹，选择古诗望岳练习 .fla 动画源文件，双击鼠标左键启动 Animate 打开"古诗望岳练习"文件。

步骤 2. 将声音文件导入"库"面板中，在菜单栏中选择"文件 | 导入 | 导入到库"命令。

步骤 3. 在打开"导入到库"窗口中选择路径为"第十四章 / 范例 / 素材"，文件夹中选取背景音乐 .wav 文件，点击"打开"按钮（图 11-2）。此时选取的声音文件将会保存到"库"面板中。

步骤 4. 在"库"面板中选取声音文件，在预览窗口能观察到声音的波形图，点击右上角的播放按钮，可播放所选声音文件（图 11-3）。

图 11-2　　　　　　　　　　　　　　图 11-3

第三节 将声音插入到时间轴

导入声音文件后，可以将声音添加到时间轴中。从"库"面板中拖动到舞台中，即可将声音插入到时间轴。

步骤 1. 在"时间轴"面板，点击新建图层按钮，将创建新的图层取名为"背景音乐"，选取第 1 帧。

步骤 2. 在"库"面板中选取"背景音乐 .wav"声音文件，拖动声音文件到舞台中。此时"时间轴"

面板"背景音乐"图层的帧中包含了声音波形。但是播放并没有声音发出（图11-4）。

步骤3.点击"背景音乐"图层的第1帧，在"属性"面板中调整声音的属性，将"同步"设置为"数据流"（图11-5）。

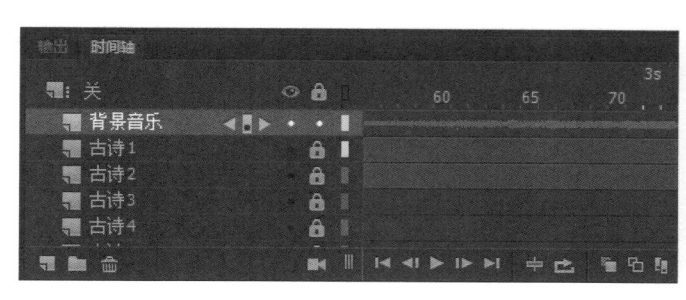

图 11-4 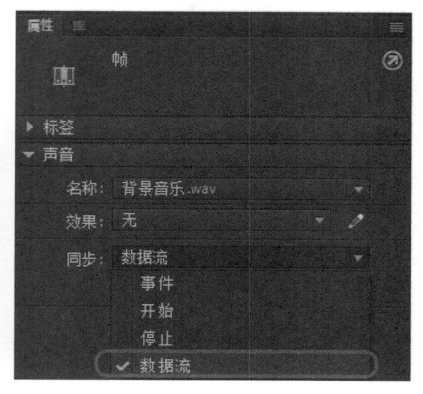　　　　　　　　　　　　　　图 11-5

步骤4.在"背景音乐"图层的时间线上延长帧，使音乐可以完整播放（图11—6）。

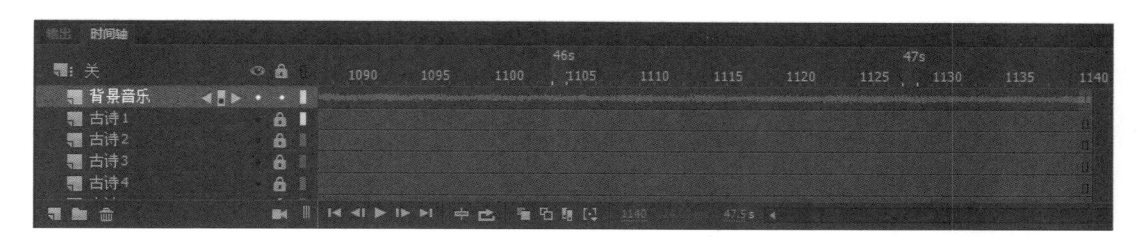

图 11-6

在帧的"属性"面板中，"声音"选项组主要参数选项的具体作用如下：

名称：可以查看Animate导入到"库"面板中声音文件名称。

效果：用于设置声音的播放效果，效果有左声道、右声道、向右淡出、向左淡出、淡入和淡出等。

左声道右声道：只在左声道或右声道中播放声音。

从左到右淡出/从右到左淡出：会将声音从一个声道切换到另一个声道。

淡入：随着声音的播放逐渐增加音量。

淡出：随着声音的播放逐渐减小音量。

同步：用于设置声音与动画的同步方式。同步方式有事件、开始、停止和数据流，常用的是事件和数据流。

事件：该选项将声音和一个事件的发生过程同步起来。当事件声音的开始关键帧首次显示时，事件声音将播放声音，并且将完整播放声音，而不管播放头在时间轴上的位置如何，即使SWF文件停止播放也会继续播放声音。当播放发布的SWF文件时，事件声音会混合在一起。如果事件声音正在播放时声音被再次实例化（例如，用户再次单击按钮或播放头通过声音的开始关键帧），那么声音的第一个实例继续播放，而同一声音的另一个实例同时开始播放。在使用较长的声音时请记住这一点，因为它们可能发生重叠，导致意外的音频效果。

开始：与"事件"选项的功能相近，但是如果声音已经在播放，则新声音实例就不会播放。

停止：该选项使指定的声音静音。

数据流：与动画同步声音，Animate 会强制动画和音频流同步。如果 Animate 绘制动画帧的速度不够快，它就会跳过帧。与事件声音不同，数据流随着 SWF 文件的停止而停止。而且数据流的播放时间绝对不会比帧的播放时间长。

重复：选项为重复和循环。选择"重复"可以右侧设置声音播放的次数；选择"循环"声音文件将会循环播放。

▪▪▪ 第四节　编辑声音 ▪▪▪

在 Animate 中，可以改变声音开始播放、停止播放的位置，也可以改变声音播放的音量。如果导入的背景音乐比动画的播放时间长，就需要使用"编辑声音封套"对声音文件进行编辑剪切，然后应用淡出的效果使声音减小结束。

步骤 1. 选取"时间轴"背景音乐图层的第 1 帧。

步骤 2. 在"属性"面板中，点击"编辑声音封套"的按钮 ✐（图 11-7），将会打开"编辑封套"窗口，并显示声音文件的波形图，其中上为左声道，下为右声道（图 11-8）。

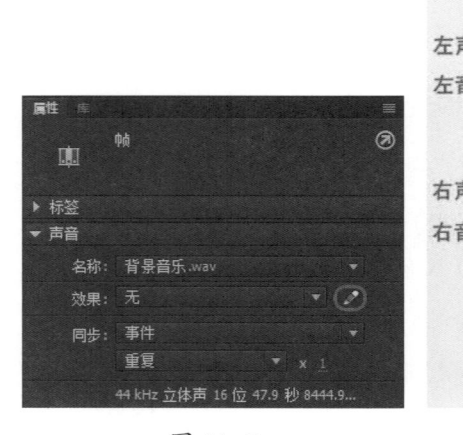

图 11-7 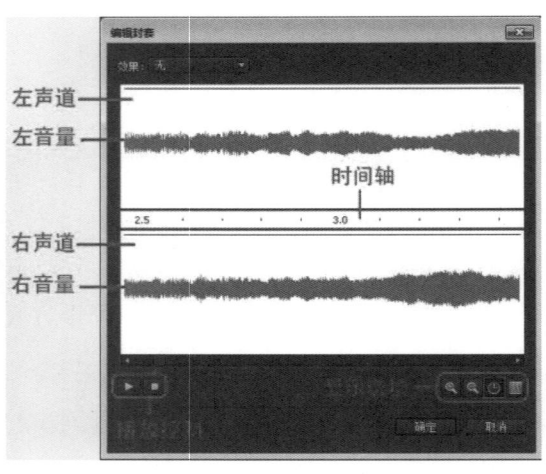　　　　　　　　　　图 11-8

步骤 3. 在"编辑封套"窗口中点击"秒"图标 ⏱，这样将会把"时间轴"单位改为以"秒"为单位显示（图 11-9）；点击"帧"图标 ▦，即可改变为以"帧"为单位显示（图 11-10）。在编辑声音时可以根据需要切换"时间轴"显示单位。

播放时间为10秒，帧数约为240帧。

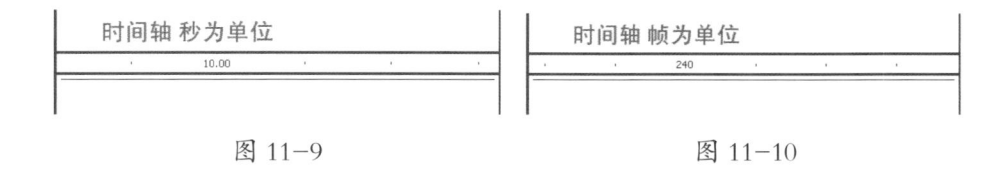

时间轴 秒为单位	时间轴 帧为单位
10.00	240

图 11-9　　　　　　　　　　　图 11-10

步骤4. "背景音乐"较长无法观察完整的波形图，在"编辑封套"窗口中点击"缩小"图标，可以观察波形较长文件的完整波形图（图 11-11）。点击"放大"图标能够细致观察声音波形（图 11-12）。

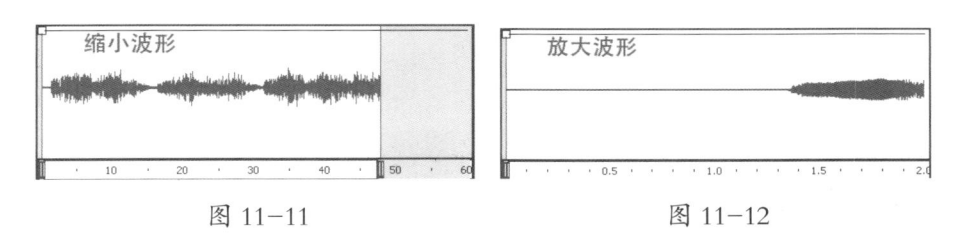

图 11-11　　　　　　　　　　　图 11-12

步骤5. 在"编辑封套"窗口将时间轴滑块拖动到40秒处，滑块的位置为声音结束位置，所得声音播放到40秒结束（图 11-13），点击"确定"按钮完成声音的编辑。此时主"时间轴"面板中的波形图已被剪截到第958帧的位置（图 11-14）。

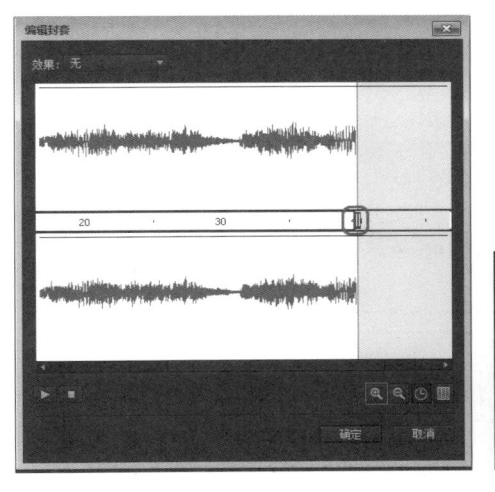

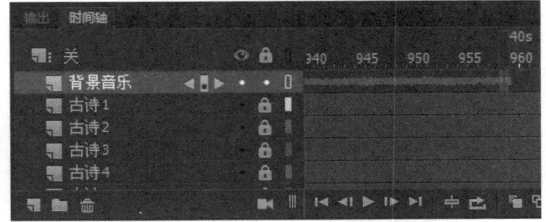

图 11-13　　　　　　　　　　　图 11-14

注意：在"编辑封套"窗口中编辑声音文件是非破坏性的。这意味着音频剪辑编辑不会丢弃任何数据，它只是改变剪辑在动画中播放多少。如果您以后改变主意，可以随时添加声音波形图。

步骤6. 在动画的播放过程中，声音突然结束的效果不会很好。可以在"编辑封套"窗口设置效果，使声音淡出。选取"时间轴"背景音乐图层的第1帧。

步骤 7. 在"属性"面板中，点击"编辑声音封套"的按钮，打开"编辑封套"窗口，选择"帧"显示单位，点击"放大"图标，观察第 961 帧波形图的情况（图 11-15）。

步骤 8. 第 950 帧附近，点击上侧的左声道的顶部水平线。此时的水平线会出现一个小黑色方框，这表明该关键帧用于控制音量（图 11-16）。

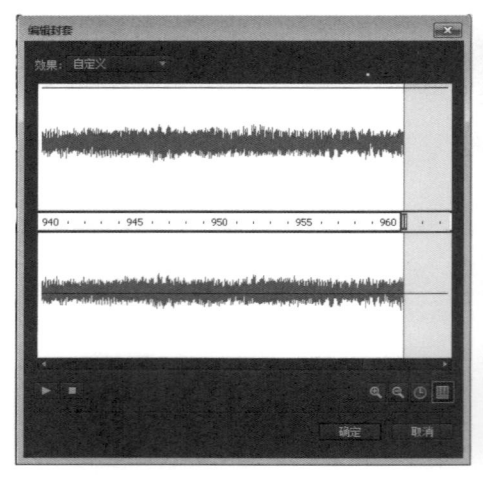

图 11-15 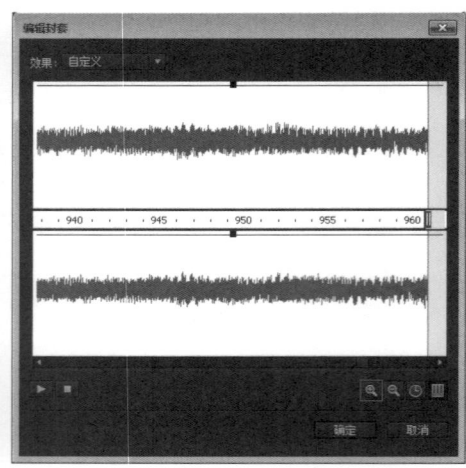　　　　　　　图 11-16

步骤 9. 在"时间轴"第 961 帧附近，点击上侧左声道波形的顶部水平线，然后拖到左声道第 961 帧底部，"编辑封套"窗口中，向下的对角线表明音量从 100% 降至 0%（图 11-17）。

步骤 10. 点击下侧右声道波形的顶部水平线，然后拖到右声道第 961 帧底部。这样左右声道的音量将会从第 950 帧慢慢降低，到第 961 帧音量降至 0%（图 11-18）。

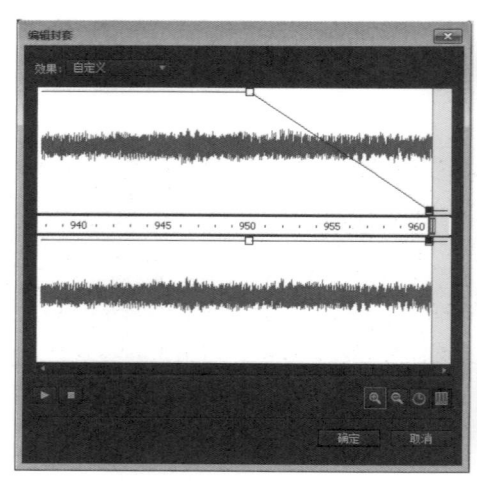

图 11-17 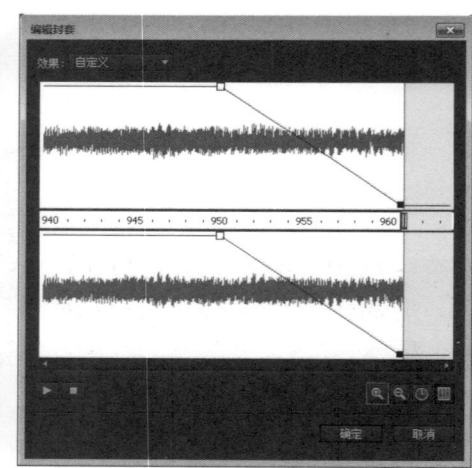　　　　　　　图 11-18

注意：可以在"编辑封套"窗口的"效果"下拉菜单中选择 Animate 预设的效果，其中有从左到右淡出、从右到左淡出、淡入和淡出效果。

步骤 11. 在"编辑封套"窗口中点击左下侧的"播放声音"按钮,测试声音编辑效果。点击"确定"按钮完成声音编辑。

声音的压缩方式

声音文件的压缩比例越高,采样频率低,生成的 Animate 文件越小,但是音质较差;反之,压缩比例较低,采样频率高,生成的 Animate 文件越大,音质较好。

在"库"面板中选取"背景音乐 .wav",双击鼠标左键,打开"声音属性"窗口,点击"压缩"下拉菜单可以选择"默认"、ADPCM、MP3、Raw 和"语音"这 5 种压缩方式(图 11-19)。

ADPCM 压缩

常用于压缩诸如按钮音效、事件声音等比较简短的声音,在"压缩"下拉菜单选择 ADPCM 选项后,其下方将展开该选项组(图 11-20)。

预处理:如果勾选"将立体声转换为单声道"复选框,可以自动将混合立体声转为单声道(非立体声)的声音,相应的文件也会减小。

采样率:此选项可以控制声音的保真度和文件大小。设置较低的采样率可以减小文件大小,但同时也会降低声音的品质。5kHz 的采样率只能达到人类声带发声的质量;11kHz 的采样率是 AM 调幅广播播放一小段音乐所要求的最低标准;22kHz 的采样率的声音质量可达到 FM 调频广播,也是目前众多网站所选择的播放声音的采样率;44kHz 的采样率是标准的 CD 音质,可以达到很好的听觉效果。

ADPCM 位:设置 ADPCM 编码使用的数位。数位越大压缩比越低,生成的声音的音质越好,而声音文件的容量也就越大。

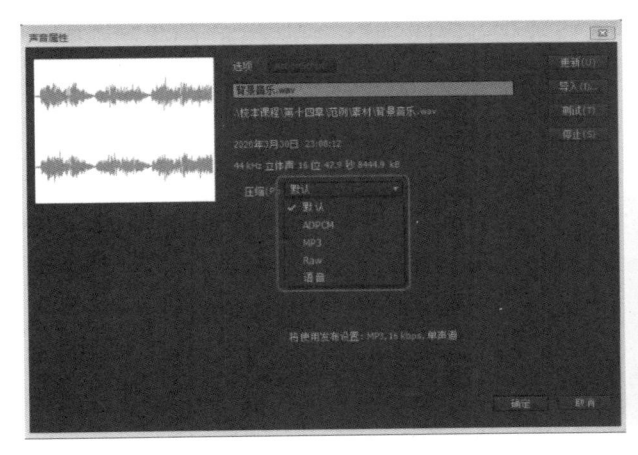

图 11-19 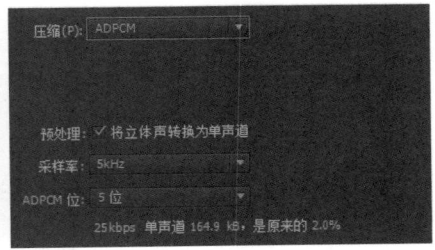   图 11-20

MP3 压缩

使用该方式可使声音文件体积以 MP3 的格式压缩,而且基本不损害音质。这是一种高效的压缩方式,常用于较长音频,如本章的背景音乐,这种方式在网络传输中很常用(图 11-21)。

预处理:选中"将立体声转换为单声道"复选框,可转换混合立体声为单声(非立体声),"预处理"选项只有在选择的"比特率"高于 16 kb/s 或更高时才可用。

比特率：决定由 MP3 压缩生成声音的最大比特率，从而可以设置导出声音文件中每秒播放的位数。Animate CC 支持 8 kb/s 到 160 kb/s CBR（恒定比特率），设置比特率为 16 kb/s 或更高数值，可以获得较好的声音效果。

品质：用于设置压缩速度和声音的品质。在下拉列表框中选择"快速"选项，压缩速度较快，声音品质较低；选择"中"选项，压缩速度较慢，声音品质较高；选择"最佳"选项，压缩速度最慢，声音品质最高。一般情况下，在本地磁盘或 CD 上运行，选择"中"或"最佳"选项。

Raw 压缩

使用"Raw"压缩方式，在导出声音时不进行任何压缩。在"声音属性"窗口的"压缩"下拉菜单中选择"Raw"选项，其下方将会展开选项组，可以设置声音文件的"预处理"和"采样率"选项（图 11-22）。

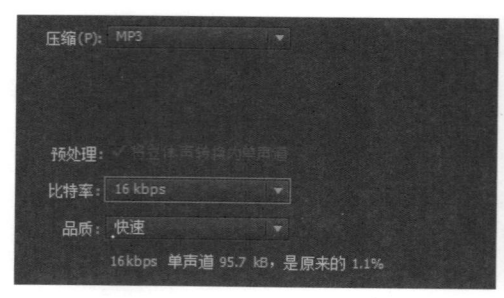

图 11-21　　　　　　　　　图 11-22

语音压缩

使用语音压缩方式，则会选择一个适合于语音的压缩方式导出声音。在"声音属性"窗口的"压缩"下拉菜单中选择"语音"选项，其下方将会展开选项组，可以设置声音文件的"预处理"和"采样率"选项（图 11-23）。

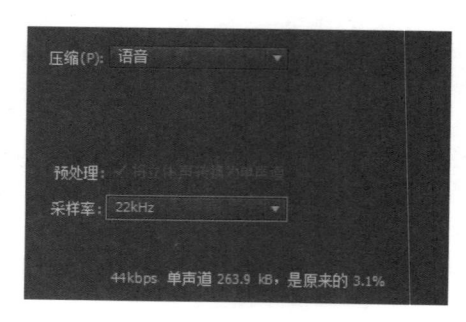

图 11-23

第五节 时间轴中制作音话同步的动画

本章范例中古诗的对白声音以数据流的形式被添加到舞台上,通过调节对白图层与字幕图层之间的帧(图11-24),可以使动画中的字幕和对白同步播放。

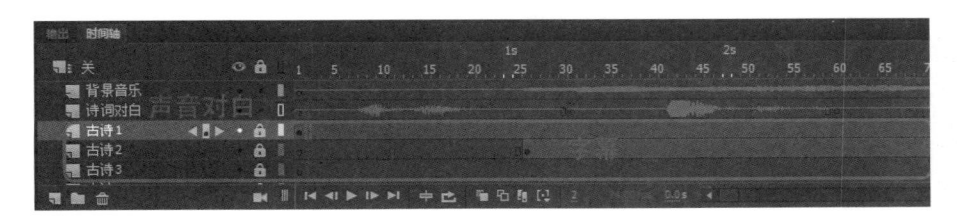

图 11-24

步骤1. 素材的准备,将对白声音导入到"库"面板,菜单栏中选择"文件丨导入丨导入到库"命令。在打开"导入到库"窗口中选择路径为"第十四章/范例/素材",文件夹中选取《望岳》.wav文件,在选取的过程中按住 Shift 键可以一次导入多个文件,点击"打开"按钮(图11-25)。此时选取的声音文件将会保存到"库"面板中(图11-26)。

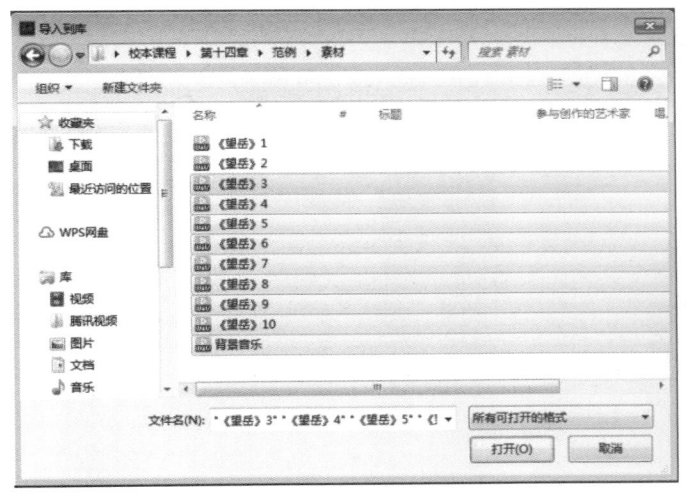

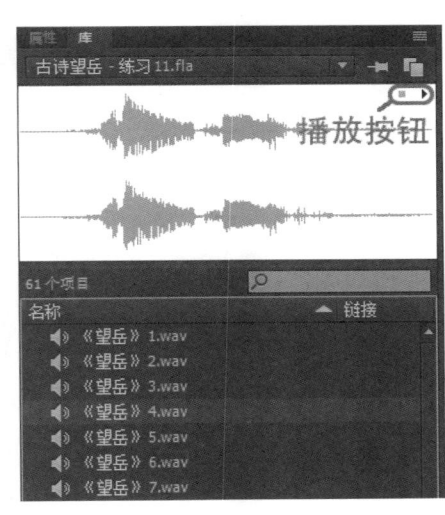

图 11-25　按住 Shift 键多选声音文件　　　　图 11-26

步骤2. 在"时间轴"面板"背景音乐"图层与"古诗1"图层之间插入一个新图层,点击新建图层按钮,将创建新的图层取名为"诗词对白"(图11-27)。

步骤3. 选取第1帧,在"库"面板中选取"《望岳》1.wav"声音文件,拖动声音文件到舞台中。此时"时间轴"面板"诗词对白"图层的帧中包含了声音波形(图11-28),在"属性"面板中调整声音的属性,将同步设置为"数据流"。

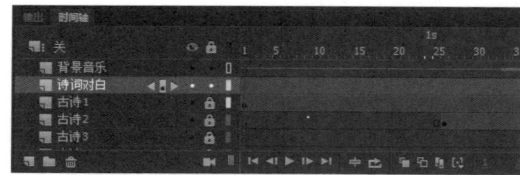

图 11-27   图 11-28

步骤 4. 调节"诗词对白"图层与"字幕"图层（古诗 1 图层）之间的帧，使字幕和对白同步播放（图 11-29）。

图 11-29

步骤 5. 选取"诗词对白"图层的第 27 帧，此时舞台中出现字幕"杜甫"两字，点击鼠标右键，在打开的菜单中选择"转换为空白关键帧"命令，转换为空白关键帧。

步骤 6. 保持第 27 帧被选取，将《望岳》2.wav 声音文件从"库"面板中拖动到舞台中。《望岳》2.wav 音频文件中录制的是男声朗诵杜甫两字的声音（图 11-30）。

图 11-30

步骤 7. 保持第 27 帧被选取，在"属性"面板中调整声音的属性，将同步设置为"数据流"。点击"编辑声音封套"的按钮，打开"编辑封套"窗口，选择"帧"显示单位，点击"放大"图标，观察第 27 帧至第 65 帧的波形图的情况。

步骤 8. 在"编辑封套"窗口将时间轴中左滑块拖动，滑块的位置为声音开始位置，将右滑块拖动到第 60 帧的位置，滑块的位置为声音结束位置，所得声音播放到第 60 帧结束（图 11-31）。

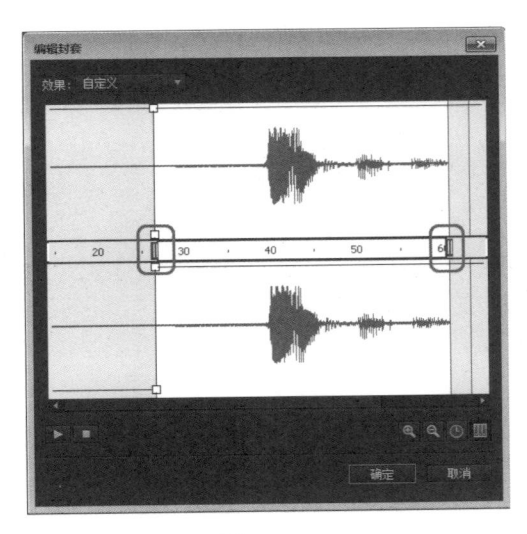

图 11-31

步骤 9. 点击"确定"按钮完成声音的修改。此时主"时间轴"面板中的波形图已被剪短（图 11-32）。

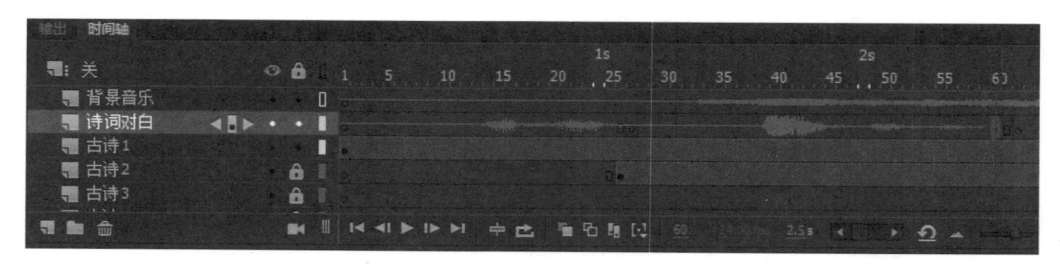

图 11-32

步骤 10. 使用步骤 5 至步骤 9 同样的方法，将声音文件对应动画中的诗词插入到动画文件中，"库"面板中的《望岳》3.wav 声音文件对应的诗词"岱宗夫如何"（图 11-33），《望岳》4.wav 声音文件对应的诗词"齐鲁青未了"，《望岳》5.wav 声音文件对应的诗词"造化钟神秀"，《望岳》6.wav 声音文件对应的诗词"阴阳割昏晓"，《望岳》7.wav 声音文件对应的诗词"荡胸生曾云"，《望岳》8.wav 声音文件对应的诗词"决眦入归鸟"，《望岳》9.wav 声音文件对应的诗词"会当凌绝顶"，《望岳》10.wav 声音文件对应的诗词"一览众山小"（图 11-34）。

图 11-33　　　　　　　　　　　图 11-34

习题

1. Animate 可导入声音文件格式有哪些？
2. 编辑一段音频，使声音是淡出的效果，而不是突然中断声音。